罗　汉　像

民俗文化丛书

罗汉传

绍轩 编著

文化艺术出版社
Culture and Art Publishing House

目录

漫谈罗汉…………………………… 1

二十四尊得道罗汉

第一尊　长眉罗汉……………… 53
第二尊　伏魔罗汉……………… 62
第三尊　聪耳罗汉……………… 69
第四尊　抱膝罗汉……………… 76
第五尊　劝善罗汉……………… 85
第六尊　捧经罗汉……………… 91
第七尊　降龙罗汉……………… 98
第八尊　绯衣罗汉…………… 105
第九尊　戏珠罗汉…………… 110
第十尊　飞锡罗汉…………… 115
第十一尊　杯渡罗汉………… 122
第十二尊　振铎罗汉………… 126
第十三尊　施笠罗汉………… 131
第十四尊　持履罗汉………… 143
第十五尊　伏虎罗汉………… 151
第十六尊　换骨罗汉………… 158
第十七尊　浣肠罗汉………… 162
第十八尊　现相罗汉………… 169
第十九尊　跨象罗汉………… 175
第二十一尊　拊背罗汉……… 179
第二十二尊　焚佛罗汉……… 183
第二十三尊　赋花罗汉……… 191
第二十四尊　却水罗汉……… 198

附录：五百罗汉名号及简介… 205

漫谈罗汉

罗汉，这是一个国人并不陌生的称谓。就如同佛、菩萨一样，在佛教从古印五天竺传入中土九州之后，罗汉也经过了中国化的改造，而且似乎较前两者更甚。人们并不因为其地位不及佛、菩萨之尊而降低崇奉的热情，反而因为其地位的适中、形貌的古拙、行事的奇诡、传闻的迷离以及人数的伸缩性，或塑之殿堂，或颂之赞词，或形诸丹青，或增添数目，或附会古人，甚至于跻身其行列，真可谓穷形尽相、异彩纷呈……

罗汉及“阿罗汉三义”

我们平常习见的“罗汉”二字，是“阿罗汉”的简称。这个词梵语为Arhat，汉语音译不尽一致，有阿罗汉、阿罗诃、阿罗呵、阿啰呵、阿卢汉、阿黎呵、遏啰曷帝等，但最常见的是“阿罗汉”。略称“罗汉”、“啰呵”。

就如同佛、菩萨在汉语里有许多译写一样，阿罗汉的意译也有很多，诸如，应、应供、应真、杀贼、不生、无生、无学、真人。不过，与佛、菩萨的意译名号“如来”、“世尊”或“大士”相比，阿罗汉的意译名号似乎很少使用，人们熟识的是音译名号，而且俗间更多用简称“罗汉”。

关于阿罗汉的语义，佛教经典一般从三个方面予以解说。《大智度论》第二云："云何名为'阿罗呵''阿罗'名贼，'呵'名杀，是名杀贼。复次，'阿'名不，'罗呵'名生，是名不生。复次，'阿罗呵'名应受供养。"第三云："云何名'阿罗汉''阿罗'名贼，'汉'名破，一切烦恼贼破，是名阿罗汉。复次，阿罗汉一切漏尽故，应得一切世间诸天人供养。复次，'阿'名不，'罗汉'名生，后世中更不生，是名阿罗汉。"《大毗婆沙论》卷四十九、《大乘义章》卷十七与《翻译名义集》卷一、卷二等，也基本上是这样解释的。

由上可知，概括来说，阿罗汉就是杀贼、不生（无生）、应供之义（后两项顺序有时不同，上引《大智度论》两卷中即是）。这是自古以来最常见的说法，称为"阿罗汉三义"。佛经的解说有些深奥，通俗些讲，就是：

"杀贼"：杀尽一切烦恼之贼。指阿罗汉能断除三界见、思之惑，身心六根清净，无明烦恼已绝。"贼"，单纯的语义即害，佛教指见、思之惑。"无明"，指痴愚、烦恼，一切扰乱身心从而引发迷惑、苦恼的精神作用，如世俗欲求、情绪和思想等。

"不生"（无生）：不再生死轮回。指阿罗汉已经了脱生死，永远进入涅槃。涅槃也称般涅槃，意为"圆寂"，是佛教全部修习所要达到的最高理想，一般指熄灭"生死"轮回而后获得的一种精神境界或生存状态。

菩提云何名菩薩摩訶薩无生須菩提言善
薩摩訶薩行般若波羅蜜時内空中不見外
空外空中不見内空外空中不見内外空内
外空中不見外空内外空中不見空空空
中不見内外空空中不見大空大空中不
見空空大空中不見第一義空第一義空中
不見大空第一義空中不見有為空有為空
中不見第一義空有為空中不見无為空无
為空中不見有為空无為空中不見畢竟空
畢竟空中不見无為空畢竟空中不見无始
空无始空中不見畢竟空无始空中不見散
空散空中不見无始空散空中不見性空性

隋代楷书《大智度论》（敦煌写经）

"应供"：应受人天供养。指阿罗汉应该受到世间凡人和天神的尊敬、供养。所谓"供养"，一般指以香花、灯明、幢幡、伎乐、饮食、衣服等供奉佛、菩萨等。

有学者从语词学的角度解说，以为：梵语 arhan 一词是语根 arh

（义为“堪受”或“得做某事”）附上 at 而成 arhat（阿罗汉）的单数主格，意译受供养、受尊敬，故上述三义中，以“应供”一义较为适切。至于《大毗婆沙论》等谓阿罗汉有“杀贼”或“不生”等义，可能是就俗语解释而来。在印度俗语中，r 通常分解为 ri，故 arhan 得转作 arihan，而 arihan 又可分解为二：ari 有“贼”或“敌”之义，han 有“斩”之义。故 arihan 可解释为“杀贼”。又有解 arhat 为 aruhat，是因 aruhat 由词根 ruh（义作“生”）附上 a，则有否定之意，亦即有“不生”之义。

有的学者进一步从词义上落实“阿罗汉”的根本意义，指出：阿罗汉的语义是“应”，“应供”不过是其中的一义而已。《俱舍论》卷二十四即云：“此唯应作他事故，诸有染者所应供故，依此义立阿罗汉名。”《成唯识论述记》卷三亦云：“阿罗汉者，此正云‘应’。‘应’者，契当之义。应断烦恼、应受供故、应不复受分段生故。若但言‘应’即通三义，故言如来‘应’不言‘应供’，若着‘供’字，唯得一义，便失二义。”就是说，“阿罗汉”的根本意义就是“应”，其他都是由此义统摄的。

“三义”是阿罗汉语义的常见解说，即便上述《成唯识论述记》的解说——“应断烦恼、应受供故、应不复受分段生故”，也是以“应”统“断

元代赵孟頫《红衣罗汉图》

烦恼”、“受供”、“不复受分段生”。但“三义”之外，还有四义、五义之解。《大毗婆沙论》卷九十四云：“答应受世间胜供养，故名‘阿罗汉’，谓世无有清净命缘非阿罗汉所应受者。复次，‘阿罗’者谓一切烦恼，‘汉’名能害，用利慧刀害烦恼贼令无馀，故名阿罗汉。复次，‘罗汉’名生，‘阿’是‘无’义，以无生故名阿罗汉，彼于诸界诸趣诸生生死法中不复生故。复次，‘汉’名一切恶不善法，言‘阿罗’者是远离义，远离诸恶不善法，故名阿罗汉。”这是在应供、杀贼、无生之外再加“远离恶法”。而慧远在《大乘义章》卷二十亦以四义解“阿罗呵”：“（1）佛应断一切恶法，故名应。（2）如来应证寂灭涅槃，故名应。（3）如来应化一切众生，故名应。（4）如来断尽诸过，福田清净，应受物供，故名应供。”这是从“如来十号”之一的角度解说的。又《善见律毗婆沙》卷四则举出打坏三界车辐、远离一切恶业、无覆藏等五种阿罗汉之释义。

阿罗汉还有广、狭两义的指涉。一般来说，阿罗汉都作狭义解释，专指小乘佛教修行所得的最高果位。而小乘佛教中的阿罗汉，也有两个意思。《俱舍论》卷二十四详述云：“阿罗汉乃声闻四果（四沙门果）之一，为小乘之极果。可分为两种，即：（1）阿罗汉向，指尚在修行阶段，而趋向于阿罗汉果者。（2）阿罗汉果，指断尽一切烦恼，得尽智而受世间大供养之圣者。证入此果位者，四智圆融无碍而无法可学，故称无学、无学果、无学位；若再完成无学正见乃至无学正定之八圣道，以及无学解脱、无学正智等十种无漏法，则称为十无学支。”这里的“阿罗汉向”、“阿罗汉果”，一个是进行时，一个是完成时。打个比方也许更容易理解：我们通常所说的“博士”，其实也有这种区别——一指正在攻读博士学位者，一指获得博士学位者。

所谓阿罗汉的广义指涉，与释迦牟尼佛有关。因为“阿罗汉”也是佛祖释迦牟尼的十大尊号（“如来十号”）之一，故而形成“阿罗汉”通用于“声闻四果”之“极果”和“如来十号”之一的状况。《成唯识论》卷三载：“阿罗汉通摄三乘之无学果位，故为佛之异名，亦即如来十号之一。”“阿罗汉”这一果位通于大、小乘两派，因此有人认为，若以广义言之，可以泛指大、小乘佛教中的最高果位。

不过，尽管“通摄”，大、小二乘还是有着种种的不同，“阿罗汉”也就有作出区分、限制的必要。为避免混淆，汉地佛教常以“阿罗汉”用于声闻果位，“阿罗诃”或“应供”用于如来果位。而正是果位，把大、小乘佛教区分开来，也把佛、菩萨、罗汉区分了开来。

罗汉与佛、菩萨

所谓“果位”，佛教指对应于个人修行功夫而获得的不同成就。佛教宣称，一个人因修行功夫不同，所得成就也有高下之分，每种成就即是一个“果位”。小乘佛教把果位分为四等——

初果：名为“预流果”，音译为“须陀洹”。修行达到初果，断除了“见惑”，轮回转生时就不会堕入“恶趣”，也就是不会下地狱或托生为饿鬼、畜生之类。

二果：名为“一来果”，音译为“斯陀含”。修行达到此果，轮回时就只转生一次。此果与阿那含果，都是在断除“见惑”的基础上，进而断除了“思惑”，只是因深浅粗细不同而有所区别。

三果：名为“不还果”，音译为“阿那含”。修行达到此果，就可以不再回到“欲界”受生，而能超生“天界”。

四果：即阿罗汉果，也叫“无极果”、“无学果”、“无学位”。获得此果，就达到了修行的最高境界，熄灭一切烦恼，圆满一切功德，永远不再投胎转世而遭受“生死轮回”之苦。所谓“无极”、“无学”，都说明这一果位已经达到极致。修得这一果位的人，即为“阿罗汉”，也就是断尽三界见、思之惑，证得尽智，而堪受世间大供养之圣者。

这就是所谓“声闻四果”（“声闻”详后），专指小乘佛教的最高果位，即《俱舍论》卷二十四所云“小乘之极果”。

阿罗汉在小乘佛教为“极果”，在大乘佛教却尚欠一筹。这与佛教这两大教派的区别有关。小乘佛教原本是大乘佛教形成后，对原始佛教和部派佛教的贬称，但学术界沿用，并无贬义。所谓“乘”，也就是“乘载”（如车、船）或“道路”。大乘佛教自称能运载无量数众生从生死大河的此岸，达到菩提涅槃的彼岸，成就佛果，而贬称原始佛教和部派佛教为“小乘”。何以称之为“小乘”？因为该派追求自我解脱，把“灰身灭智”、证得罗汉果作为最高目标，也就是只管自渡、不管渡人。而大乘佛教则宣传大慈大悲、普度众生，把成佛度世、建立佛国净土作为最高目标。与此相应，小乘把释迦牟尼视为教主，是唯一的佛；而大乘则提倡三世十方有无数佛，而且人人皆可成佛。

观音菩萨铜像

既然人人皆可成佛，那么，佛教徒修行就必然超越阿罗汉果，进而求证佛果。而在大乘佛教，阿罗汉与佛之间，还有菩萨一个层级，从而构成阿罗汉、菩萨、佛的从低到高的阶位。这个阶位首先是果位或说修行成就的不同，通俗比附来说，就如旧时的秀才、举人、进士，或者现在的学士、硕士、博士。不过，其间的内涵远为复杂。

菩萨是梵文音译“菩提萨埵”的略称，其中“菩提”意为“觉悟”，“萨埵”意为“众生”，或“有情”（指人与动物），全称的意思应是“觉有情”、“道众生”、“觉悟的众生”。根据这个词义，中土翻译的佛经里，还把菩萨译为“开士”、“大士”、“高士”、“圣士”、“无双”、“法臣”、“法王子”等。如称观音菩萨为“观音大士”，称普贤菩萨为“普贤圣士”。

在佛教初创的小乘时期，仅把释迦牟尼累世修行的前身和尚未成佛的悉达多太子称为菩萨。大乘佛教创立后，根据"人人具有佛性，人人皆可成佛"的理论，凡是立下宏愿，上求佛道、下化众生者，都可以称为菩萨。由此，"菩萨"成了一个"类"的概念。后来，这个名称更加扩大化、世俗化，人们进而把那些精通佛法、德高望众的寺院高僧和在家居士也称作菩萨。

"佛"是梵文音译"佛陀"（Buddha）的略称，也写作"浮屠"、"浮图"、"浮陀"等。它的意思是"觉（悟）"、"觉（悟）者"、"智者"。在小乘佛教，"佛"专指释迦牟尼佛，是唯一的。但大乘佛教认为，"一切众生，皆有佛性；有佛性者，皆得成佛"。因此，就"佛"的一般意义而言，指普遍的觉者，即修行达到最高一级果位的佛徒。这就是说，"佛"也是一个类概念，其数如恒河之沙。但即便是大乘佛教。"佛"亦有广狭之别，一方面概称获得无上正等正觉的觉悟者，一方面专指佛祖释迦牟尼。

阿罗汉与菩萨、佛到底有怎样的区别呢？按佛经的解释，佛教的"觉"有三层意义，即有正觉、等觉、圆觉。正觉是指对一切法的性状，无增无减地、如实地觉了，专就自身而言，也称"自觉"。等觉也叫遍觉，不仅自觉，而且能平等地、普遍地使他人觉悟，所以也称"他觉"。圆觉是指自觉、觉他的智慧和功行都已经达到最高的、最圆满的境地，所以也称"无上觉"。这三者之中，以圆觉层次最高，阿罗汉只是修成了前一项（自觉），菩萨则修成了前两项

清代贯全《十六罗汉图》（之一）

（自觉、他觉），而只有佛才三项俱全。

自觉、觉他区别了阿罗汉与菩萨，也区别了大、小乘佛教，其间的龃龉还不能说是小到可以忽略。大乘佛教（汉地佛教属此）鄙薄阿罗汉的“自了汉”修为，而小乘佛教（南传佛教属此）却也颇为坚守自己的主张。其实，佛灭之后，世界进入末法时代，做个真正的“自了汉”也不那么容易。环顾周遭，又有多少人能够做到？更何况有人不能自觉、只顾觉他！因此，有识之士如是说：

我们知道一位阿罗汉是“诸恶不作，众善奉行”，外修身而内修心，度世化人，为社会树立良好道德楷模的“善人”。他远离城市，隐居森林，过着清净淡泊的生活，朝夕凝心禅寂，希求最高果位而证“涅槃”。释迦牟尼佛本人实可称为“阿罗汉”理想的代表者。后来大乘佛教兴起，“菩萨”之救世思想遂遮掩了“阿罗汉”的美德。此在佛教发展史上或许为应有的过程，无可厚非。但如只有“菩萨”思想而无“阿罗汉”之美德与梵行为之作基础，那正好像在空中去建筑楼阁，毫无根据，其成功应不可能。若能将此两项理想合而为一，以“阿罗汉”道以修己，用“菩萨行”以救世救人，我们相信这应是释迦佛建立佛教的根本思想。处今日世界思潮转变之际，一切皆趋于科学化、理智化，“菩萨”与“罗汉”思想如人之左右手，去一不可，若相携而行则互有助益。古时之“呵责小乘”之谈，应已成过去。（巴宙：《论巴利佛典中的阿罗汉》）

罗汉的种类与数目

就如同佛、菩萨有种类之别一样，阿罗汉也有种类之别。

阿罗汉的种类是依据其根性（也称“种性”，种即种子，性即性分）利钝的差别区分的，一般分为六种。据《杂阿毗昙心论》卷五、《俱舍论》卷五及卷二十五等，这六种阿罗汉为——

清代金廷标《罗汉图》

（1）退法阿罗汉，又作退相阿罗汉，指遭遇小恶缘即容易退失所得之果位者。

（2）思法阿罗汉，又作死相阿罗汉，指由于忧惧退失果位而思自害（自杀）者。

（3）护法阿罗汉，又作守相阿罗汉，指由于所得果位恒加警惕而不致退堕者。

（4）安住法阿罗汉，又作住相阿罗汉，指不退亦不进而安住于果位者。

（5）堪达法阿罗汉，又作可进相阿罗汉，指能迅速精进而达于不动法者。

（6）不动法阿罗汉，又作不坏相阿罗汉，指已至顶位、不再退堕者。

上述六种阿罗汉中，前五种为钝根，故得“时解脱”或“时爱心解脱”；而后者属利根，故得“不时解脱”或“不动心解脱”。

“解脱”是佛教常见的一个语汇，其意义也有广狭之分。一般所谓解脱，是狭义的，专指断绝“生死”原因，不再拘于业报轮回，与“涅槃”、“圆寂”的含义相通。但上述阿罗汉种类中的解脱，显然不是这种终极解脱的意思，而是指摆脱烦恼业障的系缚而到自由自在，如《成唯识论述记》卷一所谓：

"纵任无碍，尘累不能拘，解脱也。"又如《显扬圣教》卷十三所谓："能脱种种贪等系缚，故名解脱。"

上文的四种解脱，具体来说，遇到善因缘而才得入定的解脱，称为"时解脱"；无须等待某种特定因缘而随时可入定的解脱，称为"不时解脱"。善于护持自己所得阿罗汉果的解脱，称为"时爱心解脱"；不再因烦恼而退失果位的解脱，称为"不动心解脱"。显然，两组解脱中，前一组解脱都是有条件的，一方面要有时机因缘，一方面要时时努力而不致退步；后一种则无须特定条件，而且也不会退步。

此外，"不动法阿罗汉"因其利根形成之别，又分为两种，即：

（1）本来生就不动根性者，称为不退法阿罗汉、不退相阿罗汉。

（2）由精进修行而达到不动法者，称为不动法阿罗汉。

这二者合上述之五者，共为七种阿罗汉。若再加上缘觉、佛，则总称"九种阿罗汉"，又称为"九无学"（后详）。

另据《中阿含经》卷三十《福田经》、《成实论》卷一《分别贤圣品》、《甘露味论》卷上等所举，以慧解脱、俱解脱取代缘觉、佛，从而形成另一种九无学。其中，借智慧之力解脱烦恼的阿罗汉，称为"慧解脱阿罗汉"；若定、慧二障皆除，在心、智两方面均获解脱的阿罗汉，则称"俱解脱阿罗汉"。此二者再加"无疑解脱阿罗汉"（断定、慧二障，且通达一切文义而得四无辩），则成三种阿罗汉。这三种阿罗汉与前述六种阿罗汉，同样组成九种阿罗汉。

这里似乎有必要对定、慧等作些解释。定、慧是戒、定、慧"三学"之二，戒即戒律，防止身、口、意三不净业；定即禅定，修持者思虑集中，观悟佛理，灭除情欲烦恼；慧即智慧，能使修持者断除烦恼、达到解脱。上述慧解脱、俱解脱和无疑解脱三者，基本上都是就定、慧而言的。至于"四无辩"，又称"四无碍智"、"四无碍解"，略称"四无辩"或"四无碍"，指佛、菩萨、圣众等所具有的四种自在无碍辩，即法无碍辩、义无碍辩、词无碍辩、辩无碍辩，用来显示无碍自在说法教化的德用。

在《三法度论》卷中，根据根性，把阿罗汉分为利根、钝根、中根三种，又在利根中分立住法、升进法、不动法三种，在钝根分出退法、念法、护法三种，在中根分出慧解脱、俱解脱、不俱解脱三种。这样，也得九种。

关于阿罗汉的数目，如同佛有恒河沙数一样，当然也是恒河沙数。但尽管说佛有恒河沙数，说得上来的佛，也是屈指可数的。阿罗汉则不同，从四到十六，从十六到十八，都是有名有姓、事迹可考的；即便是所谓“五百罗汉”，勉强也可以说有名有姓的。这些，下文将作详尽说明。

如何得成阿罗汉

阿罗汉虽然与佛、菩萨相比略输一筹，但修到这个果位，也绝非一蹴可就。

那么，怎样才能修得阿罗汉果？哪些人可以修得阿罗汉果？

诚如前述，阿罗汉果是小乘佛教的第四级果位，那也就是说，要想修得阿罗汉果，首先要修得之前的三果。这里不妨回顾一下前三果：

初果：指断除了“见惑”，轮回转生时不再会堕入“恶趣”，也就是不会下地狱或托生为饿鬼、畜生之类。

二果：指在断除“见惑”的基础上，进而断除了“思惑”（或“修惑”），轮回时只转生一次。此果与阿那含果，都是只因深浅粗细不同而有所区别。

三果：也指在断除“见惑”基础上进而断除“思惑”，但更进一层，获得此果就可以不再回到“欲界”受生，而能超生“天界”。

这三果修得之后，就到四果阿罗汉果了。但这阿罗汉果并不像前三果那样一步即至，（其实，恐怕前三果也非可以一步即至，只是因为较之阿罗汉不那么突出，故而有所省减吧？）而是有一个过程，而且相当地复杂漫长。前文述及的阿罗汉种类中的“九无学”，就体现了其中不无曲折的艰难步骤。

九无学，也就是九种阿罗汉。所谓“无学”，指自己之所作成办，无复修学；达到这个果位的，称为“无学位”，也就是阿罗汉果了。九无学指无学位之人有九种优劣差别，而这些有着显在的由低到高的进阶层次，因此当然也就可以视作修行成就阿罗汉果的步骤了。

有关九无学之名称及次第，诸经论所举不一。对此，前文已有述及，这里不妨再引别种经论所载，予以说明。依《中阿含经·福田经》、《甘露味论》卷上所载，具体可概括如下：

（1）退法，若遭疾病等异缘，即退失所得之果，乃阿罗汉中最钝根者。

（2）思法，惧退失所得之法，乃欲自杀，以保所得。

（3）护法，于所得之法防护不退，若怠防护，有退失之惧。

（4）安住法，若无特胜之退缘则不退，若无特胜之加行则不转较优之种性。

（5）堪达法，堪能行练根修行之事，速达不动种性。

（6）不动法。

（7）不退法。此二者，乃最利根，能断尽一切烦恼，得尽智及无生智；此中修炼为因而得者称为“不动”，依本来种性者称为“不退”；亦即前者不败坏所得三昧之种种因缘，后者不退失所得之功德。

（8）慧解脱，了断慧障之烦恼，于慧得自由。

（9）俱解脱，了断定障、慧障，断不染污无知，得灭尽定，于

明代陈洪绶《罗汉图》

定、慧能自在。

此中，前七者依根之利钝而分，后二者就所离之障而分；又依次相当于《成实论》卷一《分别贤圣品》所说——退相、死相、守相、住相、可进相、不坏相、不退相、慧解脱相、俱解脱相。

显然，并不是说一个人只要修行，就能成就阿罗汉果。以上九个层次，每上一个层次，就会淘汰掉一些人，越往上，淘汰的人越多。而对于成就阿罗汉果的佛徒来说，这些就是其进阶的九个步骤。

小乘佛教还有"四向四果"说，指声闻修道的阶位。又称四向四得、四双八辈，或称八补特迦罗、八圣等。也就是：须陀洹向（预流向）、须陀洹果（预流果）、斯陀含向（一来向）、斯陀含果（一来果）、阿那含向（不还向）、阿那含果（不还果）、阿罗汉向、阿罗汉果。第一项须陀洹向是最低位，依次进阶，阿罗汉果则是最高的悟境。证得阿罗汉果的人称为无学，其他七个阶位是有学。下表一目了然地指示了四向四果的情形：

（a）见道——（1）须陀洹道（预流向）
┌（2）须陀洹果（预流果）┐
│（3）斯陀含道（一来向）│
（b）修道—┤（4）斯陀含果（一来果）│
│（5）阿那含道（不还向）│
│（6）阿那含果（不还果）│
└（7）阿罗汉道（无学道）┘
（c）无学果—（8）阿罗汉果（无学果）

小乘又有五道、八地之说。五道是修行的五种境界，指资粮道、加行道、见道（预流果）、修道（一来果和不来果）、无学道（阿罗汉果）。有学之中最初的须陀洹向称为见道位，其他六者是修道位。所谓见道，是指已经断除见惑的阶位。所谓修道，就是断除思惑或修惑的阶位。断除这两方面的一切迷惑烦恼之后，就到达阿罗汉果的阶位，这也是声闻的最高悟境。

八地，指修行的八个阶位。按龙树菩萨《中观宝鬘论》：种性地是加行道的决定种姓；八地，是指从下算起，预流向就成了第八，它的现观是第八地；见道地是预流果；薄地是指欲界烦恼减轻的一来者；离欲贪地是指不来者；证所作地是指阿罗汉果，这些的所有向算为一个“声闻地”；在此基础上加上缘觉地，共有八地。

大乘佛教则有所谓“十地”，也就是修行的十个果位。大乘“十地”又有大乘菩萨十地和三乘十地之分，三乘十地是声闻、缘觉、菩萨共修的阶位，也称“共地”。三乘十地由于关涉声闻，所以也与小乘的八地有叠合，也就是说反映了阿罗汉的修行层次或步骤。以下依大乘之十地排比八地，加以简要概述：

（1）乾慧地（亦作“净观地”、“过灭净地”、“寂然杂见现入地”），相当于小乘的“三贤位”。虽有智慧，“未得理水”，故名“乾慧”。

（2）性地（亦作“种性地”、“种地”），相当于小乘的“四善根位”。初伏见惑、思惑，始见法性之理。

（3）八人地（亦作“第八地”、“八地”），“人”即“忍”，相当于小乘的见道十五心之位，达“预流向”位。

（4）见地（亦作“具见地”、“见见地”），已断三界见惑，达“预流果”位。

（5）薄地（亦作“柔软地”、“微欲地”），已断“欲界九种烦恼”（思惑）的一部分，“断诸烦恼，余气亦薄”，达“一来果”位。

（6）离欲地（亦作“离贪地”、“灭淫怒痴地”），已全断欲界思惑，得“不还果”。

（7）已办地（亦作“已作地”、“所办地”），小乘已得“尽智、无生智”，得“阿罗汉果”。

（8）辟支佛地（亦作“独觉地”），以观十二因缘法，“成道明辟支佛”。

（9）菩萨地。

（10）佛地，是菩萨修行达到的最后果位。

对此大、小二乘诸地的排比，这里也作一表，以收一目了然之效：

（1）乾慧地（净观地、过灭净地等）		凡　夫
（2）性地（种性地、种地等）		凡　夫
（3）八人地（八地、第八地）	预流向	声　闻
（4）见地（具见地、见见地）	预流果	声　闻
（5）薄地（柔软地、微欲地）	一来果	声　闻
（6）离欲地（离贪地、灭淫怒痴地）	不还果	声　闻
（7）已办地（已作地、所办地等）	阿罗汉	声　闻
（8）辟支佛地（独觉地）		缘　觉
（9）菩萨地		佛菩萨
（10）佛地		佛菩萨

谁人可成阿罗汉

成就阿罗汉果的阶位或曰步骤既如上述之繁复，可见这修行功夫也实属不易，绝非一蹴可就，似亦非常人可及。

那么，什么样的人才可以成就阿罗汉果呢？这问题所包括的，可以有诸如，禀赋——是否钝根就不能成就阿罗汉果，或者心意、机缘是否会起到作用；年龄——修学之阶位既已重重，所见之罗汉又复年高，是否少艾年华就不可能成就；在家出家——在家修行者可否成就阿罗汉果；乃至修行时间的久暂——非得穷年累月假以时日，还是也可以短暂时日躐等而成，等等。这些问题有些是交织在一起的，因而概括来说，主要可以归结为两种：在家出家、其他。

从六种阿罗汉以根性利钝区分的情形来看，修阿罗汉果还是需要禀赋的。但即使钝根者，只要勤修精进，日积月累，也能成就阿罗汉果。而且若有特别机根或者热心，甚至可以越次躐等，指日而成。

有学者在阐述阿罗汉的原始之意“由自身之内部涌出解放的自觉者”后，指出：“不宁唯是，此种经过，不必限于依次推进，其因于机根与热心，而得超越解脱者，亦属不少。”接着，他具体列举了数例：

“佛陀最初教化之憍陈如等五比丘之成罗汉，相传仅归佛后五日。目乾连亦仅归佛后五日，舍利弗则归佛后十五日。夫彼等不待论于归佛以前，已积有修行，故一归于佛陀，即成罗汉，要不过所谓画龙点睛者耳。”——五比丘与目乾连、舍利弗，这些人虽然数日或十数日即才阿罗汉，但均是“积有修行”的，是先有了整个龙身，才会点睛即一飞冲天。

“虽然，此外别无素养，而得急遽成罗汉者，亦不乏人。例如长者之子耶舍之成罗汉，只归佛后七日。又有不甚闻名之妙香之成罗汉，只归佛后七日。又比丘尼如差摩尼亦只八日。善生女则见佛闻法，即得罗汉，归家后得夫许可出家，遂得解脱。”——这里的耶舍、妙香、如差摩尼、善生女，都是“别无素养”而“急遽”得成阿罗汉果的。他（她）们年龄不大，成果迅速，这是肯定的。至于“素养”，当然指修行之学养，却也不能否认其中包含禀赋的成分。

“虽为罗汉，亦不限于长老耆宿，有老年尚不得成罗汉。而其中之青年少女，反早已达于此境界者，似此亦属不少。例如为僧伽典座（厨司）有名之达婆末罗十六岁已成罗汉。跋陀罗亦于极幼时出家，未几即成罗汉……尤有如迦寂耶者，相传七岁出家，即于剃发时，得成罗汉。此外例证尚多。”——这里的几位少男少女，大的不过16岁，小的只有7岁，可见成阿罗汉无关乎年岁——年龄之老幼、出家年岁之长短，更多是因为“真挚之程度，与根机为如何”。

最后总结道：“由此观之，修行之进程，不必逐渐经过一切阶级，实属无疑。其间所谓见道与修道，断八十八使之见惑、八十一品之思惑后方成罗汉云者，乃胶执之行法，恐得果罗汉之自身亦所弗知，故四果虽为有阶级之物，然依据原始佛教，要为说明渐进者之进程，与以便诱引而设之大概标准，非如学校之年级制度，必须拘拘于此也。”（木村泰贤著、欧阳瀚存译:《原始佛教思想论》第三篇第五章）

不过，成就阿罗汉果之事，还是绝非易事。经籍中少年躐等指日成就阿罗汉果的，大多在佛住世的时候，且大多与佛有缘，或经佛的指点。因此有学者说：

“当佛陀在世的时候，人们的善根深厚，一经佛之指点即能看破尘缘，专心修学，直诣果位。其大弟子们如迦叶、阿难等获得了‘阿罗汉’果位当然是毫无问题，连为恶多端的大盗鸯掘魔——彼未被佛开化以前，他想完成一串用一〇八个手指做成的花圈来戴在他的颈上，以表示他的勇敢与残酷。他已有了一〇七个手指，只缺少一个，于是他向释迦佛身上打算盘，来完成其一〇八之数。很幸运的是他被佛感化，出家修道而证得圣果——也可以成‘阿罗汉’。换言之，当时成阿罗汉的人很多，差不多有‘人皆可以为尧舜’的趋势。

“但是，自从佛陀去世之后，佛典中记载成‘阿罗汉’的事，日见其少。这不独是印度为然，连号称为保持原始清净上座部佛教的锡兰也好像是没有多大例外。

“此外于五世纪之初，中国法显大师曾朝礼师子国（锡兰）。在他的《佛国记》，或《高僧 · 法显传》里，他记载了两则与阿罗汉有关的事……

“从五世纪初至于今日已快近一千五百年了，各种记载中从未谈及有人成阿罗汉之事，是不是因为时当‘末法’，人欲横流，人们大多数是既少善根，复多恶见，其举止思维，在皆违背圣教。在如此情况之下，若不堕地狱已算幸事，哪能有机会去成‘阿罗汉’。”（巴宙:《论巴利佛典中的阿罗汉》）

那么，在家的居士是否可以成就阿罗汉果呢？常见的说法是：在家居士也可以修得阿罗汉果，但修成的那一天，要么出家，要么就是去世（涅槃）。

如《弥兰陀王问经》记载，北印度的弥兰陀王问那先比丘，在家居士是否有成阿罗汉的可能？后者作了肯定的答复，但有一个条件："在家而达阿罗汉者有二道，一为即日出家，一为即日入般涅槃。"《大毗婆沙论》卷四十六则说，在家者若不出家，不得阿罗汉；在家者纵使先证阿罗汉，于其后亦必须出家。此外，《佛所行赞》第九章"王子之探求"，亦经由悉达多太子之口说过在家者不可能获得解脱。

这些是小乘佛教（部派佛教）的观点，对于在家人是否能与出家人同证阿罗汉，此派大都持否定的看法。大乘则不同，认为在家人与出家人同样可以实现佛教的究极理想。就是说，大乘佛教认为菩萨虽有出家与在家之别，出家菩萨且较在家菩萨殊胜，但是就证得无上菩提而言，两者并无差别。菩萨尚且如此，阿罗汉就更其如此了。

不过，也有学者指出，部派佛教经书中也记述过在家者成就阿罗汉的事例。如巴利上座部《论事》记载，部派佛教中有北道派以长者子耶舍等三人证解脱的事例，而主张"在家者可得阿罗汉"。对此论点，巴利上座部《中部》第七十一经诘难这种观点，谓佛曾云："在家者不断在家结缚，身坏命终，无苦之灭。"但该经虽然驳斥了北道派的论点，但对其所引事例却避而不论。

这位学者进一步检索原始佛教经典，发现了若干支持在家阿罗汉论的经说，如下述：

（1）巴利《增支部》六，揭示了二十一名在家人。此二十一人成就六法（即对佛法僧不坏之净信、圣戒、圣智、圣解脱）。

（2）《中阿含》卷三十八佛告鹦鹉摩纳都题子云："若有在家及出家学道，行正行者必得善解，则知如法。"与此类似的经教，佛亦曾为比丘述说。此载于《杂阿含》卷二十八第七五一经。此中之"正行"，大抵可视为解脱或趋向解脱之道。据此可知，佛为出家众所说者亦可为在家众说，两者在行正行上并无差别。

（3）《杂阿含》卷三十四第九四六经，“婆蹉白佛言：‘瞿昙！若沙门瞿昙成等正觉，若比丘、比丘尼、优婆塞、优婆夷……服习五欲，不得如是功德者，则不满足。以沙门瞿昙成等正觉，比丘、比丘尼、优婆塞、优婆夷修诸梵行，及优婆塞、优婆夷服习五欲而成就尔所功德故，则为满足。瞿昙！今当说譬。’佛告婆蹉，随意所说。婆蹉白佛，如天大雨水流随下，瞿昙法律亦复如是。比丘、比丘尼、优婆塞、优婆夷，若男若女，悉皆随流，向于涅槃，浚输涅槃。”此中，不仅谓在家、出家同得成就，且谓出家、在家修诸梵行，趋向涅槃。

（4）《杂阿含》卷四十一：“彼圣弟子已能舍离有身顾念，乐涅槃者，叹善随喜，如是难提，彼圣弟子先后次第教诫教授，令得不起涅槃，犹如比丘百岁寿命，解脱涅槃。”此段经文系佛为释氏难提所说。

由此，这位学者认为，就佛教原始经典中，“对出家者与在家者的教说虽有差别，但绝不能说对出家者的教说，绝不可能不为在家者宣示。可以说，在佛教之本来教说之前，在家与出家者是平等的。”“又，一般以在家人纵使证果，亦以第三果为限，绝不能得第四阿罗汉果；然而此四沙门果说，应是成立于原始经典发达之后，故不能以此代表原始佛教之本来立场。此外，原始经典纵然一再强调在家众系享受诸欲者，谓居家生活多秽，为结缚所覆，然而几乎不见有明说在家者不能得涅槃的经文……因此，可以说原始佛教并未否定在家者可证涅槃解脱，而此一立场直至大乘佛教才被明确化。”（藤田宏达著、依观节译：《在家阿罗汉论》）

尽管所论似乎从部派佛教转移到了原始佛教，但基本明确了在家者是否可证阿罗汉的问题。不过，深入人心的，似乎还是那个“即日出家，即日入般涅槃”。况且在家居士多有俗务牵累，如欲完全脱离尘垢，事实上是不大可能的。因此，能证阿罗汉果的人，自然就大多来自出家僧人了。

四大罗汉的来由

如前所述，在小乘佛教而言，修成阿罗汉者，摆脱了生死轮回，进入永远涅槃的境界，实际上已经与世无干。他们只是获得了自觉，却不像菩萨那样自觉之后，进而担负起救渡他人的使命。这与佛教普济大众的宗旨不合，因而佛祖释迦牟尼劝导他们常住世间，弘扬佛法，普度众生。这样，阿罗汉们纷纷回小向大，“住世不涅”——不入涅槃、常住世间，受世人的供养而为众生作福田。于是在大乘佛教里，阿罗汉有了新的地位和作为。

据佛经记载，最初住世的几位阿罗汉是释迦牟尼佛亲自指派的，他们也就是为人熟知的四大罗汉。西晋竺法护所译（一说失译）《弥勒下生经》和东晋译者佚名的《舍利弗问经》等，都说佛在即将“灭度”之际，特别指派大迦叶比丘、君屠钵叹比丘、宾头卢比丘、罗云比丘“住世不涅槃，流通我法”，即住世间弘扬佛法。

《弥勒下生经》云：“所谓大迦叶比丘、军屠钵叹比丘、宾头卢比丘、罗云比丘，汝等四大声闻要不般涅槃，须吾法没尽，然后乃当般涅槃。”

《舍利弗问经》云：“我去世后，摩诃迦叶、宾头卢、君徒般叹、罗睺罗四大比丘住不泥洹，流通我法。”

隋智颤《法华经文句》卷二即根据此说云：“佛敕四大罗汉不得灭度，待我法灭尽。由是住持于今，未得入无馀涅槃。”

由上可见，四大罗汉最初或称“四大声闻”，或称“四大比丘”。比丘，指成年（满20岁）的男性出家者。而所谓“声闻”，最初指亲耳听闻佛陀言教的觉悟者，这些人其实也就是佛陀的及门弟子。后来，声闻与缘觉、菩萨相对，为三乘之一，指只能遵照佛的说教修行，并至以达到自身解脱为目的的出家者，其最高果位就是阿罗汉。无疑，这里的“四大声闻”指前者，他们都是佛的亲传弟子，德、智兼备，被佛徒称为“尊者”（佛门德智兼备者均可称“尊者”，阿罗汉即是）。其中大迦叶与罗睺罗，均位列佛的“十大弟子”之中。

在释迦牟尼佛住世期间，听受佛法的弟子前后不过几千人，经常随侍的不过数百人至数十人。但他们都曾亲聆过佛陀说法，都可以算是佛陀的亲传弟子。在这数十百人中，有十个人最为著名，他们被称作释迦牟尼的“十大弟子”。他们自然都成就了阿罗汉果，并受佛陀嘱托，住世弘传佛法。据佛经记载，他们有的位列“四大罗汉”，有的位列“十六罗汉”。

摩诃迦叶，位列十大弟子之首，也是四大罗汉首要的一位。也作“大迦叶”（摩诃就是“大”的意思），简称“迦叶”，意为“饮光”。他是摩揭陀国人，出身于王舍城近郊的一个婆罗门家庭。他于释迦牟尼成道后第三年皈依为佛弟子，精进修行，很快即证入阿罗汉境地。在十大弟子中，他少欲知足，惯于苦行，所以称“头陀第一”。他深受佛祖敬重信赖，曾受佛祖分于半座礼遇。相传有一次佛祖在灵鹫山为众弟子说法，有大梵天王献金色波罗花，以表敬意。佛祖默然不言，拈起金色波罗花向大众示意，在场众弟子俱不知佛祖用意，唯独大迦叶破颜微笑。于是佛祖当众宣布将正法眼藏付嘱大迦叶，迦叶尊者也就成了与佛陀心心相印的传法弟子。释迦牟尼涅槃后，大迦叶成为众徒众的统领，并召集五百阿罗汉（圣弟子）至王舍城，组织第一次佛教经典的结集，由阿难诵出经文，优婆离诵出律典，对佛教贡献极大。在汉化佛寺中，他常与阿难塑在释迦牟尼佛身旁作为近侍，成为“一佛二弟子”的庄严道场。迦叶尊者的形象，大多为年长的比丘形貌，呈现出历尽沧桑、严

一佛二弟子（左为大迦叶）

谨坚毅的求道风骨。

罗睺罗，又作“罗怙罗”、“罗护罗”，意译为“障月”、“执月”，也称“罗云”。他是释迦牟尼的亲生儿子，其母耶输陀罗在悉达多太子出家那天怀孕，怀胎六年，在释迦牟尼成道日出生。出生时正巧遇上月食，所以名叫“障月”。在他15岁的时候，成道的释迦牟尼归乡，他出家做了沙弥（佛教指7岁以上、20岁以下的出家男子），是佛门的第一个沙弥。他在十大弟子中“密行第一”，即佛门的三千威仪、八万细行，大众不知，唯他知之能行。在佛教丛林中，唯有他能独居一殿甚或一寺，五台山就有罗睺寺。

四大罗汉中的另外两位不在十大弟子之列。宾头卢尊者同时位列“十六罗汉”，放在后文介绍。而君徒钵叹尊者亦不在“十六罗汉”之列，生平事迹少见记载，只是共同提及他乃佛入灭前嘱托住世弘法的四大声闻之一，译名不一，还有“军徒钵叹”、“军屠钵叹”、“君徒般叹”诸译而已。

最早住世的四大罗汉，他们的画像、塑像极少，并不流行；不仅画像、塑像，甚至连同声名，都远不如十六罗汉来得热闹。

需要指出的是，所谓“四大声闻”，并非只有上述两种佛经所记载的四人，其他佛经还有不同的记载。连同上述一种，大约有五种说法，这里一并排比如下：

（1）指大迦叶、君屠钵汉、宾头卢、罗云四罗汉。此说除上引两种经籍外，又如《增一阿含经》卷四十四云：“尔时世尊告迦叶曰，吾今年已衰耗，年向八十馀，然今如来有四大声闻堪任游化，智慧无尽，众德具足。云何为四？所谓大迦叶比丘、君屠钵叹比丘、宾头卢比丘、罗云比丘。汝等四大声闻，要不般涅槃，须吾法没尽然后乃当般涅槃。大迦叶亦不应般涅槃，要须弥勒出现世间。所以然者，弥勒所化弟子，尽是释迦文佛弟子。”

（2）指大目犍连、大迦叶、阿那律、宾头卢。《增一阿含经》卷二十云：“是时四大声闻集在一处而作是说，我等共观此罗阅城中，谁有不供奉佛法众作功德者，由来无信者当劝令信如来法僧，尊者大目犍连、尊者迦叶、尊者阿那律、尊者宾头卢。”

（3）指舍利弗（又译“身子”）、目连、迦叶、须菩提。此四人乃《维摩经》卷上“弟子品”所列十大弟子中，定、慧、行、解之最胜者，称为四大声闻。《维摩经义疏》卷三云：“身子智慧、目连神通、迦叶苦行、善吉空解，故以定慧行解为四大声闻。”

（4）指须菩提、摩诃迦旃延、摩诃迦叶、摩诃目犍连。四者在《法华经》迹门的三周说法中，是譬说周（即譬喻品）中开悟的中根机类；在“授记品”，是受成佛记别的四大声闻。《法华义疏》卷七列出此四大声闻与《维摩经》所说四大声闻的异同点：“彼经明身子之慧、目连之定、善吉空解、迦叶有行，以此四人为大声闻。此经明身子利根独拔众人之外，非四大声闻所摄，乃以善吉解空、旃延达有、迦叶头陀、目连禅定也。”

（5）指舍利弗、大目犍连、富楼那、须菩提。《宝星陀罗尼经》卷三云：“尔时，世尊以神通力，令此街道百由旬量，广博严净而为示现，时舍利弗北面而坐，大目犍连西面而坐，富楼那南面而坐，须菩提东面而坐。四人住处共半由旬，应时于彼四大声闻坐处地中现大莲华。”

尽管说法不少，但其中所及，则大多位列佛陀十大弟子之中，因此，这里不妨对佛的十大弟子略作介绍：

（1）摩诃迦叶，即大迦叶，简称“迦叶”、“头陀第一”。

（2）阿难陀，简称“阿难”，意译为“庆喜”、“欢喜”。他是释迦牟尼叔父斛饭王的幼子，出生在释迦牟尼成道的那天，25岁时出家。在十大弟子中他“多闻第一”，记性最好，所以第一次佛教经典结集时，他单独一人就诵出了全部经藏（佛教经、律、论三藏之一）。

（3）舍利弗，全称“舍利弗多罗”，意为“鹫露子”、“秋露子”。王舍城人，出身婆罗门。智慧敏捷，称“智慧第一”。由于不忍见释迦牟尼入灭，所以他先于佛入灭。

（4）目犍连，也作“目乾连”，全称“大目犍连”（摩诃目犍连）、“大目乾连”，简称“目连”，意为“采菽氏”。他也是王舍城的婆罗门，在十大弟子中称“神通（或神足）第一”。他也先于释迦牟尼入灭，是被婆罗门杖击而死的。

（5）须菩提，意译为“善现”、“善见”、“善吉”等。舍卫城的婆罗门。以善说“诸法性空”闻名，称“解空第一”。

（6）富楼那，意译为“满慈子”。他是迦毗罗卫国国师的儿子，婆罗门出身。他能言善辩，善于分辨义理，故称“说法第一”。

（7）摩诃迦旃延（姓），阿槃提国婆罗门，名叫“那罗陀”。在十大弟子中称“议论第一”。

（8）阿那律（也作“阿那利陀”），意译为“如意”。他也是释迦牟尼的堂弟，是释迦牟尼另一位叔父甘露饭王的儿子。他得了“天眼通”，所以称“天眼第一”。

罗睺罗多尊者

（9）优婆离，也作“优波利”，意译“近执”、“近取”。他也是释迦牟尼的故国迦毗罗卫国人，属首陀罗种姓，出家前是王宫的理发工。他奉持戒律最为严谨，故称“持律第一”，传说三藏中的律藏就是他诵出的。汉化佛寺中戒坛前的小山门殿里供他，称“优婆离殿”。

（10）罗睺罗，又作“罗怙罗”、“罗护罗”、“罗云”。“密行第一”。

从十六罗汉到十八罗汉

四大罗汉是亲耳聆听佛陀教言的声闻，十六罗汉也是如此，并且同样受到佛陀的嘱托，不入涅槃，住世弘法。佛典对此也有清楚记述。

如北凉道泰译的《入大乘论》说：“尊者宾头卢、尊者罗睺罗，如是等十六人诸大声闻散在诸渚（洲）……守护佛法。”但未一一列举出十六罗汉的名字。而且同前引关于四大罗汉的经典一样，这里也只云“声闻”而不云“罗汉”。

到唐湛然的《法华文句记》，却云：“准《宝云经》第七，佛记十六罗汉令持佛法，至后佛出方得入灭。彼经一一皆列住处、人名、众数等。故诸圣者皆于佛前各各誓言：我等以神力故弘护是经，不般涅槃。宾头卢、罗云在十六数，却不云迦叶。”这里不仅直云“罗汉”，从言语间可知，湛然当时定然知晓十六罗汉的具体名目。但在《宝云经》的两个译本中，却没有湛然所说的“列住处、人名、众数等”的文字。或者今本的经文有所缺失，但也难以考订了。

现在所有的十六罗汉的典据，出自唐代玄奘翻译的《大阿罗汉难提密多罗所说法住记》（简称《法住记》）。难提密多罗，意译为“庆友”（也作“庆有”），是佛灭后八百年时的师子国（即今斯里兰卡）人。他是一位阿罗汉，“具八解脱、三明六通、无诤愿智、边际定等。无量功德，皆悉具足；有大威神，名称高远。以愿智力能知此界一切有情种种心行，复能随顺作诸饶益”。他即将涅槃的时候，“集诸苾刍苾尼（即比丘、比丘尼）等，说己所证诸妙功德，及应所行利乐有情诸胜事业，皆悉成办”，请大众有疑可问。于是众人提出了“世尊释迦牟尼无上正法当住几时”的问题。庆友告诉众人，佛陀早在《法住经》（《佛临涅槃记法住经》）里讲过这个问题，并进一步说：“佛薄伽梵般涅槃时，以无上法付嘱十六大阿罗汉并眷属等，令其护持，使不灭没。乃敕其身与诸施主作其福田，令彼施者得大果报。”接着，众人又问：“所说十六大阿罗汉，我辈不知其名何等？”于是，庆友具体回答了十六罗汉的名目以及眷属、住处。

《法住记》里庆友告诉大众的十六罗汉，名目次第及眷属、弘化地方是：第一尊者宾度罗跋啰惰阇（Pindolabharadvaja），与自眷属千阿罗汉多分住在西瞿陀尼洲；第二尊者迦诺迦伐蹉（Kanakavatsa），与自眷属五百阿罗汉多分住在北方迦湿弥罗国；第三尊者迦诺迦跋厘惰阇（Kanaka-bharadvaja），与自眷属六百阿罗汉多分住在东胜身洲；第四尊者苏频陀（Suvinda），与自眷属七百阿罗汉多分住在北俱卢洲；第五尊者诺距罗（Nakula），与自眷属八百阿罗汉多分住在南赡部洲；第六尊者跋陀罗（Bhadra），与自眷属九百阿罗汉多分住在耽没罗洲；第七尊者迦理迦（Karika），与自眷属千阿罗汉多分住在僧伽荼洲；第八尊者伐阇罗弗多罗（Vajraputra），与自眷属千一百阿罗汉多分住在钵刺拏洲；第九尊者戍博迦（Svaka），与自眷属九百阿罗汉多分住在香醉山中；第十尊者半托迦（Panthaka），与自眷属千三百阿罗汉多分住在三十三天；第十一尊者罗怙罗（Rahula），与自眷属千一百阿罗汉多分住在毕利飏瞿洲；第十二尊者那伽犀那（Nagaena），与自眷属千二百阿罗汉多分住在广半度波山；第十三尊者因揭陀（lngata），与自眷属千三百阿罗汉多分住在广胁山中；第十四尊者伐那婆斯（Vanavasin），与自眷属千四百阿罗汉多分住在可住山中；第十五尊者阿氏多（Ajita），与自眷属千五百阿罗汉多分住在鹫峰山中；第十六尊者注荼半托迦（Cuda-panthaka），与自眷属千六百阿罗汉多分住在持轴山中。

《法住记》所述十六罗汉只有简单的名目、眷属、住处。但自该《法住记》译出以后，十六罗汉受到佛教徒的普通尊敬赞颂，诸位尊者的生平事迹也必然更多挖掘揭示。由此，可以大略知晓十六罗汉的一些具体情况，排比如下：

（1）宾度罗跋罗惰（或作“堕”）阇尊者（俗称“坐鹿罗汉”）：又作“宾头卢突罗奢”，简称“宾头卢尊者”。“宾度罗”是印度十八姓之一，是贵族婆罗门的望族；“跋罗惰阇”是名。这位罗汉本来是印度拘舍弥城优陀延王（又作“优填王”）的大臣，权倾一国，但他忽然发心出家为僧。优陀延王亲自请他回宫做官，他怕国王啰唆，遂遁入深山修行。有一日，皇宫前出现了一名骑鹿和尚，御林军认得是跋罗惰阇，连忙向优陀延王报告。国王出来接他入宫，说国家一直虚位以待，问他是否回来做官。尊者说回来是想劝导国王出家，遂用种种比喻，说明各种欲念之可厌，结果国王让位太子，随其出家。因以鹿为坐骑，故称“坐鹿罗汉”。

他的故事还有很多，比如有记载说他虽证成阿罗汉，却还留着爱在人面前卖弄本事的毛病。有个树提伽长者，是位外道人物。有一天，他把一个装旃檀钵的网兜挂在高处，声称有谁能不用梯子、杆子取下来，就把旃檀钵送他。宾头卢听了很动心，就撺掇师兄目连去摘，目连怕惹事没敢去。宾头卢便“逐身飞空，得钵已还去”。释迦听说此事很是生气，呵责他道：“何比丘为外道钵而于未受戒人前现神通力！”这故事是否属实，姑且不论，但却也体现了阿罗汉们大多颇有个性。

（2）迦诺迦伐蹉尊者（俗称“喜庆罗汉”、“欢喜罗汉”）：古印度论师之一，《佛说阿罗汉具德经》说他是“知一切善恶法之声闻”。有人问他“何谓之喜”，他解释说：由听觉、视觉、嗅觉、味觉和触觉而感到的快乐就叫喜。又有人问“何谓之庆”，他说：“不由耳眼口鼻手所感觉的快乐，就是庆。例如诚心向佛，心觉佛在，即感快乐。”他在演说及论辩时常带笑容，又因论喜庆而名闻天下，故名喜庆罗汉。

（3）迦诺迦跋厘惰阇尊者（举钵罗汉）：又作“迦诺迦跋黎堕阇”、“迦诺跋哩陀”。他是一位慈悲平等托钵化缘的行者。他的化缘方法是高举铁钵向人乞食，借托钵福利世人，给众生种植福德，并为他们讲说佛法，以身教、言教度化众生。修成阿罗汉果后，人称他“举钵罗汉”。

（4）苏频陀尊者（俗称“托塔罗汉”）：他是佛祖释迦牟尼所收的最后一位弟子。他修到五神通，又修得非非想及非想定。塔，是取梵文“塔婆”一词的第一音而成的汉字。在佛教传入以前，中国是没有塔的。佛教的塔，是载佛骨的器具，故而成为佛的象征。作为最后一名佛弟子，苏频陀为了纪念师父，特地将塔随身携带，以示“佛祖常在”。

（5）诺距罗尊者（俗称“静坐罗汉”）：诺距罗，可译作“大力士”。这位罗汉是位大力罗汉，原本是个战士，力大无比，后来出家，修成正果。师父教他静坐修行，遂放弃从前做战士时那种打打杀杀的观念，故而在静坐时仍现出大力士的体格。

（6）跋陀罗尊者（俗称“过江罗汉”）：跋陀罗意译为“贤（者）”，但这位罗汉取名之意，却是源于印度的一种稀有树木——跋陀罗。母亲怀孕临盆，在跋陀罗树下产下他，因此就为他取名跋陀罗，并送到寺庙出家。相传东印度群岛的佛教，最初是由跋陀罗传去的。他由印度乘船到东印度群岛中的爪哇岛去，传播佛法，因之而称“过江罗汉”。

（7）迦理迦尊者（俗称“骑象罗汉”）：象的梵文音译为“迦理”，迦理迦即“骑象人”之意。象是佛法的象征，比喻威力大，能耐劳至远。迦理迦本是一位驯象师，出家修行而成正果，做了佛陀的侍者，故名“骑象罗汉”。

清代贾全《十六罗汉图》（之二）

（8）伐阇罗弗多罗尊者（俗称“笑狮罗汉”，又称“金刚子”）：狮子代表佛的神威，因为狮子发声洪亮、山鸣谷应，故而比喻佛说法为“狮子吼”。这位罗汉原本是一位猎人，专门猎狮，后得一和尚感化，出家为僧，再不杀生。当他修成正果时，有只小狮来到他身边，似在感激他不杀其兄弟父母，于是他就把小狮带在身边。后来得道，连小狮也成了神物。据说，由于他往生从不杀生，广积善缘，故而一生无病无痛，而且有五种不死的福力，故又被称为“金刚子”。

（9）戍博迦尊者（俗称“开心罗汉”）：他本是中天竺国太子，弟弟因不满父王立兄长为储君而作乱，他立即对弟弟说：“你来做皇帝，我去出家。”弟弟不信，他说：“我的心中只有佛，你不信，看看吧！”撩开衣服，弟弟看见他心中果然有佛，相信他而不再作乱，他也真的出了家。后来他到唐朝京城长安传教，汉译他的名字为“善无畏”。

（10）半托迦尊者（俗称“探手罗汉”）：又称“般陀”，意译为“路边生”。他是个私生子，《善见律》卷十六说他的母亲是大富长者的女儿，她与家奴私通，逃往他国，久而有孕，快分娩时思归，在半路生下了半托迦，且“如是复生弟”。长名“莫诃（大）般陀”，弟名“周罗般陀”，意为“大路边生”、“小路边生”，兄聪明而弟愚钝。后来两人出家都修成了阿罗汉。弟弟又叫“注荼半托迦”，为第十六罗汉。

另外相传他是药叉神半遮罗之子。据《可哩底母经》说：古印度王舍城内山边有药叉神名婆多，北方犍陀多罗国亦有一药叉神名半遮罗，他们的妻子同时怀孕，于是指腹为婚。婆多生女，半遮罗生子。半遮罗所生子就是半托迦，出家修成正果，进而也度婆多之女成道。他打坐时常用半迦（跏）坐法（俗称“单盘”），打坐完毕即双手高举长长舒气，故称“探手罗汉”。

（11）罗怙罗尊者（俗称“沉思罗汉”）：又作“罗怙罗多”及“罗睺罗”等。罗怙罗多是印度一种星宿的名字。古印度认为，日、月食是由能遮蔽日月的“罗怙罗多”星造成的。这位罗汉在月食时出生，故取名罗怙罗多。他是佛祖“十大弟子”之一，以“密行第一”著称。所谓“密行”，就是在沉思中能知人所不知，在行功时能行人所不能行。他总是沉思冥想，故称“沉思罗汉”。

（12）那伽犀那尊者（俗称“挖耳罗汉”）：又作“那迦犀那”，习惯上称“那先比丘”。“那迦”意译为“龙”，“犀那”为“军”，那迦犀那即“龙的军队”之意，比喻法力强大。这位罗汉住在印度半度坡山上。他也是一位论师，因论《耳根》而名闻印度。“耳根”为佛教“六根”之一，“根”指能生出认识的根源；所谓“六根清净”，就是摆脱眼耳鼻舌身意所生的烦恼。那迦犀那论耳根最到家，故取挖耳之形，以示耳根清净。

（13）因揭陀尊者（俗称“布袋罗汉”）：相传是印度的一位捉蛇人。他捉蛇是为了行人免遭蛇咬，捉住后拔掉毒牙、放生深山，因此善心而修成正果。他的布袋，原是装蛇的袋子。相传他在中国显灵，公元907年五代后梁时在奉化出现，背一布袋抄化。后来于贞明三年（917）在岳林寺磐石上说佛偈云：“弥勒真弥勒，分身千百亿。时时示时人，时人自不识。”说完即不见影踪。

（14）伐那婆斯尊者（俗称“芭蕉罗汉”）：伐那婆斯是梵文“雨”的意思。相传他出生时，雨下得正大，芭蕉树被雨打得沙沙作响，父亲因此给他取名“伐那婆斯”。他出家后，又喜好在芭蕉下修行，修成了阿罗汉果，故称“芭蕉罗汉”。

（15）阿氏多尊者（俗称“长眉罗汉”）：阿氏多是梵文“无比端正”的音译。这位罗汉生来就有两条长长的白眉毛。原来他前世也是一位和尚，但修行到老、眉毛脱落，仍未成正果，再转世为人。他出世后，有人对他的父亲说：“佛祖释迦牟尼也有两条长眉，你的儿子有长眉，是佛相。”父亲因此送他入寺出家，终于修成阿罗汉果。

（16）注荼半托迦尊者（俗称“看门罗汉”）：他是半托迦尊者的弟弟，释迦牟尼亲传弟子之一。到各地去化缘，他常用拳头敲门叫屋里的人出来布施。有一次，因人家房子衰朽而不慎打烂，结果要道歉认错。他回去问佛，佛说：“我赐你一根锡杖，以后去化缘，你不用打门，就用这锡杖在人家门前摇动，有缘的人自会开门，如不开门，就是没缘的人，改到别家去好了。”原来，这“锡杖”上有几个金属环，摇动时发出“窸窸”的声音。人家听到这声音，果然开门布舍。大约是由于他挨门募化的坚持，故被称为“看门罗汉”。

“十六罗汉”在唐代已经定型，并且流行开来。而今日最为人所熟知的，是“十八罗汉”。十八罗汉的基础是十六罗汉，那么，为何要增加两位？新增的两位到底是谁？又是何时加上去的呢？

关于增加的动因，最普遍的说法，是说“十八”是个吉利的数字，又是“九”（极数）的倍数。国人向来喜欢这一数字，中国文化中有许多以之表示的事项，如“十八般武艺”、“十八学士”等；佛教中也有许多“十八”，如“《十八部论》”、“十八界”、“十八变”、“十八层地狱”等。这样说来，“十六罗汉”变为“十八罗汉”，似乎甚为顺理成章。

关于何时增加、新增何人、始作俑者为谁，周叔迦先生的《法苑谈丛·漫谈罗汉》中指出：“由十六罗汉演变成为十八罗汉，主要是从绘画方面造成的。现在所知的最早的十八罗汉像是前蜀简州金水张玄画的十八阿罗汉，宋苏轼得之于儋耳，题了十八首颂（见《东坡七集》后集二十），但未标出罗汉名称。其次是贯休画的十八阿罗汉，苏轼自海南归，过清远峡宝林寺见之，为之作赞十八首，每首标出罗汉名称，于十六罗汉外第十七为庆友尊者，即《法住记》的作者，第十八为宾头卢尊者，即十六罗汉中宾度罗跋罗惰阇的重出（见《东坡七集》续集十）。清《秘殿珠林》也有贯休十八罗汉图卷，后有宋苏过、元赵孟頫、明宗彻三跋，也不题罗汉名字。宋绍兴四年（1134）《江阴军乾明院五百罗汉碑》于五百罗汉尊号前列十八罗汉尊号，也是第十七庆友尊者，第十八宾头卢尊者。”

按苏轼所见画作推断，画家所在的唐末至五代十国时期，已出现了十八罗汉之说，但名位却还多有疑问。宋咸淳间志磐撰《佛祖统记》（卷三十三）辟前说，认为庆友是造《法住记》的人，不应在住世之列；宾头罗（即宾头卢）为重出。应当是迦叶尊者和君屠钵叹尊者，即《弥勒下生经》所说“四大声闻”中不在十六罗汉之内的两位尊者。这样《法住记》所载十六尊者，与《弥勒下生经》的四大声闻，都有了着落（省略其中重复的两位）。

但事情并未就此定案，十八罗汉的最后两位到底何人，还有异说。比如，《法住记》的撰著者庆友与译经者玄奘；迦叶与布袋和尚。藏地佛教还有另外的说法（详后）。

这桩公案，可以说是直到清前期才有了案断，而且依准的是“圣上”与“国师”的“法旨”。

乾隆年间，史载乾隆皇帝谓：“俗所称十八者，不见梵典，咨之章嘉国师云，西域但有十六之号，而无十八……传自中土……则为十八，及考之，唐书并无此语。”最终，他与章嘉呼图克图活佛一致认为：十八罗汉的最后两位应该是降龙罗汉（迦叶尊者）和伏虎罗汉（弥勒尊者）。《秘殿珠林续编》第四册有清代庄豫德摹贯休补卢楞伽十八应真册，后有乾隆的题颂，称：“第十七降龙罗汉是嘎沙鸦巴尊者（即迦叶尊者），第十八伏虎罗汉是纳答密答喇尊者（即弥勒尊者），由章嘉呼图克图考定。”

但降龙伏虎显系民众传说。苏轼《应梦罗汉记》说：元丰四年岐亭庙中有一阿罗汉像，左龙右虎。可见北宋时龙虎已经与罗汉搭边儿，只是降龙伏虎像不一定是分成两个罗汉的。明代万历年间刊行的《二十四尊得道罗汉传》一书（详见后文），已经明白地为罗汉加上了“降龙”（迦毗罗摩）、“伏虎”（大凡尊者）的名号，只不过在这部小说体的罗汉传说中，降龙、伏虎罗汉的本尊与乾隆所指有所不同。

就这样，降龙、伏虎既有民众传说做铺垫，又很合国人口味，再加上是钦定，从此十八罗汉便被确定下来。

（17）降龙罗汉：迦叶尊者。他是佛陀的十大弟子之一，又是得佛托付“正法眼藏”者。他的事迹已如前述。他是佛陀住世弘法的“四大罗汉”之一，位列“十八罗汉”之中，理所当然。但关于降龙之事，倒是庆友颇有传闻。

庆友尊者原名音译“难提蜜多罗”，“难提”梵文是“喜庆”的意思，“蜜多罗”是“朋友”的意思，简略意译便是“庆友”。佛陀曾为他解释法六念，因而修成阿罗汉果。他被称为降龙罗汉，源于一段故事。传说古印度时有魔王名波旬（佛陀本身也与此魔有过交道），他煽动那揭国人，四处杀害僧人，尽毁佛殿佛塔，所有佛经被劫。海龙王发动洪水，淹没那揭国，将佛经移藏龙宫，等待有法力的僧人取回。后庆友尊者降伏龙王，取回佛经，故称为“降龙罗汉”。有的文献只说是“降龙罗汉”降龙取经而不云“庆友”，而大迦叶有五百结集之举，与佛经大有因缘，谓其“降龙罗汉”，倒也颇有理据。

另外，在《济公外传》里，济公是降龙罗汉转世：降龙罗汉乃佛祖座下弟子，法力无边，助佛祖降龙伏妖，立下不少奇功。降龙修炼几百年，却始终不能得成正果，求教观音，得知七世尘缘未了，便下凡普度众生，了结未了尘缘。——这又可备一说了。

（18）伏虎罗汉：弥勒尊者。传说伏虎尊者所住的寺庙外，经常有猛虎饥饿长啸。伏虎尊者把自己的饭食分给这只老虎，时间一长，猛虎就被他降伏了，常和他一起嬉戏。故又称他为“伏虎罗汉”。在佛教、在中国，弥勒还有许多记载和传说，这里不再赘述。

关于宾头卢尊者为伏虎罗汉，也有相应的传说。相传他出家修行的寺门，每日总有虎啸。他说虎饿了，如果不给斋食，就会吃人。他把众僧的饭菜各取一些，用桶盛着，放在门外，老虎果然在夜里来吃。如此一来，这只老虎就被尊者收服了，故名“伏虎罗汉”。君屠钵叹尊者为伏虎罗汉，讲的也是这个故事。

西藏所传的十八罗汉，是十六罗汉加法增居士和布袋和尚。这些传说也都是从汉地传去的。唐武宗会昌灭佛时，西藏六位大师来到西康，见到当地各寺普遍绘塑十六尊者像，摹绘了圣像，迎到藏地。后来陆续传入汉

清代马骀《十八罗汉》中的“伏虎罗汉”

地各样传说，而增加了二像。据说达磨多罗（即法增，又作“达摩多罗”）居士是甘肃贺兰山人，因奉事十六尊者而得到感应，每日都见有无量光佛出现于云中。他的画像常是背负经箧，身傍伏有卧虎。布袋和尚，其起源与唐末的契此和尚颇有关联。另从其周围围绕若干幼童看来，也可能与多产神诃梨帝母的配偶半支迦有关。又有增加的两位为摩耶夫人（释迦牟尼生母）、弥勒，或降龙、伏虎罗汉分别为嘎沙雅巴尊者、纳达密答喇尊者等不同说法。

五百罗汉及其名目

阿罗汉从“四”猛增到“十六”，又增加到“十八”（这纯粹是中土的），还不算完，又有“五百罗汉”之说。之所以出现如此大规模的跃迁，首先是出于数字的习尚，还在于佛教徒对罗汉住世护法的深厚崇敬，当然也少不了俗众包括文人们的热心推衍。赵朴初先生指出：“印度古代惯用‘五百’、‘八万四千’等来形容众多的意思，和我国古人用‘三’、‘九’来表示多数很相像。五百比丘、五百弟子、五百阿罗汉，在佛教经典中固然是常见的，但并不意味是固定的数字。可是随着十六罗汉的崇奉，五百罗汉像也便在五代时期见于绘画和雕塑，不久便有许多寺庙建了五百罗汉堂。”（《佛教知识问答·僧伽和佛的弟子》）何况比之于佛经所谓阿罗汉九十九亿之数，“五百”连九牛一毛都还算不上呢。

五百罗汉传说见诸佛经中的，实在不少，这里分类简略介绍如下：

（1）随侍佛陀的五百弟子。《法华经·五百弟子授记品》中说，佛为五百罗汉授记（授记，即预记未来成佛事）。这里的五百罗汉，是跟随释迦牟尼听法传道的五百弟子。《十诵律》卷四记云："今日世尊与五百罗汉入首波城。"与《法华经》大体相同，所说五百罗汉，也是释迦牟尼住世时常随侍左右的五百弟子。《法苑珠林·奢弥跋谚佛缘》云："过去久远九十一劫，有婆罗门名延如达，好学广博，常教五百豪族童子，今五百罗汉是。"

（2）结集三藏的五百比丘。《佛五百弟子自说本起经》记载，佛灭度后，大迦叶为首的五百比丘在王舍城外的七叶窟集会，将佛一生所说的言教集结起来，此为佛教三藏的第一次结集。参加这次结集的五百比丘，就是五百罗汉。又，在佛灭度四百年迦腻色迦王统治西印度时期，以世友菩萨为首的五百比丘造论解释三藏，即佛藏的第四次结集，所造之论有《大毗婆沙论》等。

（3）重兴圣教的五百罗汉。《舍利弗问经》记载，弗沙密多罗王灭佛法后，有五百罗汉重兴圣教。

以上几种，是关于"五百罗汉"最为常见的说法。其实可以概括为两类：一是佛陀住世时的随侍弟子，都是"声闻"，身份当然够得上格；一是有功于佛教的佛弟子，无论是结集三藏还是重兴圣教，因此也够得上格。但诸经律都未列出名号，具体生平事迹也就无从得知。

此外还有一些说法，不妨续说明之：

（4）十六尊者之一的眷属。依据《法住记》记载，十六尊者（罗汉）各有驻地与眷属（部众），从五百罗汉到一千六百不等。五百罗汉是其中最起码的一组，如第二尊者迦诺迦伐蹉，与自眷属五百阿罗汉分住北方迦湿弥罗国。

（5）五百只大雁所化。据《贤愚经》记载，一次雁王误入罗网，猎人欲待捕杀。雁群中一雁在雁王前撕心裂肺地哀叫，雁群亦在半空盘桓不去。猎人由此大为感动，便放了雁王。此雁王即佛祖释迦牟尼，五百大雁即五百罗汉。又《报恩经》卷四载：昔有国王欲得雁肉，使猎师捕雁。时有五百雁过虚空，雁王误落网中。猎师大喜，将取杀之，有一雁来，悲鸣于雁王，五百雁亦徘徊虚空不去。猎师见之，不忍杀雁王，放之使去。国王闻之断雁肉。尔时之王即今阿阇世王，雁王为佛，一雁为阿难，五百雁为五百罗汉也。《法句譬喻经·忿怒品》也有同样的记载，而且“一雁”（阿难）是舍命以救雁王。

这两则记载主体相同，只是后者多了一位国王以及佛陀十大弟子之一的阿难——他总是随侍佛陀，不离左右。两则都属于佛本生故事，既然雁王为佛，那五百雁为佛随侍五百弟子，也是理中应有。只是这里应有一个过程：五百雁—五百弟子—五百罗汉。

类似的还有《经律异相》卷四十八等所载：佛在波罗捺国为四众说法，时空中有五百雁闻佛音声，爱乐之，来下世尊所。时有猎人设网捉住五百雁，并全部杀死。五百雁以闻法功德而得以生忉利天（即三十三天）。这里的五百雁已经升天，与住世不涅、流通佛法的阿罗汉宗旨不合。

（6）前身为五百蝙蝠。《大唐西域记》卷三记载：南海之滨有一株枯树，内中穴居五百蝙蝠。一日众商旅在此停留，饥寒交迫，燃火取暖，烧到枯树。其中一商人树下诵经，蝙蝠闻经，不避火烧而心生欢喜，“虽为火困，爱乐法音，忍而不去，于此命终”。后皆托生为人，普证圣果，成为五百罗汉。这五百蝙蝠即在迦湿弥罗国第四次结集之五百罗汉的前身。

（7）据《智度论》，五百仙人飞行空中，有甄陀罗女于雪山池中载歌载浴，众仙闻女歌声，心狂意乱，顿失禅定，失足堕地。此五百仙人即五百罗汉。

（8）还有一种说法认为，他们是佛祖感召下的五百强盗，放下屠刀而成罗汉的。（一说被官军打败挖眼放逐，痛苦呼号，佛祖以神药使之复明，五百强盗遂皈依，成为佛弟子。）相近的一种说法，劝化者换成了观音菩萨，并与天台山搭上了边：传说五百罗汉原本是一群三教九流的各色人物，他们啸聚天台，抢劫赌博，无所不为。有一次，观音菩萨到此，点化了这班狂徒，一众人等深受教诲，改邪归正，各成正果。

仙人失足堕地为罗汉、强盗放下屠刀成罗汉，事则或有，数目也对，当然无妨称作“五百罗汉”，但恐怕难说是人们热烈崇奉的五百罗汉。

（9）另据佛教史载，大力神诸俱那携八百使者自天竺来东土传教，遣五百使者驻天台、三百驻雁荡弘法，合称八百罗汉。故有天台五百罗汉弘法之说。另外，还有五百罗汉化作天兵天将救出年轻恋人，被部落王敕封为五百罗汉并建堂供奉等说。

关于五百罗汉与天台山，有必要多赘数言。据《高僧传》记载，东晋兴宁年间，天竺高僧昙猷居住天台山修行，闻听故老相传：天台悬崖有精舍，为得道者所居，虽有石梁（石桥）跨涧，却横亘巨石阻断人至。昙猷洁斋累日，渡桥见到了精舍、神僧。这与后来《西域记》记载的“佛言震旦天台山方广圣寺，五百罗汉居焉”相吻合。从此，天台山一带不断传有“罗汉显圣”、“罗汉化身”的传说，天台山石梁方广寺也就成为五百罗汉现身应化之处。而这五百罗汉，正是佛陀的弟子，因天台山奇水异，故来此现身弘法济众的。五百罗汉的图绘、塑像最早也出现在吴越地区，因而说五百罗汉“始发于天台而传向全国”，似乎也不无道理。

频频地出现“五百”这一数字，只能用赵朴初先生所说“印度古代惯用‘五百’、‘八万四千’等来形容众多的意思”来作解释。也正是因为“五百”不过是“形容众多”的一个概数，所以无人着实追究详细，起初也就没有什么五百罗汉的姓名字号流传。

不过，“五百”毕竟也是个确数，“五百罗汉”传之既久，一方面是人们对阿罗汉们崇奉的热情，一方面是人们凡事追根究底、着意附会的热情，那“五百罗汉”就非得整出一个名目来。于是，在南宋高宗绍兴年间，这名目毕竟给人鼓捣了出来。绍兴四年（1134）十二月，江阴地方刻了一通《江阴军乾明院五百罗汉名号碑》(此碑已毁),一位叫高道素的,从各经中录出了五百之数的名号(详见附录)。由于此碑明崇祯年间,高承埏曾刻于泾县署中,其子高佑纪又重刻,故碑文得以存世,并被收入《嘉兴续藏经》。碑中所列,从最初五比丘之一的阿若憍陈如到第五百罗汉愿事众,数整五百(尚有住世十八尊者)。此即为各地所立五百罗汉之所本。一般认为这五百罗汉的名号,并无任何典据支持;但高道素的名号录自佛经,不能说不是一种“典据”,只是这些名号不过杂凑而已,也可谓“并无典据”。

滥竽充数、浑水摸鱼的事情,个人再熟悉不过,也体现在了这五百罗汉上。正是因为杂凑而无统一典据,形象上更是各人臆想,人数众多又不好分辨,于是一些人也便伺机乘势混迹罗汉队伍,硬充“罗汉”。

清康熙皇帝是个敬奉佛教的帝王,他在游镇江金山寺时,曾写诗道:“朕本西方一衲子,然何落到帝王家。”乾隆也是个敬佛的皇帝,在位期间下令整理刊行了浩繁的佛教大藏经。这两位皇帝护法弘经,使佛教极一代之盛。佛教徒为报答皇恩,附会说他们是罗汉转世。四川新都宝光寺的罗汉堂内,康熙和乾隆被分别塑成第二百九十五阇夜多尊者和第三百六十直福德尊者。两位头戴风帽,肩披锦氅,身着龙袍,安然而坐。这是按二帝的真容塑的,因为康熙出过天花,故而阇夜多尊者脸上有些麻子,但这些麻子九个一团,脸上像是布满了朵朵梅花。北京碧云寺罗汉堂里的第四百四十四位叫“破邪见尊者”,塑的是戎装的帝王,顶盔贯甲,罩袍蹬靴。这座罗汉堂建于乾隆年间,这位罗汉正是乾隆本人造像。

更有甚者,昆明筇竹寺五百罗汉像的作者是四川人黎广修。据禅宗等流派的教义,佛法平等,故而他把罗汉们塑成世俗各界人物。不仅如此,黎广修还把支持重修筇竹寺的云贵总督及筇竹寺方丈梦佛长老、自己本人乃至几个高徒,全都塑进了罗汉群里。另外,基督教的主——耶稣也塑在了里头,这当然是面对西方传教势力的无奈之举了。

罗汉的形象与图绘

诚如人们所注意到的，对罗汉的崇奉乃至罗汉之由十六到十八，文人的图绘、寺院的形塑，都起了推波助澜、发扬光大的作用。但与佛、菩萨不同的是，罗汉的造像大多是中土人士完成的。其中有许多顶尖的大画家，也投身其中，乐此不疲。联系到苏轼等大文豪也屡屡为罗汉图作颂题赞，似乎隐约可见文人之于罗汉的某种投契。

汉化佛教中，佛、菩萨的形象，到唐代已基本定型，逐渐类型化，并有特定的衣饰相配。而罗汉的传说流行较晚，大致从《法住记》后才开始普及，较少地受到造像仪轨与供养仪轨的约束，加上有关生平资料较少，留有充分的创造空间，故而其形象多是画家等依据己意为之，多能穷形尽相、栩栩如生。

罗汉的形象，通常是剃发出家的比丘形象，高年耆宿，身着僧衣，一无装饰，简朴清净，或坐或立，姿态不拘，随意自在，反映现实中清修梵行、睿智安详的高僧德行。具体到每一位罗汉，则根据其传闻行藏、容饰特点，各赋其形，各传其神。

最早的四大罗汉，没有造像流传。到十六罗汉、十八罗汉，无论画卷、刻石还是雕塑，所传极多。

十六罗汉成形于唐代，当时就有十六罗汉的画像。有学者指出，最早的一幅十六罗汉画像出现在敦煌莫高窟第九十七窟，在东壁门南北，画有十六罗汉像，这是盛唐时期的作品，弥足珍贵。清代的《秘殿珠林》著录有《唐人画十六应真图》（应真即罗汉），一著录于初编，卷后有宋人姜夔题偈；一著录于续编，画十六罗汉行海山间，“龙神作礼前迎，诸尊者或乘蛟骑鲸，或飞行杯渡，或坐石倚树，役使猿猩，驯服鸷兽，种种神通”。卷后有乾隆御笔行书长题，并作长歌分咏之。题语写道：“唐人十六应真长卷，行笔如古篆籀，参以飞白草圣之法，神僧梵相，涌现波涛云气间。树石禽鱼，水族怪类，惊诡奇变，殊形异状，虽不著作者姓名，其为唐人笔无疑，信僧繇、道子之亚也！”据卷后裘曰修的考证，此卷乃出杭州圣因寺，有吴道子、顾恺之的笔意，“非北宋人以下所能为”，并同意董其昌“谓是贯休之流”的观点。

唐代高僧玄奘译出《法住记》以后，到肃宗乾元年间，画家卢楞伽特别爱好画十六罗汉像。卢楞伽为长安人，“画圣”吴道子的弟子，早年画迹笔力不及其师，后来功力大进。他长于佛画和经变画，画迹遍于寺壁，入蜀后曾经画大圣慈寺行道僧，由颜真卿题名，时人号称“二绝”。他的作品甚多，尤长于十六罗汉画，到北宋徽宗时，御府还藏有其罗汉画像的相关画迹。《宣和画谱》卷二记载他有这类作品多种。又同书卷十中著录王维十六罗汉图四十八幅，时间应比卢楞伽早许多。

到了五代十国时期，十六罗汉的图绘更多起来。这一时期的十六罗汉绘画，历代画谱著录的有：后梁张僧繇，南唐陶守立、王齐翰，前蜀贯休、李升、张玄，吴越王道求。其中以前蜀高僧贯休最为知名。贯休（832—912），俗姓姜，字德隐，婺州兰溪（今属浙江）人。生于唐末，入蜀后称禅月大师。后入浙，居杭州灵隐寺。善诗书画，画承阎立本，能自成一家，风格奇古不媚。贯休笔下的罗汉大都粗眉大眼，丰颊高鼻，衣纹排叠，状貌古野，即所谓“胡貌梵相”，与唐代佛教艺术世俗化、写实化的风格迥异。奇崛怪异的人物形象使“见者莫不骇瞩”，显示出鲜明的独创性，备受后世推崇，明末陈洪绶就曾深受影响。

宋代的十六罗汉绘画，见于著录的更多，而且文人画家之外，还有不少僧人的画作。文人有：孙知微、李公麟、颜博文、李时择、梁楷、孙必达。僧人有：梵隆、月蓬、海仑。元、明两代画家的十六罗汉绘画，见于著录的有：元代的赵孟頫、钱选；明代的吴伟、仇英、吴彬、丁云鹏等。

关于十六罗汉的雕刻，现存最早的是杭州烟霞洞吴越国吴延爽造的十六罗汉，计右壁内部二尊、前部四尊、左壁十尊。阮元《两浙金石志》载有烟霞洞吴延爽造像功德记。现在石窟中的题记有“都指挥使、银青光禄大夫……吴延爽舍三十千造此罗汉”语。吴延爽是吴越王钱元瓘妻吴夫人的兄弟。宋代曾在此洞补刻僧像一、布袋和尚像一，自然是十八罗汉流行起来后的作为。此外，在四川安岳圆觉洞石窟中也保留有五代时期的十六罗汉石刻。

现在所知的最早的十八罗汉像，是前蜀简州金水人张氏所画十八罗汉。苏轼在其《十八大阿罗汉颂》中说，他谪居海南时，从民间得到张氏所画“十八罗汉图”，图中每位罗汉都有童子、侍女、胡人等一两人做陪衬，有点像世俗画的“燕居图”。其次是贯休画的十八罗汉，也为苏轼亲见，作文《自海南归过清远峡宝林寺敬赞禅月所画十八大阿罗汉》记之，并且在作品上一一标出了十八罗汉的名号。

十八罗汉的传说在五代宋初普遍流行之后，画家画十六罗汉的也很多，而自元朝以后，各寺院的大殿中多雕塑十八罗汉像，十六罗汉的说法则不甚通行了。

历代画家所绘十八罗汉画像，见于著录的有：后唐的左礼；前蜀的贯休；宋代的李公麟、瞿汝文、贾师古、僧海仓。杭州飞来峰金光洞中，刻在石床上的十八罗汉像，也是宋代的作品。元代的如赵孟頫、钱选、张

南宋金大受《十六罗汉》第十一尊者

明代丁云鹏《十八罗汉扇面》

渥、方壶；明代的如仇英、吴彬、丁云鹏、钱贡、李麟、陈范。其中除贯休外，更不乏李公麟、赵孟頫、丁云鹏等传世大家。

五百罗汉图像的绘塑究竟始于何时，无以确知，大略当与十六罗汉图像同时。《天台山志》引《五百应真居方广寺感应异记》云：“永嘉长史全亿，画半千罗汉形像。”北宋秦观作有《五百罗汉图记》，文中叹称吴僧法能所绘五百罗汉一轴，“笔画虽不甚精绝，而情韵风趣各有所得，其绵密委曲可谓至矣”。法能是吴县（今江苏苏州）人，善画罗汉，其艺事可与贯休媲美，《画继》有所记载。苏东坡亦曾作《广州资福寺罗汉阁碑记》。

历代画家所绘五百罗汉图像，见于著录的有：五代梁代的朱繇，见于宋中兴馆阁储藏。宋代的李公麟、刘松亭；明代的吴彬；清代的许从龙等。李公麟、吴彬和许从龙的“五百罗汉图”都极为著名。吴彬字文中，号枝庵发僧、枝隐庵主，莆田（今属福建）人，流寓金陵（今南京）。他的《五百罗汉》传世有三种，最为知名的是为南京栖霞寺所作《五百罗汉》（现藏台北故宫博物院），卷末有“万历辛丑春敬写，施于栖霞禅寺供奉，枝隐庵头陀吴彬”。此作构图不落俗套，富有情趣，人物造型怪诞而不失法度，线条疏密有致，用色艳而不俗，为吴彬罗汉图的精品。此外，吴彬还有摹李公麟的《五百罗汉》（题“仿龙眠笔法”）以及设色画《五百罗汉》（款为“枝隐头陀吴彬斋心拜写”）。许从龙的《五百罗汉图》，现尚存一百一十二幅，属于国家一级文物，现藏江西庐山博物馆。

明代吴彬《十六罗汉图》（局部）

绘画之外的石刻五百罗汉，代表作有原常州天宁寺“五百罗汉像帖”等。原石于清嘉庆四年（1799）镌立，仿杭州净慈寺塑像绘图勒石，由晋陵吴树山镌字，常州知府胡观澜作跋，有拓片像帖流传。清光绪七年（1881），释心月翻刻立石于湖南衡山祝圣寺，亦有拓本像帖流传。

如前所述，罗汉的形象并无典据，多是画家各呈己意为之，因而随时代与画家的不同，阿罗汉们的形貌举止也就各有特点。然虽则“定体则无”，却也“大体须有”，比如“格奇貌古”就是不可太过游离的范围，十六（或十八）罗汉也不能像一个模子造就。

这里，依据相关资料，将十八罗汉形象的常见特点简略介绍（先列俗称），并选择一些画家的罗汉画像描述如下：

坐鹿罗汉（宾头卢尊者）——端坐神鹿、若有所思，泰然自若，清高自赏。日本静嘉堂文库藏佚名绘坐鹿罗汉，端坐方椅之中，左手抚膝，右手做说法状。前有一浓须侍者，身着红衣短裙，扭头向身后一贫者做施舍状。背景为山石、松树。

欢喜罗汉（迦诺迦代蹉尊者）——妖魔除尽、玉宇澄清，扬手欢庆、心花怒放。贯休所绘中，罗汉坐于槐根，项挂念珠，双眉垂至颊下，一手执麈尾，一手作势，似正在与人论辩。身后古槐杂藤相绕。

举钵罗汉（诺迦跋哩陀尊者）——气象万千、喜从天降，举钵接福、神采翩翩。

托塔罗汉（苏频陀尊者）——七层宝塔、佛法通灵，威而不怒、道行超群。日本清凉寺藏佚名绘像中，罗汉伏石读经，旁一童子给香炉添香，气氛安谧恬然。人物衣纹粗笔简括，但五官、外袍、经书、香炉却描绘细致。

静坐罗汉（诺距罗尊者）——清净修心、神态自若，安详瑞庆、进彼极乐。贯休《十六罗汉图》中，勇猛战士修成的这位阿罗汉，静坐时犹具威猛之气。鹰目高鼻，双手合十做拜谒状，气宇轩昂。筇杖斜倚古木座椅，座椅两臂扶手处做龙首造型，形态生动，与人物造型和谐一致。人物头、手的骨骼造型夸张，且以墨色染出凹凸，极具立体写真效果。

过江罗汉（跋陀罗尊者）——身负经卷、东渡传经，跋山涉水、普度众生。

骑象罗汉（迦理迦尊者）——骑象轩昂、颂经朗朗，心怀众生、目极四方。

笑狮罗汉（伐阇罗弗多罗）——身体魁健、仪容凛然，静坐终日、端然不动。

开心罗汉（戍博迦尊者）——开心见佛、各显神通，相互比莫、佛力无穷。

探手罗汉（半托迦尊者）——安悠自在、哈欠伸腰，神志灵通、自得其乐。

沉思罗汉（罗怙罗尊者）——面相丰腴、神情肃然，瞑目沉思、敦厚凝重。

挖耳罗汉（那迦犀那尊者）——闲逸自得、怡神通窍，横生妙趣、意味盎然。

布袋罗汉（因揭陀尊者）——无量寿佛、乾坤宝袋，欢喜如意、其乐陶陶。

芭蕉罗汉（伐那婆斯尊者）——悠闲隐逸、傲视太虚，仙风道骨、超脱凡尘。

长眉罗汉（阿氏多尊者）——慈祥老者、得道高僧，通察大千，心领神会。贯休所绘图中，罗汉张口露齿，双目炯炯，两道白眉足有尺余，沿两颊下垂于胸前，并以双手捻托。左耳刻画极度夸张，耳垂与下巴底线平行，整个头部成方形。服饰以蓝、绿、黄为基调，黄色格上以细密线画出布纹作底色，上绘树石、龙凤、人物图案。用笔极为细致准确，纤毫毕见。

看门罗汉（注荼半托迦尊者）——威武彪悍、警觉凝视，禅杖在握、勇炽邪魔。

五代贯休《十六罗汉图·诺距罗》

降龙罗汉（大迦叶尊者）——苦行头陀、声闻首领，得佛付法、结集三藏。日本相国寺藏陆信忠《降龙罗汉图》，图中下方两龙绕一宝珠飞舞，张牙舞爪，罗汉略显紧张地攀于岩旁树上，怀抱树干，两眼圆瞪，做惊恐状，富有戏剧性。画风细腻工整，具有院体风格。

伏虎罗汉（弥勒尊者）——道成佛果、将主未来，笑面肯忍、大肚能容。

罗汉堂及其他

比之于佛、菩萨，对阿罗汉的表现和崇奉，可以说是颇有特点。其中原因之一，就是罗汉的队伍要庞大许多，所以无论绘画、石刻还是雕塑，成组出现，都极具规模、极有气势。

最初的罗汉塑像当然是十六罗汉。现存最早的，当属甘肃西千佛洞石窟五代时期的第十六窟内的十六罗汉残塑。十六罗汉为禅宗寺院主要之造像，呈清高脱俗、优闲自在姿态。但十八罗汉流行后，十六罗汉塑像就不再出现了。

十八罗汉因为队伍还不算庞大，所以近代以来，在佛寺中多塑于佛寺的主殿——大雄宝殿，作为佛祖释迦牟尼或三世佛的环卫。但五百罗汉塑像众多，一般佛殿难以容纳，于是就不得不另辟罗汉堂（或称“罗汉阁”等）。

相传罗汉堂始建于五代十国期间的吴越国。先是吴越王钱氏，在天台山方广寺造五百铜罗汉，现在这些铜罗汉供奉于下方广寺的五百罗汉堂。后周太祖显德元年（954），道潜禅师得到吴越钱忠懿王的允许，将雷峰塔下的十六大士像迁于净慈寺，创建了五百罗汉堂。一般认为，这是历史上最早的罗汉堂。宋太宗雍熙元年（984），塑造罗汉像五百十六身（十六罗汉与五百罗汉），供奉在天台山的寿昌寺。这种500＋16的模式，曾经并不仅见，说明“五百罗汉”还没有完全定型（确切说是定名）。此后，各地寺院也多建五百罗汉堂。苏轼文集中有元符三年（1100）为祖堂和尚作的《广东东莞县资福寺五百罗汉阁记》。

能够容纳五百尊罗汉塑像的罗汉堂，规模必然不小，用工势必甚巨，所以带有罗汉堂的必然是较大的寺院。现存的带罗汉堂的代表性寺院，有北京碧云寺、上海龙华寺、成都宝光寺、武汉归元寺、苏州西园寺（戒幢建寺）、昆明筇竹寺和西山华亭寺。北京碧云寺的五百罗汉，规模为华北地区之最。宝光寺的罗汉像高约四尺半，形象雄伟，保存良好，是清咸丰元年（1851），依照常州天宁寺石板线刻的原貌而塑造的。筇竹寺五百罗汉为四川合州黎广修携其弟子五人入滇，从清光绪十六年（1890）起，历时七载完成的。一般罗汉堂的罗汉造像多是泥塑贴金或泥塑彩绘，成都宝光寺、昆明筇竹寺和西山华亭寺的五百罗汉均为彩塑；而汉阳归元寺的罗汉像却是

“脱胎漆塑”，体轻质坚，金光灿烂，独具一格。1954年武汉发大水，归元寺为水所淹，五百罗汉东倒西歪浮于水面。洪水过后，这些罗汉竟完好如初，丝毫没有损害。

如前所述，罗汉像较少受到造像仪轨与供养仪轨的约束，给艺人留下了驰骋想象的充分余地。十六或十八罗汉人物较少，加之本尊生平的限制，故而画像大多为形貌高古的长者。而五百罗汉本来就传闻不一，连名号也是杂凑而成，当然就可以放手绘塑、异彩纷呈了。比如昆明筇竹寺五百罗汉塑像，不仅极尽各色人等，有长者、青年、书生、武士、贫民，还有小贩、樵夫，这些都是现实生活中不同阶层人物的真实写照；而且人物形态极其生动有趣，长手罗汉、长脚罗汉、长眉罗汉、多目罗汉等应有尽有、姿态万千，甚至五蕴罗汉身上还爬有五个小孩，再现了民间传说故事的氛围。这样的罗汉，自然给民众以亲近之感，也就更容易引发崇奉了。

十八罗汉中的两位，在佛寺里还有特别的供奉。一位是“长眉罗汉”，他还常被安置在禅林僧堂中央，每日设食供之。《高僧传·道安传》说，因道安梦见这位罗汉要让他“时时设食”，以后寺内食堂供其像成为制度（也有设文殊或憍陈如像的）。另一位是“过江罗汉”，据称他主管洗浴之事，有些禅林浴室供奉其像。

近代的罗汉堂，除五百罗汉外，常有济公出现。济公原本实有其人，是南宋时的僧人。后来被神话，说成是降龙罗汉转世，尊称“济公”。济公的经历很不寻常，他的塑像也很奇特。但在罗汉堂的五百罗汉队伍中，是找不到他的。在北京碧云寺的罗汉堂里，济公蹲在房梁上；在江南的一些大寺庙里，济公往往站在过道里。按民间传说，是因为他来罗汉堂“报到”晚了，只好“屈尊”将就在此。他的塑像都是身穿破僧衣、手把破扇，面部表情极为生动，常塑成半边脸哭、半边脸笑，所谓“半嗔半喜”、“哭笑不得”，令人过目难忘。

寺院之外，各地名山也有罗汉洞或竹林圣僧寺的传说。如河南嵩山有五百罗汉洞，据宋崇宁元年（1102）释有挺撰《中岳寺五百大阿罗汉洞记》（又名修圣竹林寺碑，见《八琼室金石补正》一〇八）称："唐初蜀僧法藏始感得灵异。知山中竹林寺是圣僧所居。宋代院主崇敬，因选定此洞，造五百罗汉像。"还有石窟，如甘肃莲华寺石窟的五百罗汉，为石刻像，雕造于宋绍圣二年（1095）。

民间工艺品中，也有罗汉塑像。多为十八罗汉中的降龙罗汉、伏虎罗汉，生龙活虎，造像形象生动。

除大量绘画、雕塑外，罗汉们也多见于小说、戏曲等。如《西游记》第五十八回："如来见他走时，即下令大众动手，早有四菩萨、八金刚、五百阿罗（汉）、三千揭谛、比丘僧、比丘尼、优婆塞、优婆夷、观音、木叉一齐围绕。"京剧则有根据《西游记》有关内容改编的《十八罗汉斗悟空》和《十八罗汉斗大鹏》，都是彩头武打戏，又热闹又好看。

"罗汉"还存在于我们的日常生活中，诸如罗汉床、罗汉松、罗汉拳、叠罗汉等，其命名取意都与阿罗汉有关。罗汉床，有说与明人所谓弥勒榻有关，有说由汉榻（汉朝的坐具）演变而来，又是明清宫廷"宝座"的前身。罗汉拳，相传创自来中土的天竺僧人达摩，取十八罗汉之姿而成，灵活多变，古拙有力。叠罗汉，相传源于明嘉靖年间抗倭的戚家军，人上架人，重叠成各种形式，结合武术套路、战时阵法和杂耍技艺而成。罗汉松，树形宛如披袈裟的罗汉，挺拔有致，虬曲坚劲。这些，或取刚猛劲健之形，或取潇洒高逸之神，因借相生，相得益彰。

本书所收的《二十四尊得道罗汉传》，全称《新刻全像二十四尊得道罗汉传》，简称《罗汉传》。题"抚临朱星祚编"。作者生平事迹不详，孙楷第先生认为是江西临川县人。初刻为明万历年间杨氏清白堂刊本，原刊本仅存于日本内阁文库。20世纪30年代孙楷第先生访书日本，首先著录该书，见《日本东京所见小说书目》及《中国通俗小说书目》。题名不一，封面题《罗汉传》；卷首题《新刻二十四尊得道罗汉传》；内封牌记则署《全像十八尊罗汉传》，并标明十八尊罗汉名目。书中所述，既非十八尊，亦非二十四尊，而是二十三尊罗汉，缺第二十尊。二十三尊罗汉名目顺次为：长眉罗汉、伏魔罗汉、聪耳罗汉、抱膝罗汉、劝善罗汉、捧经罗汉、降龙罗汉、绯衣罗汉、戏珠罗汉、飞锡罗汉、杯渡罗汉、振铎罗汉、施笠罗汉、持履罗汉、伏虎罗汉、换骨罗汉、浣肠罗汉、现相罗汉、跨象罗汉、拊背罗汉、焚佛罗汉、赋花罗汉、却水罗汉。

该书中实有的二十三尊罗汉，数字虽大于“十八”，但却不尽包括十八罗汉。就是说，十八罗汉中的许多，这书里并没有写；即便名目相同，也未必是习见的十八罗汉所指，所记故事也不大相干。书中所记，并不是根据佛经所传十六或十八罗汉等资料敷衍而来，而是根据《五灯会元》、《景德传灯录》、《高僧传》等高僧故事，取材撰作而成。其中加入了不少中土人士，比如曾经三次舍身佛寺的梁武帝萧衍，更多则是禅宗的高僧，这无疑会大大激起读者的兴趣；再加上中国化的表述方式（近似白话短篇）、故事的世俗化和一定的生动性，就使此书有了一定的吸引力。对于一般大众来说，不失为了解有关罗汉故事的可选读本。

二十四尊得道罗汉

第一尊　长眉罗汉

商那和修尊者[1]，姓毗舍多，摩突罗国人。在母腹数年，不行分娩。胡人貌虽古怪，言虽侏离[2]，而心性则一。父母亦兢兢惶惶，莫知所为。

有一比丘善人[3]，抵其家提化[4]，盖亦西方有道僧也。夫妇性极慈悲，待之非假情，施之无吝色。

比丘问曰："施主几位善人？"夫答曰："山妻怀孕数年，现今一胎男女未见分娩，何言几位。"比丘曰："阿母产之艰，阿郎生必伟。"

其妇问曰："汝方外人[5]，闻见博洽，定知休咎[6]。世间未有妇人怀孕弥月不行分娩之理[7]，亦未有儿在母腹中存留得四五年之理。"比丘曰："四五年不为多。独不闻太上李老君[8]，八十年在母腹耶？"妇曰："彼异人，自宜异产。如长老言，妾腹中复一老君耶？"比丘曰："无定论。但老君之母感火星入

① 尊者：梵语音译"阿梨耶"，意译也作"圣者"，指智德俱尊者，是对阿罗汉的尊称，所谓"有德可尊，故称尊者"。

② 侏离：这里形容语言难辨。

③ 比丘：出家的成年男子。

④ 提化：同"抄化"等，指零星募求财物。

⑤ 方外：本指世外，后来专指僧、道。

⑥ 休咎：吉凶。

⑦ 弥月：足月。弥，满，足。

⑧ 太上李老君：即太上老君，是道教对其始祖老子的尊称。相传他在母亲玄妙玉女腹中八十年而生。

怀而孕，或云天之精魄、元始炁化所储也[①]。阿母所怀，安知非元精耶[②]？”妇曰：“妾某年某月某日夜，亦梦见一星坠入怀中，如火熏灼。今日闻长老言，唤醒我昔日梦占，毋亦符老君之母所感耶？”比丘曰：“施主夫妇貌非凶狠，心甚慈祥，既有梦占，应生伟器，符彼所感，亦未见得。”

其夫曰：“世间人孰不喜生育？似我夫妇难产如此，不如孤独过此浮生也罢。今若此，意者妖魔作祟，意者冤债索命耶？”比丘曰：“积善人家，必有馀庆。二者均非公庭所有也，汝施主自今日后，一味斋素修行，管取分娩平善[③]。贫僧得异人传授‘瑞应先声咒’，将来教汝，谨当佩之：

真如真如，非是凡躯[④]。
事同捕影，行若筌鱼[⑤]。
杖头挑月，髻内藏珠。

又五言诗：

蚌蛤壳中宝，骊龙颔下珠[⑥]。
沙泥沉不得，什袭待时沽[⑦]。

当日比丘善人写了数言，即辞别而去。夫妇二人追悔：“未曾问得姓名，但今日听他慰我教我之言，分明是过往神仙，指出津头渡处，俾我辈知所行走也。我等当从其指引，一味持斋把素，布钞施钱，以作后人因果。子

① 元始：本原、开始，指天地未开时的状态。炁：同“气”，多见于道家书籍。
② 元精：天地的精气。
③ 管取：管保、敢保。
④ 真如：佛教指绝对不变的实体，即真实。早期佛经称“本无”。禅宗认为真如就是脱离一切俗物，达到自由的心境。
⑤ 筌（quán）：捕鱼用的竹器，这里指以筌捕鱼。
⑥ 骊（lí）珠：一种珍贵的珠，传说出自骊龙颔下。颔（hàn）：下巴。
⑦ 什袭：把贵重的东西重重叠叠地包裹起来。

商那和修尊者

虽未必长大，何如且保眼前诞生安乐。”

夫妇如此修行一年，母腹满了六载，尊者一旦降生，初产之母，不拆不副，无灾无害[①]。英儿下地，硕大声宏，双手即能合掌作礼佛状。其父呵呵喜曰：“此我夫妇唱和修行之报也！”遂取名商那和修。

夫妇数年惊怖，生此一子，爱之不啻珍宝[②]。只犯夜啼，室中灭烛，常有红光灿烂。夫妇忧喜相半，谓曰：“此儿以为凡胎，不应有此红光；以为馨儿[③]，不应犯此夜啼。未满百日孩儿，废寝伤神，如何奈得此啼叫？合求巫医调理。”

次日早，其夫正欲出门觅巫医，调理其子夜啼，忽见一僧人颜容苍古，身披衲袄[④]，手执麈尾[⑤]，口念弥陀[⑥]，来家抄化[⑦]。见施主匆匆有行色，问曰：“布施不用请求，钱钞信凭多寡。城中善人，君家当在一类，今日恁般行忙[⑧]，莫非为室中夜啼郎耶？”其父惊问曰：“上人来此几日矣[⑨]”？僧人答曰：“今日。”曰：“今日何为知我子夜啼声也？”僧人曰：“财之施舍，虽出于心之自然；而行之匆忙，实属于情之切至，是以知之。”

其父曰：“不二沙门[⑩]，至诚至明，故事必先知之也。小老月前哺育英儿，委犯夜啼[⑪]，夫妇忧其废寝伤神，正欲出门觅巫医调理。高人入门，不

① 不拆（chè）不副（pì），无灾无害：语出《诗经·大雅·生民》。拆：裂开；副：部分。这里指未经剖割而顺利分娩。

② 不啻（chì）：不止，不下于。啻，仅、只。

③ 馨儿：即宁馨儿，原意是“这么样的孩子”，后来用以赞美孩子。

④ 衲袄：僧衣。僧衣也叫“百衲衣”。袄，即衣。

⑤ 麈（zhǔ）尾：拂尘。旧时讲经说法时拿在手里用以比画的一种用具。

⑥ 弥陀：阿弥陀佛的简称。

⑦ 抄化：零星募求财物。

⑧ 恁（nèn）：那么。

⑨ 上人：对僧人尊称。

⑩ 不二：佛教之对一切现象“无分别”，即超越各种区别。沙门：梵语音译“沙门那”的简称，亦作“桑门”。意为勤劳、净志、息止、修道等。原为古印度婆罗门教以外的出家者的通称，佛教盛行后专指佛教僧侣。

⑪ 委犯：屡犯。委，积，聚。

待发声，即能洞烛我心，必有奇方针砭此疾[1]。愿和尚明以教我。倘小儿不呱呱夜啼，而食息有常，当奉千金为寿[2]。”僧人曰：“巫医不用觅，千金不索酬。我有神咒数言，书之贴于卧室，贤郎啼声自止。”

其父大喜，即忙奉纸笔，僧人援笔书云：

也有胎卵湿化[3]，
也有菩萨那吒[4]。
洒水含月影，说法坠天花[5]。
父恳切，母咨嗟，且存灵性，莫费呕哑。
伎俩君须会，灵山有祖爷[6]，
来意元如此，菩提早发芽[7]。

僧人写了数言，自后尊者夜啼果息，父母善为抚养。其妇谓其夫曰：“异哉此子！前番未产，遇一僧人，遗数言经咒[8]，果产之善！今番夜啼，遇一僧人，遗数言神咒，果啼之息！”其夫曰：“此僧未必非前僧，只幻形尔；此咒未必非前咒，只幻意尔。”

日往夜来，尊者骎骎年已成长[9]。每堂中嬉戏，好为佛事，所谓“不学而知，不虑而能”也。且谓父母曰：“儿本欲济渡群生，大施愿力。今日且

① 针砭（biān）：指以针刺穴位治病，泛指治疗。砭，石针。
② 寿：赠人礼物，也指礼物。
③ 胎卵湿化：佛教术语，指六道众生的四种出生状态。即胎生（人和哺乳动物从母胎中出生）、卵生（产卵后经孵化而出生）、湿生（亦称因缘生，如蛇、蛟、蛆虫等在潮湿环境中受形产生）、化生（如诸天等借业力而生，无所依托）。
④ 菩萨：梵文音译“菩提萨埵”的简称。佛教指上求佛法、下化众生的圣者，其修行高于罗汉而次于佛，如观音菩萨等。那吒：护法神名，亦作“哪吒”。
⑤ 这里说的，都是佛陀的神迹。
⑥ 灵山：即灵鹫山，释迦牟尼说法传道的地方。祖爷：指佛祖释迦牟尼。
⑦ 菩提：指断绝世俗烦恼而获得解脱的智慧。
⑧ 遗（wèi）：赠送。
⑨ 骎骎（qīnqīn）：马快速行走的样子，比喻进展很快。

为汝二人诵经设法，布福田而修善果[①]，以为老父母后日受用。”父母奇而问曰：“嗟嗟小子，口尚乳臭，如何为我诵经设法？”尊者首诵云：

也不剩，也不少，信手拈来恰便好。
拙非拙，巧非巧，吩咐芦花秋月皎。

次诵云：

天职覆，地职载，清宁默相亲康泰[②]。
寿岐嶷，福澎湃，双双达览乾坤隘[③]。

父母见夹囟孩儿所谈吐者[④]，俱佛语禅机，相谓曰：“此子天性颖异[⑤]，甫生即能礼佛[⑥]，稍长多为佛语，乃如来传灯嫡子也[⑦]。明日，不如令出家，宣扬佛化，更是我等百世修缘。”

其子闻父母言，即大声曰：“前村茂盛青林，正如来建刹之地[⑧]，亦孩儿明心见性之所。莫若在此处开辟，创立山门，俾孩儿得来演化。”父母叹曰：“异哉此子！未出门前三五步，就知村内有青林，殆天授[⑨]，非人也！”遂从其言，捐家财为劝首[⑩]，募众力以赞襄[⑪]，费数年料理，即构成一栋寺宇，

① 福田：佛教指一切引生福报的善行。
② 职：执掌，掌管。覆：覆盖。
③ 岐嶷：峻茂之状。
④ 夹囟（xìn）：囟门未完全长合。
⑤ 颖异：聪颖卓异。
⑥ 甫：初。
⑦ 传灯：即传法。佛教自喻佛陀的教旨为灯光，照亮冥冥世界，故佛法代代相传称为传灯。
⑧ 刹（chà）：佛教的寺庙，梵语“刹多罗”的省称。
⑨ 殆：大概，恐怕。
⑩ 劝首：带头施舍的首事者。
⑪ 赞襄：辅助。

取名“青林”。逮子弱冠①，令住持其中②，宣扬佛化，四方多从游之，称为“少年佛子”。

先是数十年前，一释家如来同弟子阿难经此提化③，见青林枝叶茂盛，顾盼良久不去，徐谓阿难曰：“此地百年间，当有比丘善人在此开创④，转妙法轮⑤。吾老不及见，汝当见之。”至是，如来已圆寂数年⑥，阿难弟子行年亦将满百，复从此经过，见昔日茂盛青林，鼎新创建院宇，闻有一冲龄比丘⑦，住持其中演教。阿难叹曰：“如来之言验矣。传灯舍此其谁，盍入寺谒之⑧？”

阿难行至法堂，见尊者正在坐禅入定⑨，不惊动之，不扰乱之，但持木鱼敲曰：

宾中之宾，人中之人，主中之主，尘中之尘，一片云横谷口。
莫惑尘随马走，休疑水逐波流。
八万那吒唤处，一条索系乌牛。
乌牛乌牛，何时改变毛色，早晚不用人收。

阿难诵毕，尊者跃身而起，俯拜其前曰：“弟子少室打座⑩，掩耳偷铃，

① 逮：等到。弱冠：古代男子二十岁行冠礼，弱冠指男子二十左右的年龄。
② 住持：主管寺院的僧人，亦称“方丈”、“长老”等。
③ 如来：释迦牟尼的“十大名号”之一，意思是“从如实之道而来开示真理者”，亦作为一切佛的称号。阿难：释迦牟尼的十大弟子之一，随侍释迦。
④ 比丘：梵语音译，意译一般为“乞士”，俗称“和尚”。佛教指年满二十、受过具足戒的男性出家人；女性则称比丘尼。
⑤ 转法轮：指佛陀宣说佛法。佛教认为佛法能使众生从烦恼中解脱出来，因此将其比喻为转轮圣王（古印度神话中的圣王）的轮宝（神化的战车），称作法轮。
⑥ 圆寂：梵语音译，音译为“般涅槃”。意指灭除生死因果而圆证不生不灭、常乐我净的境界。后也泛指僧尼去世。
⑦ 冲龄：幼年，这里指年龄不大。冲，年幼。
⑧ 盍（hé）：何不。
⑨ 坐禅：佛教规仪，亦称打坐。指佛教徒结跏趺坐（盘腿而坐），静心思虑。
⑩ 少室：嵩山少林寺所在的少室山。这里是泛指。打座：即打坐，指坐禅。

人中有镜，镜中无人，丛林多少客[1]，哪个是知音？愿高人为弟子金绳开觉路，宝筏渡迷津。”

阿难曰：“凡圣本来不二，悟迷岂有殊途？终日吃饭，未曾咬着粒米；一世穿衣，未曾挂着丝头。如此妙悟，方能变大地为黄金，搅长河为酥酪也。独不闻老佛有言：

出圣超凡行，离缘济海舟。

菩提真觉性，撮在布毛头。

和修尊者出家证道，得了阿难点化，亦欲行化四方，以传衣钵[2]。晚年游至咤利国，得一优婆毱多为行童给侍[3]。

此时，和修尊者多历年数，眉长数寸，发白如霜；优婆毱多年方少壮，欲窦方开。尊者因问毱多曰：“汝年几何？”对：“十七。”师恐纯一之心因时变迁，遂问曰：“汝十七，性亦十七耶[4]？”毱多恐师皓首穷年了所得，反诘之曰：“师发已白，果发白耶？抑心耶？”师曰：“我但发白，非心白也，宛然见已于道有默契也。”毱多亦自鸣曰：“我年十七，非性十七也，毅然见已于道有定主也。”一答一对，是沙门妙悟。

尊者知毱多可为法器[5]，遂以授之云：

非法亦非心，无心亦无法。

说是心法时，是法非心法。

---

① 丛林：指专供僧人修行的房舍，即寺院。

② 衣钵：三衣（三种场合穿的衣服）一钵（食器）。僧侣最重要的资身物品。禅宗曾作为师徒传道的信物。

③ 优婆毱（jú）多：梵文音译，亦译“优波彼多”、“优婆鞠多”等，意义“近护”、“小护”等。印度阿育王时期的僧人。

④ 性：指自性、法性，与“身”相对。

⑤ 法器：指有耐心习佛的人，或指有因缘相信佛教之人。

优婆毱多得了和修尊者点化，遂奉法至罽宾国聚徒演教[①]。

此时，和修尊者幸如来衣钵传寄有人，本生父母早已逝化，不复转摩突罗国，亦投罽宾国南象白山中归隐，一则终其修养之功，一则验其传灯之化[②]。

慈悲可以化物。尊者在山中数年，每遇讲经，诸象亦驯驯伏阶下不去，若有听讲之意。周宣王二十三年，尊者亲见优婆毱多五百从游之徒，兢兢依教奉行，又见已功成缘满，先化成一条神龙，飞腾汉表[③]，瞬息又化为三昧真火[④]，用焚其身而逝。有诗为证：

行满功完道有传，象山归隐不多年。
神龙变化空中跃，瞬息真身用火焚。

① 罽(jì)宾国：古代西域国名，在今克什米尔一带。唐时称"箇失密"或"迦湿弥罗"。该国一度盛行大乘佛教，曾有不少僧人来华弘法译经。

② 传灯：弘传佛法。佛教说佛法像灯能照破世界"冥暗"，故称传法为传灯。

③ 汉表：指天空。汉，指天河。

④ 三昧：梵语音译，意译为"定"、"等持"。指排除一切杂念，专注一境的精神状态。

第二尊 伏魔罗汉

马鸣尊者，忘其姓氏，不知何许人。

初，闻富那夜奢得佛法真传①，在波罗国设教，弟子纷纷宗其法旨，亦促装往拜其门②，愿受戒披剃③。夜奢见其远来意诚，遂纳为门下，教之云："方法本闲，群生自闹。能于'有用用中无用，无功功上施功'④，则如来宗旨，思过半矣⑤。"

尊者在夜奢门下，不恃寸长，不矜片善，只一味将师道心解力行，积久便有妙悟。

一旦辞师求去。夜奢问曰："青冥罔象意何如⑥，无影无踪见也吗？"马鸣答曰："土人会吸三江水，木女能吹六段歌。"夜奢闻言叹曰："不意此子勘破真宗，度越寻常万万矣。所谓雪中月色天然妙，霜后芦花分外奇也。"

---

① 富那夜奢：又译富那奢，古印度僧人。《五灯会元》卷一有传。

② 促装：急忙打理行装。

③ 受戒：佛教徒通过一定仪式，接受佛教戒律。戒有五戒、八戒、十戒、具足戒等之别，因而受戒仪式也各不相同。披剃：佛教戒律要求僧尼出家剃除须发、披上袈裟，即出家的通称。

④ "有用"二句：语出宋代道教紫阳真人张伯端《西江月》："法法法元无法，空空空亦非空。静喧语默本来同。梦里何曾说梦。 有用用中无用，无功功里施功。还如果熟自然红。莫问如何修种。"

⑤ 思过半：语出《易·系辞下》，指已经领悟了大半儿。

⑥ 青冥：青天。罔象：传说中的水怪，又名象罔。

又曰："离朱有意[1]，白浪徒尔滔天；象罔无心，明珠忽然在掌[2]，此子是也。"

尊者得了夜奢禅师法旨，径至华氏国聚徒演教，转妙法轮。尝谓弟子曰："满眼见色，满耳闻声，不堕不坏，方成声色。"又妙诀曰：

孤猿叫落中岩月，野客吟残半夜灯。
此景此时谁会得，白云深处坐禅僧。

一日，尊者正在登坛讲经，忽见一皓首老人，头戴员巾[3]，身穿素服，手执扶筇[4]，远来相谒。行至经坛，即仆地不见。俄顷，地皮迸裂突兀，其中涌出一个金人，叉手向尊者作礼；不霎时，金色人又化成一娇女子，袅娜经过经筵而歌曰：

风动心摇树，云生性起尘。
若明今日事，昧却本来人。

女子歌毕，飘然而去，只余香馥馥袭人。尊者见其动静如此，谓弟子曰："此怪也抱有神通，少顷必来与我比较法力，汝等且坐以待之。"

不移时，只见天地晦冥，风雨大至，空中现出一条金龙，奋发神威，震动山岳，前来摇撼尊者。众徒惊怖，措躬无地[5]。尊者曰："无畏汝也。我自能降之。"

尊者只巍然经筵端坐，眼中不知天地暗，不知空中雨，亦不知龙飞山

---

① 离朱：古时候视力超群的人，能于百步之外见秋毫之末。

② 传说黄帝遗失了玄珠，命离朱寻找而没找到；又命象罔去，象罔找到了。这里是说因缘际会，往往出乎意料。

③ 员巾：绅士的帽子。

④ 扶筇（qióng）：竹杖。筇，古书上所说的一种竹子，可以做手杖。

⑤ 措躬无地：手足无措，不知道把身体放哪儿。措，放置；躬，身体。

岳震。习定有常[①]，故投之至变不惊，扰之至繁不乱也。不必诵经作法，卒而魔事息灭[②]，不能损尊者分毫。

怪物灵通伎俩多，金人变幻作娇娥。

飞龙矫矫惊山岳，尊者神翔宇太和。

越七日，前怪变作一小虫，伏形于尊者座下。尊者知是魔之小变，遂以手取之，示众弟子曰："此魔本欲窃听吾法，以私淑其身[③]，故初变为金人、为女子，再变为震撼神物，三变为潜形小虫，谲诈如此[④]。"

众人竞欲祛灭之[⑤]，尊者曰："不可。彼来本为听经，非为嫁祸。汝辈必欲祛灭之，是待物不洪而阻其向道之机也[⑥]。"徐谓小虫曰："吾不伤汝生，不灭汝形，放汝回去。汝若诚心归依三宝[⑦]，吾为汝说法，即得超悟，何乃自苦如此？"

魔闻尊者言，驰出门外，现出本形，进曰：

脱下白狐袄，重穿花鹿裳。

外仪新改换，唯命可升堂。

叉手向尊者作礼，忏谢前过。

尊者欣而受之，问曰："汝名为谁？"答曰："我名伽毗摩罗，华氏国经年修持，未得上人指点。今闻禅师远来开讲，故来听受，求为脱化。"

---

① 习定：排除杂念，静养修性。与坐禅合称禅定。

② 卒：结束，最终。

③ 私淑：私，隐秘、暗中。淑，善。私善于贤人。后世称未能身受其教而宗仰其人为私淑，如私淑弟子。

④ 谲诈：欺骗、奸诈。谲，欺诈，玩弄手段。

⑤ 祛(qū)灭：去除、消灭。

⑥ 洪：宽大。向道：趋向大道。道，指佛法。

⑦ 归依：即皈依，意为信奉。三宝：指佛宝、僧宝、法宝。归依三宝：即皈依佛教，亦称"三皈依"。

马鸣尊者

尊者曰："汝既有心听经，何为幻形三变？"伽毗曰："弟子粗知神通，但未得如来正法。闻释家之道，以习定为入门，目中不见外头景物，太宇忘却面前变态，始为真定。弟子初见禅师，必如此三变者，非为絜长较短[①]，试尊者素养禅心何如耳。经云：见五蕴皆空，方深般若；得一心寂灭，始大涅槃。"

尊者曰："假饶当时心动[②]，汝则何为？"伽毗曰："动则修养未至，于玄关尚隔几重[③]，彼方师人不暇[④]，何能师我？未有明心见性禅师[⑤]，悟超上乘，远游四方演教，而返受变于物者也。"尊者曰："恐汝口不符心。倘技得逞，将肆害不赀矣[⑥]。"伽毗曰："某若肆害，何在言修？师若受害，不足言佛矣。"

尊者曰："汝复有何能？"对曰："无能。"尊者曰："佛从无中来，灭向无中去，太宇既无能，住了真无处。汝既是佛，何消问我？"伽毗曰："弟子片长，能化巨海[⑦]。"尊者曰："此水底蛟龙事也。化巨海则伤损物业必多。吾如来慈悲大愿，专喜普济众生，子能虽高，吾不取也。且问汝能化海，亦能性海耶[⑧]？"

伽毗技能化海，自谓伎俩称奇矣，及闻尊青所不取化海之故，觉已所长卑卑不足论矣。乃弃其所能，请问性海之旨。

尊者曰："涵弘有容者，海也；翕顺有常者[⑨]，性也。吾所谓性海者，岂有他哉？能令山河大地、三昧六神皆由此发现是也。"

---

① 絜（xié）长较短：比量长短。絜，度量物体周围的长度。

② 假饶：假如，假使。

③ 玄关：指进入玄妙之道的关卡。禅宗用来指进入禅学的门径。

④ 师人：师事别人，以别人为师。

⑤ 明心见性：禅宗的内省的修行方法，指以心中本有的般若智慧去感受自己心中的真性。

⑥ 肆害：放肆为害。不赀（zī）：无法估量。赀，计量，估量。

⑦ 片长：片面的长处。

⑧ 性海：佛教指真如的理性深广如海。

⑨ 翕（xī）：和谐。

伽毗殷殷求教，正愤之可启、悱之可发者也①。及闻尊者性海一点，即心领神悟，器理融而为一，觉昔日所长，仅仅水皮击棒、冷火熔金者也，遂恳求剃度②。

伽毗能于言语外觅神理，象数外悟真诠③，儒者所谓“中人以上，可以语之”也。马鸣尊者遂以如来正法付之行持④，所谓“智者不失人，亦不失言”也。其偈云⑤：

隐显即本性，明暗元无二。
今付悟了法，非取亦非离。

尊者说偈毕，即挺身跃入空中，现出一轮红日，照耀大千世界⑥，所谓“本来面目，认真放大毫光”是也。次后复降经筵⑦，众弟子拜求普济，尊者为说数言曰：

见道方修佛，不见复何修。
佛性如空虚，空虚何所有。
遍现修佛者，拨火觅浮沤⑧。
但看弄傀儡，线断一齐休⑨。

① 愤：懑闷，郁积。悱（fěi）：想说而不能说出来。
② 剃度：佛教规定，佛教徒出家必须剃除须发，接受戒条，并认为这是度越生死之因。
③ 象数：古代卜筮中的龟象和蓍数，《易经》中的卦象与爻数。也泛指表面现象。真诠：真谛。诠，真理。
④ 行持：修行、持守。
⑤ 偈（jì）：梵语“偈佗”的简称，指佛经中的颂词，佛教中人的诗。多用五七言，四句合成一偈。
⑥ 大千世界：佛教称以须弥山为中心，以铁围山为外围，同一日月所照的，是一小世界；一千个小世界合起来就是小千世界，一千个小千世界合起来就是中千世界，一千个中千世界合起来就是大千世界，总称为三千大千世界。泛指全宇宙。
⑦ 经筵：讲经说法的讲席。筵，坐席。
⑧ 浮沤：水面的泡沫。
⑨ 傀儡：木偶。

弟子闻言，未及称谢，尊者已奄然圆寂①。周显王三十七年也。有诗为证：

性灵见了行完成，备作西方伟圣人。
三尺灵光驰汉表，阎浮遗下一委形②。

① 奄(yǎn)然：突然。
② 阎浮：为须弥山四方的四州之一，位于南方的南赡部洲，生长有许多赡部树，阎浮即赡部树名。后泛指人间世界。委形：赋予形体，也指这种被赋予的形体。

第三尊　聪耳罗汉

陀难提尊者，姓瞿昙氏[①]。生时顶有肉髻，相貌殊常，父母已奇其为发家伟器，不意长成为出家法器也。

中华有一云游道士抵其家，精风鉴[②]，见尊者与群儿戏，初阅之，疑其贵；复阅之，见其杀气太重。谓尊者曰："凭贤郎相貌，恐不利于二老，越十五岁，不绍父事[③]，自当崛起为一班人。"父母曰："即如先生所鉴，此儿后日能卓荦自立[④]，双亲中间虽有伤破，亦数也[⑤]，慰也。"道士曰："汝第验之[⑥]。"

尊者冲龄，神识日启，不学不虑，自知皈依佛道。及长，即用赀财[⑦]，自架一草庵。喜与四方僧侣相交游，日夜明心见性，欲参契如来法旨[⑧]。有诗为证：

① 瞿昙：梵语音译，亦译"乔达摩"，是印度四种姓中刹帝利的一个姓氏，释迦牟尼就姓此姓。
② 风鉴：相术。下文的"鉴"，即看相。
③ 绍：继承。
④ 卓荦（luò）：卓绝出众。
⑤ 数：天命，命运。
⑥ 第：只管。
⑦ 赀财：资财。赀，同"资"。
⑧ 参契：参悟契合。

我有明珠一颗，久被尘嚣关锁。

一朝尘尽光生，照破山河万朵[①]。

又七言诗：

一重山尽一重山，坐对孤峰仔细看。

云掩雾收山岳静，楚天空阔一轮寒。

尊者在草庵中修养，不数年，父母双亡，果不绍父事，削发为僧，专意修行，口诵佛经，身穿佛衲，心参佛旨，脱落俗虑。

闻演教寺有一悟空长老，精通如来秘诀，遂拜游门下，以求印证。悟空长老云："佛不在人，心即是佛。心思严师，古有明训。故能与人规矩者，师也；不能使人巧者，亦师也。得意忘象不在子之自悟乎[②]？吾有一偈，子味之[③]，自有馀师：

日用无非道，心安即是禅。

幽栖云壑里，梦寐雪莲边。

尊者在寂灭路上用功，浸浸机将有得[④]，及悟空和尚时雨一点化，觉自己形色象貌皆空。凡见花香草色，会作明心生意[⑤]；闻莺啼燕语，悟为见性天机。日用无非道，看来触目皆真；现前即是佛道，冥在日用间也。且曰："至道无难，惟嫌探择。桃花红，李花白，谁道融融只一色；紫燕语，黄莺

① 尘嚣：世间的纷扰、喧嚣。

② 得意忘象：得到真意而忘记表象。

③ 味：体味，体会。

④ 浸浸：渐渐。

⑤ 会：领会，意会。生意：生机。

鸣，谁道关关只一声[1]。”

尊者悟后之言，历历沙门要旨[2]。有诗为证：

得意相关属道机，色声不堕孰能知。
达观收敛归灵府，不觉神飘天外飞[3]。

尊者草庵中尝偃蹇独坐[4]，每将消息聪耳[5]。或曰：“无壅汝聪，欲新汝听欤[6]？”对曰：“新耳易若新心，耳听莫如心听。人间私语，天闻若雷者，以天聪不为物所壅耳。休养之功一息，摄持少间[7]，则奸声投间抵隙[8]。吾人缉熙迭迭[9]，正欲听于无声也。”有诗为证：

偃蹇常将耳窍聪，不令缘业障真空[10]。
修行参用儒家术，六十依稀耳顺通。

尊者长于言语，凡与释家辩论，宗旨简捷，不伤变诞，达顺无所窒碍[11]。从游之徒，竞羡尊者赋性颖异。于牟尼之道，见之真[12]，故能辩之捷；守之信，故能达之顺也。化言语文字为真诠，尊者盖沙门折衷之准矣。有诗为证：

---

① 关关：鸟鸣声。《诗经·关雎》首句有“关关雎鸠”。
② 历历：一个一个清清楚楚。
③ 灵府：心。
④ 偃蹇（yǎn jiǎn）：高耸，这里指挺着身子。
⑤ 聪：听力好，这里用作动词。
⑥ 壅：堵塞。
⑦ 摄持：控制把持。少间（jiàn）：稍有空隙、漏洞。
⑧ 投间抵隙：指乘虚而入。
⑨ 缉熙：光明。迭迭：接连不断。
⑩ 缘业障：妨碍正道的恶业障碍。
⑪ 窒碍：障碍。窒，阻塞不通。
⑫ 牟尼：梵语音译，圣人。

降生岐嶷迈凡庸，欲为如来觉瞽蒙[①]。

便捷敷陈无窒碍，巍巍名望十山崇[②]。

尊者草庵中讲经设法[③]，无几何，作行化僧遍游境内[④]。至提伽国城毗舍罗家，提缘募化。

罗家一长者名完性，年跻耄耋[⑤]，持斋念善，出堂隆礼相待，问曰："和尚远来提化，所须何物？"尊者曰："贫僧出家人，遗忘俗虑，故饿其体肤，不愿肥甘适口；空乏其身，不愿孔方盈囊[⑥]。惟来四方善信人家，抄化一侍者作伴侣耳。"

长者曰："抄化侍者，须得伶俐清俊，乖觉聪明，异日可为传灯法器；如愚呆痴蠢，跏跛跎跆[⑦]，定是来不得的。"尊者曰："贫僧求侍者，在性不在形。假饶貌诚迈众，性不悟空，虽伟亦徒也[⑧]。吾释家人物，难得全备，苍古丑陋之人，专超悟上乘宗旨[⑨]。故千巧不如一拙，千疑不如一决。"

长者曰："既如此，小老有一子，名唤伏驼密，年已五十，至今口不能言，足不能步。和尚适云'择性不择形'[⑩]，此子假之声，假之步[⑪]，不致废弃，堪充为门下给侍否？"尊者曰："耳闻不如目见。贤郎既有此恙，愿一见便决巧拙。"

长者令人拥出与之见。尊者问曰："老丈目贤郎为何如人？"老者曰：

---

① 岐嶷：幼年聪慧。瞽蒙：蒙昧无识。
② 敷陈：详细叙述。崇：高。
③ 设法：设譬说法。社，指比喻、打比方。
④ 行化：传行教化。
⑤ 跻（jī）：登。耄耋（mào dié）：七十曰耄，八十曰耋。
⑥ 孔方：指钱。
⑦ 跏跛跎跆：指形象不堪、行动呆滞。
⑧ 诚：真的。迈：超过。徒：徒然。
⑨ 上乘：佛教修持三境界"三乘"（声闻、缘觉、菩萨）中的菩萨乘。
⑩ 适：适才，刚才。
⑪ 假：给予。

"五十不言不步，愚呆痴蠢人也，跏跛跎跆人也。伶俐清俊，乖觉聪明，均非所望矣。"

尊者曰："老人误矣。伏驼密非凡间废弃者流[①]。所以不言不步者，有故也。此子昔受灵山佛祖法戒，悲愿广大[②]，只虑汝二人年老，情爱难舍。一启口不忘父母，恐言则机泄，故五十不言；一举步不忘父母，恐行则事睽[③]，故五十不步。彼虚中灵性，拔萃出类，今特韬藏其言与步耳[④]，岂待僧假之声与步哉？"有诗为证：

韬藏声步为双亲，情爱依依不忍分。

况受如来亲法戒，慈悲大愿意谆谆。

伏驼密见尊者漏泄其机，遂跃身而起，低首向尊者之前，作礼曰："无量功德，愿求济度。"

长者见子一时能行能言，又闻了和尚说明前世因果并今生废弃行实[⑤]，遂骇而言曰："良璧认为燕石[⑥]，精金误作废铜，释家法器，等闲视作庸流，真老夫过矣！老夫过矣！适禅师云，此子悲愿广大，必须普济四方，愿始获酬。不当因我二人情爱羁留，不得偿其广大悲愿也。情愿将此子出家，跟随禅师四方行化，俾普天率土得蒙其悲愿之惠也[⑦]。"尊者遂受之。

将拜别启行，罗长者拳拳致嘱曰："出家人以慈悲为念，以济渡为心，化人强梗，拯人厄难，视四海犹一家，万众犹一人。阎浮行一分善念，即

① 伏驼密：古印度僧人。《景德灯传录》卷一有传。

② 悲愿：佛菩萨所发的大慈大悲的誓愿。给予欢乐为"慈"，拔除痛苦称为"悲"。如阿弥陀佛有四十八愿，药师佛有十三愿等，其中尤以观音菩萨"大慈大悲，救苦救难"最为著称。

③ 睽（kuí）：违背。

④ 韬藏：隐藏。韬，隐。

⑤ 行实：生平事实。

⑥ 燕（yān）石：燕山所产之石，泛指微不足道之物。

⑦ 率土：所有的土地。率，一律，一概。

庭帏笃一分孝思也[1]；修百念令德，即显父母百世令名也。有怀二人情爱，扩为千万人情爱，则祖佛之戒不虚，而广大悲愿获酬矣。”又曰：“汝游此上人门下，书曰：‘太上师意，其次以言。’沙门正宗，须悟之牡牝骊黄之外[2]，得精遗粗，得神遗肉也。”伏驼密曰：“谨受命。”

尊者听老者临行之言，叹曰：“我佛如来传灯秘言，不外是矣。道不在远，悟之即是，岂欺汝哉！”

长者戒子诗：

嘱咐兢兢结善缘，拯人厄难化人顽。
眼前了却慈悲愿，情爱双亲寿百年。

尊者闻婆须密尊者在罽宾国兴慈寺面壁十年[3]，遂同伏驼密离了提伽国，径至罽宾国，参见须密尊者。

须密尊者曰：“咄！难提子，汝来何暮！规规点化一行童，即以为功行满耶？钵罗国答罕庙众生沉溺苦海，未登彼岸，果能一济渡之否耶？”

尊者闻言，即起身告行。须密尊者曰：“弟子远来，意有所求。且还坐，吾为汝说偈：

佛与群生共一家，一般树上两般花。
休乘寤寐来参佛，但会淘金胜煮沙。

次日，尊者辞了须密禅师，同伏驼密径往钵罗国来，济渡苦海众生。询问土人答罕庙下落[4]，土人曰：“妖庙，已将火焚，问之可为酸鼻。”尊者曰：

① 庭帏：父母日常起居之处，代指父母。
② 牡牝骊黄：指牛马的公母、毛色，喻指表面。
③ 婆须密：古印度僧人。《景德传灯录》卷一有传。
④ 土人：土著，当地人。

“造妖何如？”土人曰：“妖能食人，凡从庙前经过者，只一阵冷风，须臾人俱不见，数日后惟有血水流出。前一望之遥[1]，峰峦之下，非其故址耶？”

尊者得了土人指示，直至峰峦之下，见一平旷地基，并无庙宇神像。尊者将慧眼一看，见庙后空基掩覆一井，井内阴风飒飒，井外怨气腾腾，即谓弟子伏驼密曰：“祟在此中，吾为之说法。”

井上周围行了数次[2]，伏魔经咒诵了几遍，布下网罗，倏忽阴风解散，怨气消除。伏驼密启土看时，见一轮红日烛照井中，井中白骨填满，惟一白净瓶[3]，血荫遍体。尊者叹曰：“此苦海也。及今不治，众生沉溺，宁有极耶。”

伏驼密取上来，将真火一炼，现出青面厉鬼一个，哀求释豁。尊者取药饵食之，用法典羁其手足，仍锢之净瓶之内，令司案头香烛。

周景王十三年，尊者同伏驼密转回故国草庵中休养。一日，知已将圆寂，遂以正法授伏驼密云：

虚空无为外，心法亦如此。
若了虚空故，是达真如理。

言毕，嘱曰：“如来正法付汝行持，汝承吾志，当好为之。”遂复本位，俨然逝化。弟子为建塔于提伽国。有诗为证：

诸佛无为用，众生岂易知。
圣凡相间处，来去一毫厘。

① 一望之遥：一眼望到的距离。
② 周围：犹言围周，即围着转圈。
③ 净瓶：盛净水之瓶，是为教僧侣游方时随身携带用以储水或净手的瓶子。泛指装水的瓶子。

第四尊　抱膝罗汉

伽难提尊者，室罗筏城国王子也。国王初亦艰于嗣息[1]，祷求神明，布施功果，历历为觅儿计。祖佛如来奏过天曹，始抱尊者送国王夫人投胎。

尊者一离母腹，即能言尘世中事，国王惊疑不敢近。夫人曰："子生能言，馨儿也。或者上帝格尔宰制得理[2]，布施有功，降此英物，以拓大汝之统绪，也未见得。妾观古典，人家早言之，子钟间气所生[3]，祥瑞也，后来果有大用。汝子生而能言，安知前身非圣贤耶？吾与汝善抚之，坐观他后来作用。"

国王曰："善。形生肖鬼[4]，此异也；言早肖人，何足异哉？梓童之言[5]，大快予心，予于此子有厚望矣。"

英儿甫产即能言，秀气钟来不偶然[6]。

天为如来绵道统，卑卑黎庶大殊悬[7]。

---

① 嗣息：儿子，继承人。

② 格：有感而动。宰制：主宰统制。

③ 间气：古时以五行附会人事，称帝王臣民各受五行之气而生，受间气而生者为臣。

④ 肖：像。

⑤ 梓童：皇帝对皇后的称谓。

⑥ 甫：刚刚。

⑦ 绵：延续。黎庶：黎民、庶民，即普通百姓。

尊者在母襁褓中，服饰玩好，无不俱备。二人心笃爱之，凡物足以投儿之欲、寄心之爱者，无不为子致之矣。七岁能行，出入仪卫，宛若王者仆从，席间有奎璧金珠以娱目，侍右有箫琴笙竽以饰听。冲龄赤子，未受傅训①，以为必耽此乐事矣②。尊者悉厌薄之③，食惟菜茹，甘肥不入于口；衣惟布素，锦绣不御于身；寓目者④，惟取经文，奎璧金珠，不供于御；赏心者，惟取释典⑤，箫琴笙竽，不设于旁。时常只爱一人出入，扈附仪卫悉斥去⑥，不令伺候门墙，惟抱膝独坐斋中而已。

国王东宫太子，潇然一布衣风味⑦。国王夫妇谓曰："富贵，人所欲也，而此子不处之；贫贱，人所恶也，而此子不去之。真富贵不能淫，贫贱不能移者矣。富贵、贫贱，不淫、不移，则威武不屈可知矣。孩儿如此，则长成可知矣。异日不为天地间一大丈大乎？！"有诗为证：

厌薄王家乐事浓，潇然韦布一家风。
匪为波靡回澜柱，自是真如色相空⑧。

又曰："圣人云：'少年之子，事有父兄专制，其行不可见，惟观其志向何如。'彼对父难于言，母子懿亲⑨，可探之以窥其意向。"

母因问曰："汝幼小孩童，诸事厌薄繁华，父王令我问汝，意何所欲乎？"尊者曰："知子者莫若父母。赤子有欲为，父母在上，难于言，望父

① 傅训：教导培育。傅，教导、辅佐帝王或王子的人，也用作动词。
② 耽：沉溺。
③ 厌薄：厌弃、轻视。
④ 寓目：即看。
⑤ 释典：佛经。
⑥ 扈（hù）附仪卫：随从以及仪仗、卫士。
⑦ 布衣：指平民百姓。
⑧ 韦布：革带布衣，贫贱者的衣饰。韦，皮革。
⑨ 懿亲：母子亲情。

母猜度之。”

母曰：“难言之欲，莫非早欲克绍父事耶？”尊者曰：“六尺之孙，难理几务[①]，儿去六尺尚远，何能镇服人心？以是求欲，奚止千万[②]。”

母曰：“莫非金屋阿娇耶[③]？”尊者曰：“佳冶，伐性之斧[④]，况儿欲窦未开，何遽及此[⑤]？以是求欲，奚止什百。”

母曰：“莫非辟门纳士[⑥]，为逸游计耶？”尊者曰：“放旷游逸，终非端士[⑦]。男虽骨格未成，岂甘为天下轻薄儿？以是求欲，奚止无算[⑧]。”

母曰：“不为此三者，毋亦艳慕西方圣人耶？”尊者问曰：“何为西方圣人？”母曰：“披缁削发[⑨]，悟道传灯，以寂灭为教者也。”尊者曰：“出家此途，儿诚愿之矣。儿适所谓父母在上而难于言者，正为情爱恋恋，一时出家难也。”有诗为证：

英儿之欲甚难言，情爱双亲乞见原。
逸欲总非儿所欲，如来一路意悬悬[⑩]。

国王曰：“千乘之子，承大统，主大祀，弘大化，当顶天立地，启后承前为乾坤。肖子何得忘君亲而不忠不孝，避租税而游手游食？儿志虽端，孤甚不取也。痴儿，何人引导，卓年即恋及佛事[⑪]？吾不信浮屠诳诱[⑫]，今后

① 几（jī）务：事务。
② 奚止千万：指相距极为遥远。奚止：何止；奚，哪里。千万：与下文的“什百”，均极言相差之大。
③ 金屋阿娇：汉武帝刘彻为太子时，长公主欲以女儿阿娇许配他，问他：“阿娇好否？”刘彻答道：“若得阿娇作妇，当作金屋贮之。”后来刘彻即位，果然以阿娇为皇后。此处指娶妻。
④ 佳冶：指佳丽、美人。伐性之斧：伤害心性的斧头。伐，砍，此指伤害。
⑤ 遽：急速。
⑥ 辟门纳士：本指开门接纳读书人，这里指到处纠结伙伴。
⑦ 端士：端正之士，指行为规矩的人。
⑧ 无算：算不过来，数不清。
⑨ 缁（zī）：黑色，这里指缁衣（黑色的僧衣）。
⑩ 意悬悬：心里挂念。悬，挂念。
⑪ 卓年：指盛年。
⑫ 浮屠：梵语音译，这里指佛。

慎勿再萌此念。”

母曰：“吾素布施祷求，为汝父承继统绪，非为如来承继衣钵也。汝若出家，则父母乏祀，祖宗血食从此斩矣[①]。怀抱抚育，只为释家觅后嗣，汝父定是不肯。汝年尚幼，又非早年议舍[②]，又非飘泊无依，假令修得佛来，不过是一大雄宝殿[③]，令众信礼拜慈容，众僧诵读经忏而已。汝父巍巍，现为一国人主，端拱九重金殿[④]，称孤道寡，丹墀下舞蹈礼拜者[⑤]，俱济济缙绅[⑥]，不啻众信[⑦]；御座前诵读表章者，俱师师科甲，不啻众僧。且冕旒壮首[⑧]，岂如削发？龙衮荣身[⑨]，岂如披缁？乘舆出外则千夫拥、万骑随，非若行脚僧独行独往；圣驾入内，则三宫接、六院迎，非若出家僧寡侣寡俦[⑩]。此现成活佛不做，到来思量做杳冥无形无影、不可凭信之佛，吾儿所见左矣[⑪]！书云：‘幼成若天性，习惯成自然。’愿吾儿莫错认定盘星[⑫]，当舍彼而就此也。”

有诗为证：

灭伦绝祀效披缁，欲觅巍巍宝殿居。
国父现今为活佛，如何错认定盘珠。

尊者曰：“似母提衡[⑬]，佛不如富贵；以儿提衡，富贵不如佛。父母欲儿享一时逸乐，儿欲父母享万年逸乐也。人生世间，少者必老，生者不能不

① 血食：古时祭祀杀牲，故名血食。斩：断绝，此指无后人祭祀。
② 议舍：议定舍身佛门。
③ 大雄宝殿：佛寺中的主殿，一般供横或竖三世佛，释迦居中。大雄，指佛。
④ 端拱：指端正地拱手而坐。
⑤ 丹墀（chí）：古代宫殿前的石阶，漆成红色，故称。
⑥ 缙（jìn）绅：古代士大夫的装束。缙，通“搢”，插。绅，腰间大带。代指士大夫。
⑦ 不啻（chì）：不止、无异于。
⑧ 冕旒（miǎn yù）：冕为帝王、诸侯、卿大夫所戴的礼帽，后专指王冠。旒为冕冠前后悬垂的玉串。
⑨ 龙衮（gǔn）：绣龙的衮服，古帝王朝服。
⑩ 侣、俦：都是伙伴的意思。
⑪ 左：指不正确。
⑫ 定盘星：秤杆上定为零位的星，秤锤悬于此点时，正与秤盘成平衡，故称定盘星。比喻做事的准绳。
⑬ 提衡：持物衡量，权衡比较。

死，理势然也。不出家为佛，父母数劫，儿纵孝，不能遏其日之不西夕；孩儿数劫，亲纵爱，不能止其水之不东流。儿若出家，得为释家弟子，子贵亲亦贵，子仙亲亦仙。男既备员为佛①，未有生我父母，等为路人，而不得逍遥于灵山会上者也②。天不朽，二人寿算亦不朽。穹隆之表，独不有殿宇？独不有礼拜？独不有传诵？老娘适谓众信不如缙绅，众僧不如科甲，父母得到天上，亿万缙绅科甲，卑卑失其贵且荣矣。儿之提衡，达观万世，非仅仅一时提衡者也。初心已定，父母勿阻之、变之。”有诗为证：

灵山会上好风光，不似阎浮一国王。
济济神明相拥护，齐天寿算永无疆。

国王曰：“新君继体，明能理民，使老幼得所；幽能祀神，使怨恫罔生③，此便是修行；明无人非，幽无鬼责，即此便是成佛；流芳万代，形朽而名不朽，即此便是长生不老。持循作为工夫④，正儒者中正之道。何如色相皆空⑤，意识俱忘，入定于寂灭之地⑥，面壁于杳冥之乡⑦，在人民不称惠，在社稷不归诚？一日圆寂，神魂漂散，绝伦灭祀，负天地所生，辜祖宗所望，九泉之下，尔本来性灵问汝阎浮一生行实，汝则何辞以对？岂不愧汝神耶？且佛在西方，左道害民，未见彼今日现出真身，明日现出真身，告人云：我是某人，因某年修缘得超度为佛者也。佛无定名，由人自主，我老父于百年之后，即诈称为佛，千世之下，人谁不信之。夫孝者，善继人之志，善述人之事也。只愿汝为承家孝子，不令汝为上乘禅师。纵汝母割

① 男：旧时子对父母的自称。
② 灵山会：佛祖释迦牟尼在灵鹫山说法之会。有二说，一指演说《法华经》之会，亦称“法华会”；一指拈花付法于迦叶之会。
③ 怨恫（dòng）：怨恨与恐惧。罔（wǎng）：无。
④ 持循：遵循。
⑤ 色相皆空：佛教认为万物皆空，以无相为归。人或物一时呈现于外的形式，称为色相。
⑥ 入定：僧人静坐敛心，不起杂念，使心定于一处，叫入定。
⑦ 面壁：坐禅。面向墙壁，端坐静修。

舍恩爱，为妇人之仁，我心耿耿铁石，欲息邪说讵诐行[1]，不令汝不父其父而冒认他人为父者也。敢有再言出家者，老父必唾其面！”

有诗为证：

不负形来不愧生，胜如为佛得升天。
克家孝子惟承继，冒认他人色偭然[2]。

尊者见父不令其出家，默默无言，终日不食，惟抱膝长叹而已。

母劝之曰：“佛以见性为本，不食则灭性。遗下臭皮囊，何能成得佛也。”尊者勿听。

母又曰：“未为吃素佛，先为辟谷仙[3]。儿今日欲不为佛，而变为仙耶？何为不食？”尊者勿听。

母又曰：“释家只教人戒酒断荤，恐荤酒昏秽其灵性也；未曾云不用修行，仅仅一不食成之也，何为不食？”尊者又不听。

母曰：“儒乃释道折衷之准，儒之教人为圣为贤，只曰‘终食不违’、‘食无求饱’而已，未闻亚圣、群贤均自绝食中出也[4]。汝烦恼障未除[5]，何能顿效得无烟火气味。”

母三四劝尊者食，勿听。

饭僧供佛载经书，不食如何饿体肤。
儒者教人非辟谷，止缘恼障未能除。

---

① 讵（jù）：当为“拒”，古音通假。诐（bì）：偏颇、邪僻。
② 偭（miǎn）然：不自然的样子。
③ 辟谷：道家不饮不食的修养方法。
④ 亚圣：孟子号为亚圣。
⑤ 烦恼障：佛教二障之一（另一为所知障），指以我执（人我见）为首的诸种烦恼。

夫人乃谓国王曰："此子灵性已入佛门，现今只留下皮囊还我父母。不如遣之出家，偿所夙心，免得遗笑四邻，谓我国中有逆命子，有枵腹佛也[①]。"

国王曰："善。朕闻国中禅利多性见心明，可为沙门师表。明日遣子事之，令之投大遗艰，责备不堪[②]，或得其回心，亦未见得。"

次日，令人送尊者至禅利多寺中为门弟。禅利多领了国王言，命寺中事务一一责之办理，尊者亦粗能办应，无遗漏脱。晚间卧不贴席，惟抱膝嵬坐[③]，冥悟佛教而已。

令子从师入寺门，遗艰投大莫容存。
若能回得见心意，胜过灵山转法轮。

一日，利多出外行化，尊者独在僧房修养，忽见天上一道毫光，炯然下瞩，光中露出一条坦平大路。尊者依神光徐行十里，到一大石岩，崔嵬惊人。岩前有一石窟，深广可居，尊者遂燕寂其中，性灵参见如来[④]。如来遂授法旨，且为之授记[⑤]，令其还生行化。经十年，其尸宛然如昨，未有朽坏。

尊者醒来，如熟睡初觉，目能慧照，非十年以前之目；心能超悟，非十年以前之心。有诗为证：

窟中燕寂不逡巡，不觉阎浮已十春。
祖佛悉将真窍授，责令行化满乾坤。

---

① 枵（xiāo）腹：空着肚子。

② 投大遗艰，责备不堪：指让搬重大之物、做粗活难活，用尽办法使之不能忍受。

③ 嵬：同"巍"，挺直。

④ 燕（yān）寂：安静。燕，通"晏"，安闲。性灵：这里指灵魂。

⑤ 授记：佛对发心修行的人授予将来成果做佛的预记。

尊者回见国王父母，父母惊而问曰："闻汝为佛所误，燕寂石窟已经十年，安得复返？"尊者曰："男身寂，非心寂也。性灵直到灵山，参见如来世祖，世祖为男设法受记，在天上未几，回来阳世已十年矣。看来佛不误人，人自不为耳。"

母曰："汝十年复返，真西方圣人也。今子之来度我等赴灵山耶？"尊者曰："父母其一者也，更欲普度众生。父母时今须如此如此修行，男行化回来，即当脱化。"

汝往西天见圣人，灵山脉衍行同伦。
责令行化乾坤内，何况双亲不辟门。

尊者辞了父母，行化至摩提国，普度众生。

一日，见山舍一童子，名伽和舍多，手持圆鉴①，直造尊者之前②，欲求济度。

尊者问曰："持鉴童子，汝年几岁？"童子曰："百岁。"

尊者曰："冲年童子，何得诳言百岁③？"童子曰："我不理会，正满百岁耳。"

尊者曰："聆汝之言，善悟佛机耶？"童子曰："佛言人生百岁，不能理会佛机，未若生一日得秘诀而了完佛事者也。"

尊者又问："汝手中所持之鉴，当何所表白？"童子曰："此鉴非仅仅儿童戏具，'诸佛大圆鉴，内外无瑕翳④，两人同得见，心服皆相似'，此数言乃鉴之所表，汝和尚以为何如？"

尊者曰："如来之道，授教于我，令吾返世，以行此如笺之绪。今城中

① 鉴：镜子。
② 造：到。
③ 诳（kuáng）言：骗人的话。诳，欺骗。
④ 瑕翳（yì）：瑕疵与脏物。翳，病眼珠上的白膜，此处指脏痕。

人谁能撤去内外障翳，求其能了了会悟[1]，为沙门法器者，非子而谁？”遂为之说偈云：

心地本无生，因地从缘起。

缘种不相妨，叶果亦复尔。

尊者说偈毕，即攀树而化。汉昭帝十三年时事[2]。

① 了了：明白，懂得。

② 汉昭帝：汉代的第七位皇帝，汉武帝之子。汉昭帝十三年为元凤六年，公元前75年。

第五尊　劝善罗汉

阇夜多尊者，中天竺国人[①]。钟秀气所生，质极聪慧。良知所启，闻一即能知十，举始即能见终，心无翳障，理无遗明。生在中国，加之学问，可与（以？）超凡入圣矣。天赋维均，不因夷有限[②]，不益信哉。竺国之人，俱称为姻冲大士[③]。

其家世代钦祀如来三宝[④]，不惟不能脱化作佛，其祖与父每每患瘵疾而死[⑤]。闻大月氏国婆罗门之子鸠摩罗多传如来衣钵[⑥]，在天竺国讲三生过去未来[⑦]，谈作善造恶因果[⑧]。阇夜多尊者年方幼冲，径往演教寺中谒之。鸠摩罗多闻其神识，且能托吾徒而请谒，乃以大士礼待之。

夜多怀疑而问曰："善恶之报，各以数（类？）应，理乎？"有诗为证：

世家祀佛获非灾，心下怀疑未遣排。

---

① 天竺：印度的古称。中天竺为其一部分。

② 夷：与"华"相对，此指外国。

③ 大士：菩萨的通称，如观音菩萨也称"观音大士"。

④ 三宝：指佛、法、僧。

⑤ 瘵（zhài）疾：指肺结核病。

⑥ 婆罗门：印度四大种姓居首位者，多为僧侣。鸠摩罗多：古印度僧人。《景德传灯录》卷二有传。

⑦ 三生：佛教指人的因果轮回中的三个阶段：前生、今生、来生。

⑧ 因果：佛教指事物的起因和结果，今生种什么果，来生结什么果。

闻有讲谈因果客，故趋请问业何来[①]。

鸠摩答曰："理也。"

夜多曰："果有凭准，无毫发爽乎[②]？"鸠摩答曰："毫发若爽，因果不足谈矣。"

夜多曰："举远无凭，稽近有见[③]。我家素奉三宝，宜'三宝在堂，善应亦在堂'矣。乃祖死于瘵疾，父死于瘵疾，则作善因果不足凭矣。邻人之家，久为旃陀罗行[④]，宜'不善积躬，恶应亦在躬'矣，乃天不啬寿，地不厄养，而身尝勇健，则作恶因果不足凭矣。彼邻人何幸，我家世代何辜也？愿高人发明，眼前差爽何如合（何？）得有凭准之故。"有诗为证：

报应看来没准凭，我家奉佛瘵重临。

邻人不榖身康泰，乞为疑人一发明[⑤]。

鸠摩答曰："论善恶之报，非若契券，瞬息收效者也。舒徐有三时焉，虽经百千万劫，亦不磨灭。汝无谓报应无凭准也。"

夜多尊者闻鸠摩两言指点，即冰释所疑，曰："我家瘵疾，邻人勇捷，值数之寄耳[⑥]。而三时之报[⑦]，因自在也，安得不坚意为善，以待其天定之数。"

---

① 业：佛教称一切行为、言语、思想为业，分别叫身业、口业、意业，合称三业，包括善恶两面，一般专指恶业。

② 爽：差错。

③ 稽：考究。

④ 旃（zhān）陀罗：指古代印度以屠杀为生业者，即屠夫，属于四大种姓之外的贱民。

⑤ 不榖（gǔ）：不善。榖，善。

⑥ 值数之寄：与劫数的命定吻合。

⑦ 三时：即三时业。其一为顺现受业，现生作业而现生受果者；其二为顺次受业，现身作业而次生受果者；其三为顺后生业，现身作业而后二生受果者。

闍夜多尊者

鸠摩又曰："汝虽已信三业[①]，而未明业从惑生，惑因识有，识从心起。心本清静，无生成，无造作，无报应，寂寂然一切善恶、有为无为，皆如幻梦。儒者纯心为善，初不望报，亦犹是也。"

夜多领旨，即发宿慧，恳求出家。鸠摩为说偈曰：

性上本无生，为善求人说。
于法既无得，何怀决不决？

夜多传了宗旨，即克绍师志，在天竺国讲谈因果，发明三时报应之理，劝人纯心为善。国中之人，师师从其化导，功德无量，俱称为劝善大士。

夜多曰："行化一国，而不及于邻封，终隘而未弘，释氏博爱之心，不如是也。"于是，又往罗阅城，敷扬顿教[②]，盖思以其道化天下也。

彼方风声习俗，师之所训，徒之所学，一片尚口中辩论[③]。以为佛在明理，辩论得理无遗明，则佛无遗理，何必于探讨之外求佛。心上会悟工夫，悉置之不讲。

婆修盘头乃罗阅城众学教首[④]，以辩论得为人师，彼所谓豪杰之士也。

释家色相尽归空，辩论如何觅旨宗。
但自一方人品论，依稀豪杰迈群踪。

夜多尊者知是法器，将欲度之。但从言语文字上觅宗旨，则博而寡要，泛而无实；必言语文字化而不有，乃为真诠。儒者高坚前后之妙，亦从会心处得来也。故问彼所从之众曰："遍行头陀汝师也，与汝等终日辩论不辍，

① 三业：指身业、语业、意业。
② 顿教：顿成之教，与"渐教"相对，指佛教禅宗主张顿悟佛果的一派，这里也泛指佛教。
③ 一片：单方面，片面。尚：推崇。
④ 婆修盘头：古印度僧人。《景德传灯录》卷二有传。

毋谓藉此可得佛道乎？西方圣人之道，固有讲经时，亦有面壁时。不去性灵上会悟，规规在文字上打点[①]，是若行历于尘劫[②]，皆虚妄之本耳，何益于佛？诗不云乎：

何须炼矿与淘金，自有骊珠隐在心。
不在言语文字上，总来只是少知音。

众弟子闻尊者言，心殊不悦，作色言曰："有善于己，然后可以求人之善；无恶于己，然后可以非人之恶。汝和尚蕴何德行，敢对门人讥讪我师？"

尊者曰："我不求道，亦不颠倒其求道之序；我不礼佛，亦不轻慢其礼佛之仪。于妙道固不知止足，于外物亦无所贪欲。灵台湛然[③]，无所希求，庶几于道，敢云德行。"

求道如何序可颠，慈悲礼拜教为先。
悟来妙道无穷尽，灵府澄（湛？）然寡欲牵。

时遍行头陀在座，闻夜多尊者与众徒所谈之言，不觉心旷神怡，发为赞叹之词曰："旨哉师言[④]，至矣！尽矣！正惟弟子所不能学也。"

遍行头陀见夜多尊者对其徒以讥之，其心喜，直其道以正之[⑤]；其感深，正不自满足，乃虚心求道人也。故尊者复告之曰："某适凭管见，向彬彬众门下出数言[⑥]，抑挫仁者，仁者得无恨乎？"

① 规规：拘守。
② 行历：行走，经历。
③ 灵台：心灵。
④ 旨：本指味美，这里指话说得尽善尽美。
⑤ 直其道：以其道为直，指赞同别人的观点。
⑥ 彬彬：形容文雅。

遍行曰："某于释道，非敢好为人师，第未得大方质正[①]，似以为至，亦仅仅巨擘于罗阅城之士也[②]。今闻上人所论，乃苦海登之慈航[③]，迷途出之明径，绝似饮无上甘露，顿解腹中烦渴者也，敢反生热恼耶？惟愿上人，大其慈悲之量，公其妙道之传，悯吾昨日之非，取吾今日之悟，进而教之。万幸万幸！"

上人赐我指南车，若饮甘霖热病酥。
惟愿大开公物量，获登彼岸出迷途。

尊者曰："尔不闻道'辩论障耳，剖破藩篱，即成大家'。吾道必择人而传，吾统必得人而继。汝久宗佛道，久植众德[④]。博观汝徒，尚隔几尘[⑤]，难语法器。其求足以绍吾事者，舍子其谁？"遂为说偈云：

言下合无生，同于法界性。
若能如是解，通达事理竟。

言讫，即奄然归寂。乃后汉明帝永平十七年也[⑥]。

---

① 大方：大方之家的省称，指见识广博的人。质正：当面请教求正。

② 巨擘（bò）：大拇指，比喻杰出人物。

③ 慈航：佛以慈悲之心救度众生，使之脱离苦海，有如航船济众。

④ 植：培养。

⑤ 尘：指凡间的垢染。佛教谓人有"六尘"，与"六根"相对，即眼根所对的色尘，耳根所对的声尘，鼻根所对的香尘，舌根所对的味尘，身根所对的触尘，意根所对的法尘。六根与六尘相接触，就会引起许多虚妄的认识，引起许多尘劳（烦恼劳作）。

⑥ 永平十七年：公元75年。

第六尊　捧经罗汉

尊者姓首陀，名优婆毱多，周时人，生咤利国。人物伶俐，智慧聪明。在提抱时[①]，闻人诵读经典，即能晓解其义。六七岁孩童，尝为乡中耆老讲明如来妙旨[②]，乡中称为神童。老年出家之人，经义有不解处，亦往拜其门，求其解说。真纯赤子，且多独得之见，凡被其容接者，俱曰："在儒为天纵之圣，在释为活佛重生。"父母亦奇，以为灵秀之所钟也。西夷酋长闻其名，亦召而宾礼之，月给廪禄以养之[③]。

年十七，闻和修尊者至所生之国行化，尊者敬往谒之。和修器之[④]，纳为门下给侍[⑤]。事之数年，得传其宗旨。有诗为证：

天生聪慧迈夷常，释典精通见性良[⑥]。
十七投师为给侍，获闻宗旨上慈航。

尊者年二十，终了师制，遂奉教随方行化。至摩突罗国，大显慈悲，

① 提抱：提携怀抱，指幼儿时期。
② 耆(qí)老：指老年人。耆，六十岁以上。
③ 廪(lǐn)禄：官方供给的粮食、俸禄。
④ 器：器重。
⑤ 给侍：即侍者。
⑥ 夷常：平常。夷，平坦。

广行劝喻。凡度一人，石室中即添一筹[1]，后来其室盈满。摩突罗国男女得其济度者，凡二十万余人。

邪正不容并立，人心既知佛化为是，必知邪魔为非，所德既此，所怨必在彼。魔王之宫，业业震动；波旬之神，兢兢恐怖[2]。招集鬼众，谓曰："首陀化洽，将不利于三子[3]。彼来此未几，所济度不减二十万人；吾经年在此，所伤损不止二十万人。二者相形相[4]，民方叹逢彼之晚，而怨去我之缓也。其势不绝我行祠，不去我遗像，不止矣。故召集汝等商榷，从长作何计议。"

佛以慈悲作号头，殃民妖祟不容留。
近来心内多惊怖，召汝诸人问策谋。

一鬼卒曰："人情厌常喜新。吾等习惯在此，即有德不德[5]；彼初来济度，即有怨不怨。彼不过簧鼓一时众信耳目[6]，不久将自去。吾等依然庙食[7]，下民何能损得分毫？愚以为不较善[8]。"

一鬼卒曰："人情舍旧迎新。非彼初来簧鼓之过，乃众民反复无常、向背不一之过也。愚以为咎民善[9]。"

一鬼卒进曰："众信吾所赖，须供血食也。悉灭众民，独存佛子，则彼得恃其灵与吾角[10]，吾不能歼乎彼，彼却能歼我以报民。愚以为咎民，非计

① 筹：小木条，用以计数。
② 波旬：魔王名，下文有时也作波神。为释迦牟尼出世时的魔王，主欲界第六天，常以杀信佛众生为事。
③ 三子：二三子的简称，指徒众。
④ 相形：放在一起比较。
⑤ 有德不德：前一个"德"，恩德；后一个"德"，感念恩德。
⑥ 簧鼓：笙竽等乐器皆有簧，吹之则鼓动出声，比喻巧言惑人。
⑦ 庙食：享受祭祀。
⑧ 较：计较。
⑨ 咎民：归咎于民。咎，归罪。
⑩ 角：斗。

优婆毱多尊者

也。”

最后一鬼卒进曰：“屏佛乃所以安魔，安民即所以存祀。众民所以怨我而德彼者，以彼杯水之仁，形出我车薪之恶也。书云：‘止浊澄源。’必欲魔宫不震动，主帅不恐怖，非屏逐此人不可矣。”

波旬曰：“善。”遂谋与竭其魔力，以害正法。时常统集鬼兵，伺候毱多演教之所，瞰有魔力得逞处，将不惮为之矣[①]。有诗为证：

鬼卒胸中各吐奇，欲为主帅镇惊危。
波神毕举群臣策，伺候门墙便设施。

一日，波旬见尊者坐禅入定。波旬密持璎珞一条[②]，直进法堂，縻之于尊者之颈[③]，束缚之，使不得脱也。

尊者出定，知波旬璎珞之害，若出不知，乃取人、狗、骆三尸，化为花鬘一条[④]，持而谓波旬曰：“适承卿过爱[⑤]，惠我璎珞。‘投我以木桃，报之以琼瑶’，倘不鄙微薄，敢以花鬘相谢，何如？”波旬以尊者堕彼术中，真为出花鬘相酬，遂大喜，引颈受之。

璎珞不能縻毱多之颈，而花鬘却能毒波旬之项矣。璎珞能变，毱多制之，令不为变；花鬘能变，波旬制之，其变莫测矣。颈受不移时[⑥]，花鬘即为三种腐尸虫蛆，秽烂波旬项颈。有诗为证：

妄将璎珞系如来，花鬘相酬解不开。
腐烂虫蛆忧恼大，害人未害自为灾。

---

① 瞰（kàn）：窥视。不惮：不害怕，不惜。
② 璎珞（yīng luò）：用珠玉穿成的戴在颈项上的装饰品。
③ 縻（mí）：缠绕。
④ 花鬘（mán）：古印度人用花连接成串，加于身首之上的饰物。
⑤ 过爱：犹言错爱。
⑥ 不移时：即不一会儿。

波旬大生忧恼，竭己神力，不能解脱[①]。出谓众鬼曰："前与汝众求长策，汝等各持一己见，令我如此如此。今我从汝等之见，尽我之长，聊欲中伤尊者，未能害人而自反受害，为之奈何？"

一鬼卒曰："彼花鬘能腐烂主帅之颈，汝瓔珞独不能经（轻？）缢彼之颈耶？"波旬曰："瓔珞不灵，在尊者之颈，全然无恙。吾颈秽烂，痒痛难当，莫奈此花鬘何矣。"

一鬼卒曰："花鬘非生成之物，主帅素有法力，彼既以此加我，我亦以此加彼，使返火自灾可也。"波旬曰："吾瓔珞可脱，此花鬘不可脱，有若生成一样。吾平昔法力，逢着对头，一毫也施不得。"

鬼卒曰："法中有法，人上有人。昔日对众信则魔王高，今日对释家则魔王卑矣[②]。尊者慈悲化海，本无害主帅之心，主帅先有戕尊者之志[③]。今日之事，责在主帅，非臣等建议之过也。"

最后一鬼卒进曰："佛教喜人自新，容人悔过。主帅能皈依投诚，尊者必矜悯解脱，毋自苦肢体为也。"

波旬回意，遂入法堂[④]，伏见尊者，哀求忏悔，誓钦遵佛道[⑤]，不敢扰害佛道。有诗为证：

主公魔力素称雄，今日何为落下风？
百计千方无与敌，不如顶礼乞优容。

尊者曰："汝能逞瓔珞之害，何不能解花鬘之害？汝今欲脱去花鬘，汝

① 解脱：佛教指摆脱烦恼业障束缚而得自由自在。特指断绝生死因果、不再陷于业报轮回，与"涅槃"、"圆寂"的意思相通。

② 释家：佛家，佛教徒。

③ 戕（qiāng）：害。

④ 法堂：讲说佛法之庭堂，即佛堂。

⑤ 钦：尊敬。佛道：佛的大道。

自脱之，非我所能脱也。”波旬曰：“自如何解脱？”尊者问曰：“汝心归佛道？口归佛道？”波旬曰：“心口合一，何分内外？”尊者曰：“口者心之声，汝既云心口合一，可口自唱言‘归依佛道’者三，则花鬘尽得脱除，我所谓‘汝自脱之’者，此也。”

魔王闻言，即合掌大声三唱：“归依佛道，颈脱花鬘。”果一时解脱无恙。

波旬大喜，踊跃向尊者前拜谢。尊者戒之曰：“汝宗佛教，当体佛心，浣洗昔年肠胃，广存今日慈悲。民不以汝为厉，则魔宫容汝居之。倘原恶不悛[①]，故态复存，皮外花鬘虽脱，皮内花鬘犹存。腐秽蛆虫，能识人心臧否[②]；心稍不臧，不惟外食汝体，且能内食汝心也。”

波旬闻尊者言，恐怖愈盛，谢曰：“公真圣人也。某输诚归命，今后不敢为祟矣。”遂同众鬼拜谢而去。有诗为证：

> 浣汝波旬旧胃肠，魔宫悲愿布慈祥。
> 无形花鬘仍前在，违戒须臾命即亡。

尊者在摩罗国所度虽众，不过化人强梗，拯人危难，济人疾苦，未有一人升彼之堂，入彼之室，可将如来衣钵授之者。尊者切切然忧之，尝捧经叹曰：“泥纸上尘言[③]，比比皆是；会个中妙意，戚戚无闻。手中法器，自我传来，不自我坠。意者经尘迷目，学者之明镜未拂拭乎？不然，必六出飞花[④]，未遇红炉所点化也。”

正忧疑间，国中皓首庞眉之老有一子，名香众，特趋尊者之堂，礼谒尊者，求为出家。盖不安俗习而有志传灯者也。

---

① 悛（quān）：悔改。

② 臧否（zāng pǐ）：好坏，善恶。

③ 泥：拘泥。

④ 六出：指雪花。

尊者问曰："汝身出家？汝心出家？"香众答曰："我来出家，非为身心。"尊者喜曰："出家人俱为身心，独此子不为身心，所（志？）亦不小矣。"遂授以偈云：

心自本来心，本心非有法。
有法有本心，非心非本法。

说偈毕，即跃身虚空，呈十八变，然后跏趺而逝[①]。周平王三十一年，弟子提多伽收舍利建塔。

① 跏趺（jiā fū）：佛教徒的坐法。分降魔坐和吉祥坐两种。降魔坐以右趾压左股，后以左趾压右股；禅宗多传此坐。吉祥坐以左趾压右股，后以右趾压左股，令两足掌仰放于两股之上，相传是如来成道时的坐法。

第七尊　降龙罗汉

尊者名迦毗摩罗，周赧王时人[①]。聚徒三千，作祟于华氏国。及马鸣尊者行化至华氏国，不敢率真相投尊者门听受法旨[②]，乃屡变为妖异，以窃听之。马鸣识破，令归依三宝，始露真形，得传宗旨。马鸣圆寂，尊者始领三千徒众，至西印度国行化，自作悟道诗云：

此岸到彼岸，相离才一线。

纤毫关捩子，谁解通身转[③]。

西印度国王太子，名云自在者，闻尊者法有灵通，道有真传，欲授尊者室，给尊者养，以为国人所矜式[④]。就见而请曰："善人不鄙弃我遐陬[⑤]，遍观四境域中，尽是我家荒服[⑥]，无足可为善人驻跸。惟城北有一大山，山中有一石室。其山峻耸，四时鸟语花香；其室清幽，八节云屏雾障。几多比丘，在此

① 周赧（nǎn）王：东周最后一位君主，生活于公元前314—前256年间。初为外道妖魔。外道：佛教指不合佛法的教派。

② 率真相：带着真实面貌。率，带领，带着。

③ 关捩子：关纽，关节。捩（liè）：扭转。

④ 矜（jīn）式：敬重和取法。

⑤ 遐陬（zōu）：边远荒僻之地。遐，远；陬，隅、角落。

⑥ 荒服：古代五服之一，指离王畿两千五百里的地区，为五服中最远之地。

讲经伏虎；几多和尚，在此设法降龙。也有补衲□云芳躅，也有披经吸月高纵。老师远来行化，肯禅寂于此①，亦流播万古真风。”有诗为证：

崒嵂崔嵬镇此邦，云屏雾障胜潇湘②。
高人室内多留记，才说花香迹更香。

尊者答曰：“大邦有此胜地，私心甚愿居之。况国之储君能重吾道，能下吾居，上有劝首，国人不虞不矜式矣。吾道之行，讵不一大幸哉③！”遂如太子命，径往石室中演教。

登山数里，逢一蟒蛇，其大数围，其长数丈，头角肖龙，但未得脱化，迢遁前来，将尊者之身缠绕数匝。见者万夫辟易④，三千从游徒众，亦为却步。尊者神色自若，玩弄之若家中豢豚⑤，从容谓众人曰：“此魔也，为获罪，沦落在此。今知我能转法轮，故先来迎我，求解脱，非肆螫毒⑥。汝等何忧何惧？谓予不信，但看吾为彼设法，彼即自解散逃去。”

尊者即从途中，为大蟒授三归依法，云：

不从三心乱，无由一念迷⑦。
有无俱尽处，那里是菩提。
何处入头？
三千功行九年机，八万尘嚣一笔挥。

---

① 禅寂：指僧侣坐禅寂定。
② 崒嵂（zú lǜ）：山高耸貌。
③ 讵（jù）：岂，难道。
④ 辟（bì）易：受惊吓而退避。
⑤ 豢豚（huàn tún）：家养的猪。
⑥ 螫（shì）：蜇（zhé）。
⑦ 三心：佛教由欢喜地到云天地的“十地”中，每一地都分出、入、住三位，叫作三心。入心是初入其地的时分，住心是住于其地的时分，出心是将出其地以便进入后一地的时分。

"汝省得么？汝省得么？"

其蟒听讫，即奔向草中逃去。众人惊心始安。有诗为证：

大邦既有此名山，愿入其中讲涅槃。
路上蟒缠求解脱，皈依散去等闲间。

尊者又行数里，将至石室，又遇一老人，合掌前来，讯问尊者姓名。先直告曰："愚老原系某处人氏，昔曾入沙门，皈依佛法，为比丘善人。因五蕴未空，烦恼犹在，某年时分，嗔恨怀私[①]，遇触忤之人[②]，妄为生灭[③]，造下欺心罪孽。前之恶贯既满，后之修省难偿，上帝见责，故堕落此山为蟒耳。自失人身为蟒以来，住是窟中，今已千年，不能脱化转还原身。上圣见责之时，曾有遗言曰：

业障恨嗔，堕为蟒身。
令汝伏气，不令俱生。
欲转为人，迦毗诵经。
千年限满，复作原僧。

"某在此，适满千年。昨山神报我云：'明日迦毗禅师，来此讲经设法。'愚老闻尊者名，适符了'迦毗诵经'之记，故远来迎接，恳求脱化。承尊者为我受三皈依法戒，得返为人，故复来相谢耳。"

尊者曰："我众徒为汝辟易，我明知汝为沦落，此来为求解脱耳。今既获转为人，已后烦恼业障，悉宜除之。"老者曰："受尊者法戒，日夜修省克责，再不敢为嗔恨事矣。"

① 嗔恨：怨恨。
② 触忤(chù wǔ)：违逆、冒犯。
③ 生灭：生死。妄为生灭，即胡乱杀人。

迦毗摩罗尊者

有诗为证：

堕身为蟒已千年，解脱皈依幸有缘。
嗔恨未除烦恼障，明师法戒斗山悬①。

尊者又问曰："此山附近，更有何人在此栖止？"老者曰："北去十里，有大树龙王，聚徒五百，尝在大树荫覆之下，为众龙说法。此山附近栖止，惟有此人。"

尊者闻老人言，未入石室，托老人为导引，谒见大树龙王。老人曰："禅师新来，有宾道也；大树龙王经年在此，主道也。待彼先来相拜，然后答礼。"尊者曰："子闻之也，'舍馆定，然后求见长者'乎②？"老人曰："禅师既急亲贤，容某先去投刺③，公辈缓缓而来可也。"尊者曰："汝只管前去，我自有分晓。"

老人领刺，去见大树龙王。龙王见刺，问曰："此人行馆未定，先来见我，莫非欲图我所居耶？"老人曰："云太子请彼演教石室，未入舍馆，先拜阁下，礼之盛耶。阁下何为出此言也？！"

龙王曰："子为谁？"老人曰："堕落山中蟒也。"龙王曰："何人为转法轮，俾得复为人耶？"老者曰："承此师解脱。"龙王曰："汝得此师解救，无以为谢，故将我所居之地献耶？"老者曰："尊者之来，为传道计也。萌夺地之心，太子不与友矣。利己而非济人，岂释家法器。"

龙王曰："聆子之谈，悟超上乘，昔日不堕为蟒矣。"老者曰："亦为有阁下嗔恨之心故也。"龙王曰："予痼疾④，无人针砭，今谢教矣。"复曰："吾亦欲印正于有道之门，第所因贵得可宗之友⑤。吾且试之，倘服得予心，甘

① 斗（dǒu）山：北斗和泰山。斗山悬，比喻为众人所景仰。
② "子闻之也"：《孟子·离娄上》："子闻之也，舍馆定，然后求见长者乎？"意思是说：到了一地，不等安顿好住宿，就要先去求见长者。舍馆，客舍、住所。
③ 刺：名帖。
④ 痼疾：积久难治的病，这里指还有痼疾。
⑤ 第：只是。宗：推尊、敬服。

心北面[①]；不得予心，各立门户可也。子不必复命。”

龙王遂展其所长，飞腾空中，绕树数匝，转回本位。

初疑来此为争山，疑什犹将技演搬（献？）。
总见龙王嗔恨在，老人勘破此机关。

尊者见之，谓三千弟子曰：“此魔也，有疑而未释，有技而思逞也。”

众弟子曰：“怀疑则不必见，挟技则不当见。吾师何术以降之？”尊者曰：“吾昔马鸣尊者之前，独不逞此技耶？当时尊者，惟静坐以待之；未闻麾之门墙之外，不与见也[②]。”不候老人复命，自同三千弟子，来见龙王。

龙王此时，自恃其尊，见尊者来，不为降阶一接引；与尊者见，不为谦卑一逊让。偃蹇倨傲[③]，明示己为堂上人，显待尊者为堂下人矣。且默默不交一言，只心念曰：“此师得决定性明道眼否？是大圣继真乘否[④]？”盖疑尊者藩篱未剖，不足与上下其议论也。

尊者应龙王曰：“汝虽心语，吾已意知。但辨出家，何忧不圣？”

倨傲龙王少养涵，何须心上问行藏[⑤]。
心声已入高人耳，勘破机关腆自颜。

尊者数言，如见龙王肺肝。龙王至是，知尊者是超悟上乘，为我所受教者也；非堂下弟子，为我所教者也。遂降阶拜首，悔谢前失：“待师长以倨傲之礼，徒为自闭之门，甘处于宫墙之外也。真自绝长者，非长者绝我矣。其罪将焉逃

① 北面：古时北尊南卑，北面即以臣弟子之礼对待对方。
② 麾：同“挥”。
③ 偃蹇倨傲：叉开腿后仰着而坐。
④ 真乘：佛教指真实的教义。
⑤ 行藏：形迹，底细。

之。”遂与五百龙众，斋戒沐浴，罗拜经筵[①]，愿附三千弟子之末，以受戒命。

尊者以龙王前虽倨而后则恭，始虽妄诞而终能悔悟，愤悱有机而启发可通矣，遂纳为门下。

弟子问曰：“龙王骄矜难御，吾师只两言服之，何也？”尊者曰：“彼恃所见，窥我藩篱，我从彼所见处一针砭之，自然心服。此至诚如神之道，得之马祖者也，汝自不觉尔。”弟子帖服。

龙王自从游，尊者凡有言论指示，悉俱通晓。尊者知是法器，为说偈云：

非隐非显法，说是真实际。
悟此隐显法，非愚亦非智。

言下，树龙王了了证悟[②]，蛇长者尚隔一尘。尊者谓老者曰：“汝希顿悟，须索勤修。”又谓龙树王曰：“宗旨虽自我传，衣钵非由尔坠。”

三千弟子，五百龙孙，各俯拜筵前，求为济度。尊者曰：

妙似潭澄月，玄如雪衬霜。
虽然人不识，当与佛商量。
休辜负，休辜负，
三千五百同思慕。
离心求至宝，弃体谩图珠[③]。

吩咐毕，空中现出多少神通。少顷，化火焚身而逝。周赧王四十一年也。

---

① 经筵：古代帝王为研读经史而特设的御前讲席，此处为佛教信徒的类比。筵，坐席。

② 证悟：印证省悟。

③ 谩（mán）：蒙蔽。珠：髻珠（髻中之珠），比喻佛法的妙义玄旨。这两句是说，求佛法要旨不能找错了地方。

第八尊　绯衣罗汉

尊者名鹤勒那，姓婆罗门。年七岁，不俟出家为僧，受得道比丘点化，即能超悟佛旨。天性幼成，凡见乡间颠连无靠，即喜赒恤[1]；济恶不才，即喜化导[2]。

尝游行聚落，见民间所崇奉淫祠[3]，辄入庙中，指其神叱之曰："汝妖神为谁？敢在此妄兴祸福，幻惑欺民！未见汝有何惠泽及民，惟见民四时殚膏祀汝[4]。灾不能御，患不能捍，则将焉用汝神哉？汝所以得依依于此者，恃有庙宇为栖止也，吾将庐其居，火其书，毁其遗像，俾汝祸福不得。民间所有，上得输国课，中得养父母，下得育妻子也。"手一挥指，鬼神护之，风雨飘摇，庙宇即为倾圮[5]；昔年作祟之神，有若远遣，寂无动静。乡人见其力量如此，大惊讶曰："幼小孩童，不惟明能济民，且幽能通神。非人间圣子，何以其行卓荦如是！"有诗为证：

天性融通佛旨宗，济人无靠化人凶。

---

① 颠连：困顿，苦难。赒（zhōu）恤：周济，救济。
② 济恶：助恶。化导：劝化引导。
③ 淫祠：滥设的祠庙。
④ 殚：竭尽。膏：油脂，代指香火祭品。
⑤ 倾圮（pǐ）：倒塌、毁坏。

淫祠叱去须臾事，圣子声名溢里中。

尊者离了父母之邦，径至中印度国行化[①]。闻中印度国王崇信佛道，凡有行化僧人，辄隆礼待之，尊者亦往谒之。国王待为上宾，送至公馆居住，俾左右大臣、卿士大夫、齿德耆民[②]，各就公馆，听其讲说。且曰："佛喜人为善，若属听之[③]，即不能人人为佛，第慈悲宅心[④]，终兑错履之咎[⑤]，是亦佛光之所照也。"

中一臣进曰："率民宗佛，本是不经[⑥]，但主上欲吾辈去邪从正，矫枉归中，法虽非良，意则甚美。上既示鹄的令人宗佛[⑦]，臣等安得违之。从之则顺而有福，矫之则逆而有祸，非此之谓乎？"尊者曰："此儒生确论。且坐，听吾说偈：

诸佛能缘用，众生且易知。
圣凡相间处，来去一毫厘。

尊者在中印度与国人讲经设法，手提面命，意甚剀切[⑧]。

一日，有两绯衣童子[⑨]，不通姓名，直入馆中，参见尊者，求其讲说经义。尊者明知是日月天子从众信中[⑩]，特为讲经曰：

① 中印度：五印度（亦称五天竺）之一。古印度分东西南北中五部，故称。
② 齿德耆民：年高有德的人。齿，指上了年纪；耆：指六十岁以上。
③ 若属：你们这些人。
④ 宅心：居心，存心。
⑤ 兑：兑换，指抵消。错履：走错路。
⑥ 不经：不合于常规。
⑦ 鹄（gǔ）的：箭靶的中心，比喻目标、目的。
⑧ 剀（kǎi）切：切合事理。
⑨ 绯：朱红色。
⑩ 日月天子：日天子，亦名宝光天子、宝意天子，为观音菩萨的化身，住在太阳中。月天子，月宫的天子，亦名宝吉祥，为大势至菩萨的化身。

罔象先天地，玄泉出杳冥。

本刚非锻炼，元莹匪澄渟①。

鉴照崆峒寂，晨昏法界明②。

产光沉不灭，吐魄坠还生。

尊者讲毕，二绯衣童子不问难更端③，即跃身而去，众信未及问其姓名。

门外报国王临筵听讲，众人接得国王入馆。与尊者叙礼毕，国王曰：“朕闻有道禅师，讲经降猛虎，说法坠天花。寡人不敢自异，斋戒沐浴，叨陪经筵，求为国中之人，讲谈如来宗旨。”

尊者曰：“贤王不为一家，专为一国，所志不亦善乎？第入道之门，须除事理二障④；除障之诀，须用止观二法⑤。非大观法，安能除得理障；非大止法，安能除得事障？”

国王曰：“事理二障，则吾既得闻命矣⑥。敢问‘照忘’二字，奥义何如？”尊者曰：“心无不存之谓照，欲无不泯之谓忘。忘与照，一而二,二而一。当忘之时，其心湛然，未尝不照；当照之时，纤欲不留⑦，未尝不忘。照忘二字之义，汝属当心味之。”又吟数语曰：

瘦竹长松滴翠香，流风疏月度微凉。

不知谁住原西寺，每日钟声送夕阳。

尊者吟声方罢，忽见二绯衣童子前来，礼谢尊者。国王问曰：“二绯衣

① 澄渟(tíng)：澄澈。渟，水停滞。

② 崆峒：山名，此处泛指。

③ 问难(nàn)更端：提问反驳，更换话题。

④ 事理二障：《圆觉经》所立之障。事障，指由贪等事惑而障碍涅槃，相当于烦恼障；理障，指由邪见等理惑障碍正知见，相当于所知障。障，障碍，佛教以为前生的罪孽造成此生的障碍。

⑤ 止观：佛教天台宗入涅槃的修行方法。止，止息，寂静；观，观察万物。

⑥ 闻命：听受教令。

⑦ 纤欲：丝毫欲望。纤，微小。

郎为谁？”尊者答曰：“此日月天子也。适来见我，求解经义，我从众人中揭其旨归，为彼讲说，今特来相谢耳。”

国王惊异，正欲请绯衣郎上堂相见，二绯衣郎忽然不见，惟留下异香馥馥袭人。国王遂欣然谓众人曰：“日月天子，悬像禅明汉表①，在天谓之双眼，在人谓之双曜②，尚且向禅师求讲佛法，恐昼夜运行，或有遗明。况吾人生于照临之下，亿万人不值彼之末光③，住百世不值彼之一瞬，何可不明佛道。”

君言一出，群下效尤，遍国中共宗佛氏之教者，无贵贱长幼，一也。有诗为证：

> 绯衣天子讲如来，讲毕如来去复回。
> 馥馥异香留得住，国王惊叹事奇哉。

中印度师子比丘，粗知佛法，亦在无妄寺坐禅习定，质极聪慧，凡诸书杂记，过目背诵如流，亦有意宗禅，第未得高人印正④。至是，闻尊者远来行化，声名籍籍⑤，遂离本山，敬趋尊者行馆，求为讲解印正。一谒见尊者，便启口问曰：“我欲求道，当用何心？”尊者曰：“佛法以无为宗。子欲求道，当无所用心。”师子比丘曰：“佛从心作，既无用心，谁作佛事？”尊者指点之曰：“汝若有用，即非汝心；汝若无作，即是佛事。”

师子闻尊者言，扞格俱化⑥，如红炉点雪，实时融化。发叹曰：“登山不到顶，不知宇宙之宽；入海不到底，不知沧海之深。”且吟诗曰：

---

① 汉表：天空。汉，天河。
② 曜（yào）：星辰。双曜，指日月。
③ 不值：顶不上。
④ 印正：印可、是正。
⑤ 声名籍籍：指名声很响。
⑥ 扞（hàn）格：互相抵触，格格不入。

枯木岩前差路多，行人至此尽蹉跎。

鹭鸟立雪非同色，明月芦花不似他。

又曰：

须弥山一捆捆倒，四大海一趯趯翻[①]。

佛祖终留不住，何须弄笛江湾？

尊者与师子相处数年，及门之士[②]，惟此子足以继志行道[③]，遂授以偈云：

认得心性时，可说不思议。

了了无可得，得时说不知。

① 须弥山：佛教传说的山名。须弥，梵语音译，意为妙高、妙光。趯(tì)：踢。

② 及门之士：指到门下求教的弟子。

③ 行道：即修行、修道，指佛教徒根据佛说教义去实行。

第九尊　戏珠罗汉

尊者名般若多罗[①]，宋时人[②]，生东印度国。早年出家，有志克继佛事。始事一比丘，粗能料理支费，而于经义漠无知识。尊者曰："此非吾师也。"遂舍之。

继事一比丘，颇能训解文字，而于经义尚有依回[③]。尊者曰："此非吾师也。"亦舍之。

三事一比丘，道超顿悟，可称上上乘矣，第相逢之晚，从游未几，师即逝去。尊者曰："吾前事不得其人，后事一师不得其时。(一本无此二句)吾命真厄，吾数真奇也[④]！自后一味自修自证。古人覆土成山，磨石作镜，皆有志成事者也。吾何不益坚乃心，高不陟颠，渊不彻底[⑤]，不止矣。"

精思之极，神明通焉，梦寐之中，尝有得道比丘，揭其奥妙以告之。尊者得梦中指点，有如扬辉秋月，万顷澄然者矣。遂作悟后之诗：

---

① 般若(bō rě)：梵语音译，指智慧。
② 宋：指南北朝时期南朝的刘宋。
③ 依回：指理解对的和理会错的。
④ 厄、奇：都指不顺遂。
⑤ 陟(zhì)颠、彻底：登上顶、探到底。

般若多罗尊者

藏身无迹更无藏，脱体无依便厮当。
古镜不磨还自照，澹烟和露湿秋光。

南印度与东印度，乃西方唇齿之邦也。南印度国王素性好善，专意崇奉佛教，本国僧尼请建梵刹，不吝千金以鼎创之；外国比丘远来提化，不吝珠玉以施予之。以故，国王奉佛之声，洋溢中外。

尊者以佛教信心、于国王信耳[①]，遂肩行李，至彼国行化。入其疆，至一古寺投宿。其寺建在险峻岩上，每晚寺中灯明如昼。尊者自证得道，名誉未甚彰大，彼寺僧人亦未甚奇之也。

尊者本晚在寺中，亲见彼僧每晚只哄闹道场[②]，全不在宗旨上契悟，遂有感，作长短句，志一时经见之事。其言曰：

不须惊，不须怖，走马临崖收不住。
千年灯，万年烛，寸丝不挂全身露。

有一僧人，窃听尊者之言，知是得道比丘，特自延入僧房求济度。尊者不言，只吟一律云：

夜来静坐一炉香，终日凝然万虑忘。
不是息心除妄想，都缘无事可商量。

僧人闻言，遂悟道场闹哄皆粗也，愿北面受教。尊者纳之。

次日，入国中，同见南印度国王。国王曰："水向石中流出冷，风从花里过来香。禅师远来，能清寡人烦躁，馥寡人肠胃耶？"尊者曰："要饮无

① 信心：信受所闻听、所解释之法无有疑心。
② 道场：犹言法堂。

上清泉也，须从石中流出；要披无上香风也①，须从花里过来。”

国王闻言大喜，施以无价宝珠，愿奉国以听其教命，遂见其三子以从。

尊者见国王三子，皆奇伟可渡。欲试其所见，遂以宝珠玩弄掌中，戏问三子曰：“此珠圆明，有能及否？”长子、次子同声言曰：“此珠七宝中②，出乎其类，拔乎其萃，其尊固无喻也③。”

二子就珠论珠，不知会悟于性灵上论无价之珠也。独第三子，名菩提多罗者，曰：“此珠仅仅世宝耳，未足为上；必诸宝中无价无伦法宝为上；此光仅仅世光耳，未足为上，必诸光中不熄不灭智光为上。若明是宝，宝不自宝；若辨是珠，珠不自珠。论心而不论物，惠己而又惠人，始足以阐此珠幽贲④。”

尊者曰：“二子之论，守经囿常⑤，多罗之论，通变达权⑥。经常不足，权变有余。与其守囿不化，宁通达无胶⑦。多罗超出一家谈，其辨不亦慧哉！”遂作数言美之曰：

美玉藏顽石，莲花出淤泥。
须知烦恼处，悟即是菩提。

复问曰：“汝明于论珠，必通于论相。世间于诸物中，何物无相？”多罗答曰：“于诸物中，不起无相。”尊者发叹曰：“三子一胞胎所生，胡智愚相越之远⑧！国王惠我以无价宝珠，物之美者也；我亦以无上宝珠惠施其子，人之美者也。物宝不如佛宝，珠明岂若性明。国王有子，可以不死

① 披：披拂，受风吹拂。
② 七宝：佛教的七种宝物。
③ 无喻：无可比拟。
④ 幽贲（fén）：深邃与广大。贲，通“坟”，大。
⑤ 守经囿常：指拘守常规。经，常规；囿，局限。
⑥ 通变达权：即明白权变。变，变化；权，权变，灵活。
⑦ 胶：固守，拘泥。
⑧ 胡：为何。越：过，距离。

矣[1]。”遂将宗旨传示其子，且授以偈云：

心地生诸种，因事复生理。

果满菩提圆，华开世界起。

言毕，即于座上张舒两手，放出二十七道光明，旋化火自焚而逝。宋孝武大明元年也[2]。

① 不死：犹言永生。

② 孝武：即宋孝武帝刘骏。大明元年：公元475年。

第十尊　飞锡罗汉

宝志尊者，本姓朱氏，不知何许人。少年出家，止道林寺，从悟玄比丘修禅习定。

悟玄比丘谓曰："即入丛林，当知解脱。"问曰："解脱有几？"比丘曰："解脱有八：一是观内有色，外亦观色解脱；二是观内无色，外亦观色解脱；三是内外诸解脱；四是空无边处解脱；五是识无边处解脱；六是无所处解脱；七是非非想处解脱；八是灭受想定解脱。能知数者解脱，则修习有所持循矣[①]。"

尊者问曰："何谓五戒？"比丘曰："不淫一也；不盗二也；不杀三也；不妄四也；不饮五也[②]。弟子受此五戒，则周旋中规，折旋中矩，分毫不敢违犯。"有诗为证：

八解脱诗：

解脱修持戒妄机，色空内外想无非。
能于数者知提醒，见性明心上乘师。

---

① 持循：持守、遵循。
② 不妄：指不妄言。不饮：不饮酒。

五受戒诗：

杀淫妄盗饮流连，五者如来有戒言。
遵了沙门严约束，从容得道上西天。

尊者曰："解脱、受戒，则吾既得闻命矣；请问六根、六尘，条目何在？"比丘曰："眼根、耳根、鼻根、舌根、身根、意根六者，谓之六根。色尘、声尘、香尘、味尘、触尘、法尘六者，谓之六尘。子既问及于此，毋谓细故，先斩断其根，次脱去其尘，则修持证悟，无不了了矣。"

尊者曰："坐禅要术，可得闻欤？"比丘曰："坐禅之法，须于闭静处厚敷坐物，跏趺而坐。先以左足压右足，次以右足安左足，左掌安右掌；次以两手大拇指面相住，正身端坐，不得左偏右侧，前躬后仰；令腰脊颐项骨节相住，状如浮居[①]，又不得耸身太过，令人气急不安。务要耳与肩对，鼻与脐对；舌住上腭，唇齿相着；目须微开，免致昏眊[②]。若得定气，其力最胜。"

领了尘根问坐禅，清规要求为君言。
足安左右身端坐，气息调和失妄缘。

尊者得了修持大要，即离师出外游方。居止无常，饮食无定。飘泊数年，发长数寸，不资屐履，徒跣足而行[③]。手中执一锡杖[④]，杖头环或挂剪尺铜鉴，或挂数尺缯帛。声声不辄弥陀[⑤]，念念劝人为善。虽旬日不食，亦

① 这两句是说从腰、背、头、项（脖子）的骨节要撑住，看起来像不着地坐着一样。
② 眊（mào）：眼睛不明。
③ 资：依靠。徒：只。跣（xiǎn）足：赤脚。
④ 锡杖：僧人的杖形法器，头部装有锡环。
⑤ 不辄：不说则罢，要说就……。辄，就。一本作"不辍"，不停。

宝志尊者

面无饥容。或长篇短篇歌，或为五言七言吟，歌吟中词语，历历皆未来谶记[①]。士庶先以其跣足漂蓬，不甚着意；及闻其歌吟古雅，谶记不诬，始敬事之，知其为笑傲烟霞、方外不羁之士。有诗为证：

徒跣而行锡杖持，鉴铜剪尺帛缯随。
歌吟词内多遗谶，士庶寅恭异昔时[②]。

士庶既翕然敬事尊者[③]，维持世道君子，一则恐其叛正，一则恐其生非，极力排之，又上章疏弹劾之。梁武帝素称好佛[④]，此时亦钳于正议[⑤]，谓尊者邪说诬民，左道乱众，捕下建康狱中[⑥]。

尊者不为辩，服法受治械。狱中数年，人有见其时常在市提化者，词控有司。有司曰："惑众僧予心痛恶，严拘锢禁，安有在市上之理？"试检狱中，尊者安坐如故。

未几，市中人俱上执结[⑦]，云："志公僧逐日街心劝缘提化。"有司亲行按验，止见尊者正在狱中坐禅习定。询问同拘囚犯，对曰："此僧自晨至夕，非诵念经文，即跏趺坐禅，无时无息不在狱中居住。"有司曰："人言误也，或相貌同也。"命狱卒械之、钳之。

次日，卿士大夫来见，曰："志公僧超悟性灵，证果得道僧也。公所拘者，形也，非神也。昨日抵某等家持疏提化，某施若干，某施若干，凿凿俱有证验，市人执结不诬也。"有司曰："昨命狱卒严为械钳，今闻诸公复有

① 谶（chèn）记：预言，预兆。
② 寅：敬。
③ 翕然：形容言论、行动一致。
④ 梁武帝：即萧衍，南北朝时期南朝梁的开国皇帝。崇信佛教，大兴丛林，亲临说法，并曾舍身入寺。
⑤ 钳：约束，钳制。
⑥ 建康：梁朝国都，今南京。
⑦ 执结：证明文书。

是言，则无疑之衷不得不投梭矣[①]。今日携诸公同至狱中一检，何如？”

尊者见卿士大夫同来检狱，脱下械钳，不觉大言曰：“昨日承诸公提缘施予，容贫僧结缘日再来领受[②]。”有司此时始信此僧修持得道，能幻形脱化，当为豁释。有诗为证：

梁武拘提下狱中，市心募化有形踪。
械钳不足为身累，当为条陈疏一封。

尊者自建元中械狱，至武皇晏驾[③]，拘禁亦自有年。及高帝即位，建康有司为彼条奏一本云：“志公得道，能幻形脱化，非平常一等僧人，合行豁释，请旨钦裁。”高帝览表，即下诏曰：“志公迹拘尘垢，神通冥叙，水火不能焦濡[④]，蛇虎不能侵害，岂以俗士常情空相拘制？仰建康有司，即为豁释。自今已后，听其自居止。”

有司得了明诏，狱中取出尊者，赐以衣食，慰问再三，听其居止。有诗为证：

高帝承乾阅奏章，志公械禁非受殃。
虎蛇水火无能害，释放须臾听主张。

高帝下诏放了志公，复诏建康有司，送得道志公进京，备左右顾问。志公缘此，得面君谢罪。高帝下阙接见志公，待为上宾，赐坐，从容讲谈

① 无疑之衷：没有疑惑的心。衷：内心。投梭：扔掉织布的梭子。这里是用曾母投梭之事：有人告诉正在织布的曾子母亲，说曾子杀人了，曾母头都不抬，继续织布；接着又有人来说曾子杀人了，曾母织布如故；等到第三个人来说曾子杀人了，曾母再也不能神闲气定，扔下梭子，停止织布。

② 结缘日：指四月初八佛祖诞辰，因是日佛寺有舍豆结缘之俗，故称。

③ 建元：东晋康帝司马岳和南朝齐高帝萧道成都用过这个年号。武皇：当指上文所说梁武帝。晏驾：指死去。史上齐高帝在梁武帝前。

④ 焦濡：烧焦，沾湿。

释道，自执弟子礼。左右侍臣，以国师称之。

一日，帝问尊者云："弟子一日万几，方寸内不能无扰无疑。多扰则烦，多疑则惑，莫说明心向佛，只此烦惑二字，何以治之？"尊者对曰："陛下欲去烦惑，惟在十二，知此十二，则烦恼摇惑，举不足为圣衷累矣①。"

尊者但浑言十二，未曾析言十二之实②，高帝又不知复请，此十二所以终未解也。后世有识者曰："志公当年答高帝十二，乃释家十二因缘③，治惑药也。"未知是否，有诗为证：

志公诣阙谢天恩④，赐坐从容讲佛言。
拜问国师烦惑药，浑言十二可安全⑤。

尊者久从高帝左右，讲经问道。高帝欲另为尊者创建僧院，志公上表辞曰："国家宜与民清静，不宜多事扰之。缮兴土木，则劳民伤财矣。大凡为佛，只在新性新心，岂在新庵新寺。容臣居止仍旧贯定矣⑥，毋劳另为创建。"高帝愈贤之。

一日，高帝问曰："统观今日之域中，尽是我家之天下，四处名山，何者可国师之意？"尊者曰："舒州灊山景色⑦，最称奇绝，而山麓迤胜。"

时高帝亦敬礼白鹤道人⑧，道人闻志公欲居止灊山，即对帝奏曰："此山臣图之久矣，但义在辇毂⑨，不敢辞去耳。"帝笑曰："一奇绝灊山，二卿所见皆同。异日，朕当分处。"有诗为证：

---

① 举：都。圣衷：指皇帝的心。
② 析：分开。
③ 十二因缘：佛教因果关系中的十二种事物，详后。
④ 诣（yì）阙：到皇宫。诣，到；阙，皇宫的大门。
⑤ 浑言：笼统说。
⑥ 仍旧贯：沿袭旧有的习惯。仍，沿袭；贯，通"惯"。
⑦ 灊山：在今安徽省灊山县。
⑧ 白鹤道人：梁武帝时的方士。
⑨ 辇毂（gòu）：天子的车舆，指代天子。

瀫山景色最称奇，可为高人驻足祠。
僧道二家均有取，高皇大笑莫相持。

齐高帝天监六年[1]，志公上表辞君，欲往瀫山居止。白鹤道人亦上表辞君，欲往瀫山修炼。帝曰："寡人山一不能裁处二卿。今二卿见同，平日所见灵通皆同。寡人面前，不必议论相持。今日各尽所长，但以物识其地，得者居之。"道人曰："某以鹤止处为记。"志公曰："某以锡卓处为记[2]。"帝曰："物所止即居所止，二人无异言，寡人自当画一也。"二人拜首曰："诚如圣论。"

本日，道人之鹤振羽而飞，将至瀫山之麓，忽闻空中锡声真，鹤遂惊止他所，而锡遂卓于山麓。二人始得遵先议，各从其所识之物筑室。有诗为证：

白鹤翱翔至宝山，一声飞锡鹤惊去。
胜中惟卓禅师锡，先入之言各从议。

志公在山麓聚徒演教数年。高帝有诏，则一乘锡、一跨鹤，趋陪阙下。闲居无事，则一人明心见性，一人修身炼性，各在山中自精法术。

高帝十三年冬，志公密谓门人曰："菩萨住持多年，将舍此而去矣。"门人未信之。

越旬日，志公果端坐山中而化，遍身香软如生。高帝诏厚葬之。

山麓明心已数年，灵通菩萨满修缘。
来朝舍此西归去，不得从容与帝言。

---

① 齐高帝无天监年号，天监为梁武帝年号。
② 锡卓处：锡杖立处。卓，立。

第十一尊　杯渡罗汉

杯渡尊者[①]，未详姓氏，亦未知何许人，那年投剌（披剃？）出家。慧性圆融，即会悟无上法旨。有识者曰："此少年，得道罗汉也。"人见其常乘杯渡水，非胸中具有灵通，何能利涉[②]？有此作用，故遂名曰"杯渡"。杯渡云者，神之也。尊者缘此知名，人争重之，弟子争从游之，尊者拒而不纳。有诗为证：

慧性圆融悟法宗，乘杯渡水见灵通。

少年罗汉人争羡，缘此名闻遍国中。

尊者虽顿悟释氏正宗，其实不矜细行[③]。幼年在冀州破戒不羁，好饮酒食肉，与俗人无异。人多轻慢之，谓其冒僧之名，破僧之戒，仅仅一下流饿夫也。有道行之僧方斥之，羞与为伍，何足与谈灵性。且有时着屐登山，有时徒行入市[④]，负荷不离一芦圌子[⑤]，身中更无别物。人徒见其踪迹无常，

① 杯渡:《高僧传》等均作杯度。

② 利涉：顺利渡河。语出《易· 系辞下》:"利涉大川，往有功也。"

③ 不矜细行：不注重小节。矜，注重。

④ 屐（jī）：木头鞋。徒行：本指徒步而行，这里指赤脚而行。

⑤ 圌：同"篅"（chuán），一种类似囤的圆桶形盛器。芦圌，用芦围编成的圌。

不知方外之僧不修边幅，自超出常情万万也。有诗为证：

茹荤饮酒行无羁，破戒嘐嘐论是非[①]。
着履徒行真自得，这般妙意少人知。

尊者游方行化时，尝寄宿于念佛人家，窥见其家神座上供养一尊金佛。渡当此时，不知欲假此昭异于人，不知欲利此私惠于己，一旦，出其不意，乃窃之而去。

家主回看座上金佛不见，相疑议曰：“窃金佛者，匪伊异人，必寄宿杯渡也。”蹑其后而追之，果见杯渡手抱金佛，缓步而行，失主拍马追之不及。失主曰：“疾驱不如缓行，此必神人，非亡赖之流也[②]。”

及至孟津[③]，果不负桴筏[④]，亦非乘风便，惟浮杯渡之，其疾如飞。失主始信曰：“彼窃像者，非为利也，以俗辈不知其异，故冒不洁之名，使人知其得道不凡也。”遂望杯百拜而回。有诗为证：

盗窃金神缓步行，追之不及有通灵。
乘杯渡水如飞轮，始信渠非亡赖群。

尊者东游吴郡[⑤]。一日，途中遇钓鱼渔翁，即向前问渔翁乞鱼。渔翁不谓其出家人不宜食鱼，不以罶中无鱼而吝于与[⑥]，当尊者乞时，惠然以一尾施之。尊者得鱼，当渔翁前手弄反复，鱼儿于困不舒矣[⑦]；及投水中，鱼复

① 嘐嘐（xiāo）：夸大其词的样子。
② 亡赖：无赖。
③ 孟津：河名，在今河南孟县。
④ 负：依赖。桴（fú）：筏子。
⑤ 吴郡：今苏州一带。
⑥ 罶（liǔ）：捕鱼的工具。用竹编成，编绳为底，鱼入而不能出。
⑦ 于困：即困，僵直。于，助词，无义。

悠然而逝。及渔翁把钓江中，巨尾、细鳞不用命者，皆贪其饵而吞其钓。

行江泽中，遇网师打鱼，尊者亦从之乞鱼。网师噌而骂曰[1]：“出家人持斋把素，每食无鱼。今从我乞鱼，是名芳而行秽也。此江滜乃往来必由之路，假饶行脚僧人人似你乞鱼，我一日安得有许多鱼应其乞也！”竟不与之。尊者见其不与，当时只拾二石子掷在水中，俄而水中有两头水牛斗入其网，网即破败，牛即不复见。此时网师来觅尊者，尊者隐遁不见，始悟“彼非乞鱼，特试吾心耳”，悔怨久之。

钓翁乞鱼：

钓翁惠与一鲜鱼，翻弄多回困未舒。
投水悠然而逝也，市中村酿广鱼沽。

网师乞鱼：

行至江滜遇网师，乞鱼不与谇而呼[2]。
水牛斗破罗鱼网，物与工夫事事虚。

尊者行化至广陵[3]，遇见村舍李家，有人设斋宅舍，乃直入斋堂而坐，以所负芦圌置于中庭。李视圌中所有，惟一破衲及一木柄而已。李自举其圌不胜，唤数人举之亦不胜。李心知其异，敬请在家中讲经说法。

尊者在李家供侍一百日，异香飘闻，合境众人曰：“常时行化僧，也有从此直去者，也有羁留在此为众生普济者，不下千百。芳名流落人间有之，膻行番待万代有之[4]，未有若此僧，经月异香馥馥如此。古有香孩儿、宁馨

① 噌（cēng）：叱责。
② 谇（suì）：责怪，骂。
③ 广陵：今扬州。
④ 膻行番待：指污言秽行不受正眼相待。

儿[①]，此僧意者，亦香如来也。”合境众信，群群然尊敬之。有诗为证：

芦圌负荷入斋堂，柄衲双双圌内藏。
李氏延为供侍客，异香飘散百家芳。

尊者一日出外，至晚不返。李敬重之心，始终如一。候之二日不回，令人觅之不见迹。次日，忽有人报云：“适见渡和尚在比岩下，就地敷一破袈裟，晏然而寂。渡前后座皆莲花，异香逼人。”

李往观之，果晏寝宛然[②]，呼之不醒，问之不言。越一夕而萎。李知其圆寂，遂用棺衾厚礼殡之。

数日后，有人从北方来云：“途中遇渡，见其负芦圌，望鼓城而去[③]。李异之，启棺视之，不见渡遗骸，惟存靴履而已。”有诗为证：

比岩晏寂馥莲生，李用棺衾殡厝僧[④]。
数日北来有人遇，启棺留下履靴解。

① 香孩儿：传说宋太祖赵匡胤出生时有异香，经日不散，故称香孩儿。宁馨儿：晋代王衍少时访名士山涛，山涛赞之为宁馨儿。原意为“这样的孩儿”。宁，如此；馨，本来是“香”的意思，这里作语助词，无义。后世取其字面意思，指美好的孩子。

② 晏寝：安静地睡觉。

③ 鼓城：疑为彭城。

④ 殡厝：殡殓、埋葬。厝，葬。

第十二尊　振铎罗汉

普化尊者，未详名姓，亦未知何许人；从何时出家，从何师得道，俱失于查考。但尊者为人，不拘绳检①，放荡于礼法之外。尝提化街中，佯狂无度。手中执持一铎②，凡见人无高下，只振铎一声，乞求施予。时人见其所为如此，有似木铎劝化者然，故遂号“普化和尚”。尝居止无垢庵，作为证悟之言曰：

佛体本无为，迷情妄分别。
法身等虚空，未曾有生灭。
有缘便出世，无缘佛入灭。
处处化众生，犹如水中月。
非明亦非幽，无生亦非灭。
生亦未曾生，灭亦未曾灭。
了见无心处，自然无法说。

又七言诗曰：

① 绳检：规矩、法度。
② 铎：大铃铛。古代宣布政教法令或有战事时使用，此泛指铃铛。

寂灭无为瞒目人，不除妄想不求真。

无明实性即佛性，幻化空身即法身[①]。

尊者整日沿街振铎，叫云："明头来也打，暗头来也打。"人莫解其意。

一日，临济禅师命从游僧徒捉住尊者[②]，问云："汝说明也打、暗也打，不能必其常明、必其常暗，假饶不明不暗时，如何？"尊者心忖曰："莫道世间人睇矇[③]，眼前便是赏音人。天道有明有暗，亦有不明不暗时分。明暗即打，不好说不明不暗不打。这禅机被人识破。"只应曰："不暗不明休妄说，来日大悲院有斋，任你来打。"只说此一言，相辞而去。有诗为证：

沿街振铎暗明来，临济禅师识诈怀。

不暗不明何主意，无言只应大悲斋。

尊者一日暮至临济禅师院，手持一茎生菜啖之。临济师曰："这汉粗大，酷似一头驴子。"尊者闻言，便作驴鸣数声。临济禅师笑曰："此汉因人成事，碌碌无奇，何足弄哉？"乃休而不较。有诗为证：

菜根生啖味何如？酷似昂藏一匹驴[④]。

尊者甘为驴自叫，济师大笑不图谟[⑤]。

尊者一日与河阳木塔长老，在僧堂与众僧闲坐，讲论如来法旨。"某祖

① 无明：佛教指"痴"、"愚昧"。实性：真如的异名。

② 临济禅师：临济义玄，禅宗五宗之一临济宗的创始人。

③ 睇矇：指斜视、视线模糊。

④ 昂藏（cáng）：形容人的仪表雄伟有气度。

⑤ 图谟（mó）：图谋。谟，谋划。

出自某人名下，某祖传自某人衣钵；某祖住世若干年[①]，建立有几功果[②]；某祖游遍若干，普济有几万众生。释家源流，虽若灯之相传不灭，其实俱有个要机，吾为汝众人言之：论佛性，则沦于空[③]；论佛心，则滞于实。有此实心，斯佛性不为顽空；有此空明，斯佛心不为着象。”又曰：“有为虽伪，弃之则佛道难成；无为虽真，执之则慧性不朗。此自古迄今，众生为佛真诀，汝等当识之。”有诗为证：

闲坐僧堂论法门，源流历历掌中轮。
要机不外明空实，自古流今所共闻。

临济禅师又一日与河阳木塔长老私议云：“新来普化长老，每日在街市中募缘提化，掣时掣癫，知此人是凡是圣？”众僧无以对。

言未毕，尊者适从外来，普济问曰：“汝从何来？”尊者云：“汝性聪惠，知我是凡是圣耶？”

临济禅师见尊者平日振铎癫狂，亦器重之，但不合以自圣为问，故大声喝之使退，无得乱说。

尊者以己之所为，众人固不识也，临济颇具只眼[④]，河阳木塔卑卑无足数矣，遂以手指谪之云[⑤]：

河阳新妇子，木塔老婆禅[⑥]。
临济小厮儿，却具一只眼。

---

① 住世：安住于世间。

② 功果：即功德，指念佛、诵经、斋醮等。因作功德可以获得一定果报，故称。

③ 佛性：梵文音译，又作“如来性”、“觉性”。即佛陀之本性，或指成佛的可能性。大乘佛教认为一切众生皆有佛性，即众生皆有觉悟成佛的可能性。

④ 只眼：独特的眼光，独到的见解。

⑤ 指谪：批评，责备。谪，指责、贬斥，也作“指摘”。

⑥ 老婆禅：说禅以直接为贵，称反复多言者为老婆禅，也称“老婆心”。

尊者指谪此言，盖右临济而左河阳木塔也[①]。临济佯为不知而骂曰："死贼驴！"尊者即应声云："既是贼，便当出去。"

二人对面谈禅，可为会悟者道，难与胶固者言也[②]，所谓"得意笑谈皆契友，知心妙处不须多"是也。有诗为证：

抚琴信是要知音，不是知音枉费心。
临济与师相契合，一言解悟两情真。

尊者又尝于阛阓间振铎唱曰[③]："觅个去处不可得。"人莫解其意。独道吾禅师中道遇之，闻其呼唱，问曰："汝这和尚，终日云'觅个去处不可得'。且问汝：欲觅甚么去处而不可得也？"尊者即反诘之曰："汝问我欲往甚么去处去，我且问汝今从甚么来处来？知得汝来处，便知吾去处也。"

道吾途中被尊者一驳，口若乞喑[④]，莫知所对。尊者知道吾非是谈心之侣，遂不顾盼，掣手振铎，仍前呼唱而去。道吾深服其论，有诗为证：

觅求去处竟难谐，且问渠从哪处来？
道友默然无语对，老僧掣手即离开。

尊者功完行满，一日将示寂[⑤]，乃振铎入市，大呼谓众曰："穷冬腊尽，上下左右无衣遮护，乞坊厢施主，为我舍个直裰[⑥]。"俗人莫知此为示寂禅语，真以为寒冷无衣，有哀其穷，或与以披袄者；有矜其冷，或与以布裘者。尊者俱推辞不受。

① 右：抬高。左：贬抑。
② 胶固：拘泥，固执。
③ 阛阓（huán huì）：阛为环绕市区的墙，阓为市区的门，故通称市区为阛阓。
④ 喑（yīn）：口不能言，或喻缄默无言。
⑤ 示寂：示现圆寂之境，逝世的委婉说法。
⑥ 直裰：古代家居常服，也指僧衣道袍。

次日仍前振铎，市中呼叫。市人叱之曰："此和尚好不知足，好难为人！不受披袄，不受布裘，二者之外，欲求绫罗缎绢为汝作直裰耶？"

临济禅师知其主意有在，不向人泄漏其机，只背地令人以木棺遗之[①]。尊者见棺木，发笑曰："可恶临济小儿，敢来尊长面前饶舌。"遂对使受之。自后不复沿街呼叫。

次日，自擎其棺，出城北门外，振铎数声入棺，长啸一声而逝。有诗为证：

乞施直裰寓禅机，裘袄相遗总不知。
临济送棺无却阻，一声长啸即西归。

① 遗（wèi）：给，送。

第十三尊　施笠罗汉

步虚尊者，兰陵人[①]，姓萧氏，父讳道显，母张氏。伯父道成[②]，以不轨席有天下，得为九州岛帝王[③]。

初，尊者投胎，下符地瑞。夏五月间，伊母张氏因避暑凉亭，闻荷花馥郁，母命侍婢取而啖之，遂感而有孕。怀胎十月，常见祥云罩室，瑞气充庭。及弥月诞生，户中灿烨烨祥光，阁中散芬馥气，古之宁馨儿，不是过也。父母心暗奇之，谓此儿降生殊常，日后长成，不是等闲人物。有诗为证：

避暑凉亭啖馥莲，阿萱怀孕不徒然[④]。
祥云瑞气尝笼罩，诞日奇香绕膝前。

尊者易为抚养，稍长能行。不离群索居，常与群儿嬉戏，尊者足不履地，每浮空一二尺，诸儿强之就地，不可得。身带异香，诸儿欲分其所佩，

① 兰陵：古代名邑，在今山东南部兰陵镇一代。
② 道成：萧道成，南朝齐高帝。仕宋，伺机杀凶暴的后废帝刘昱，立顺帝刘准，为相公，封齐后。后废宋称帝，建立齐王朝，即下文所谓“不轨”。
③ 九州岛：九州，即中国。
④ 阿萱：指母亲，古时常以椿萱指代父母。

无所有。

父母将儿，阅过多少麻衣风鉴[①]，虽惊羡异类，不知其所生之自。惟一演化胡僧[②]，见而讶之曰："此儿前生，曾笠我如来者也[③]，今产公家。萧郎出三十，富贵不足言，公善抚之。"有诗为证：

已往曾将笠世尊，只今步履亦浮空。
胡僧一见加惊叹，富贵催人遇顺风。

梁昭明太子承君父命令[④]，开东阁，延揽天下贤士以为左右启沃[⑤]，时诗人沈约、汪湛之等，俱出其门下。太子好佛、好诗，胡僧不惟道有证悟，而且诗有节奏，故亦为太子所知遇。有诗为证：

辟门延揽四方贤，沈约诸君侍侧筵。
太子好诗兼好佛，胡僧亦获共周旋。

胡僧在太子门下侍从日久，一旦辞谢太子，思北归冲玄寺，因荐尊者为门下宾客，尊者始得与沈休文诸君朝夕叨陪太子[⑥]。尊者善谈老庄，甚当太子心；太子缘此，日加眷爱。有诗为证：

尊者何由遇嗣君？胡僧延誉意殷殷。
言谈善解迎人意，故尔相孚宠渥深[⑦]。

---

① 麻衣风鉴：指相人，看风水之人。
② 演化：演教化缘。胡僧：指西域僧人。
③ 曾笠：曾经施予斗笠。笠，在这里用作动词。
④ 昭明太子：南朝梁武帝萧衍太子萧统。爱好艺文，礼敬文士，组织编写有《文选》。详后。
⑤ 启沃：竭诚忠告。指以治国的道理开导帝王等。
⑥ 沈休文：沈约字休文。叨（tāo）陪：陪伴的客气说法。
⑦ 孚：为人所信服。宠渥：宠信，待遇优厚。

尊者左右东宫数年，恃太子眷爱，恐来忌者之口，心甚不安，遂求外补。太子为请于上，得擢为幽州刺史，故尊者遂辞沈约诸君之任。

时胡僧住持幽州冲玄寺，尊者未莅任之前，戒其居民曰："洁尔街道，新尔公廨，某年某月某日，某贵人当为此州刺史。"居民自相议曰："朝廷授官，先有刻报。今未有刻报，如何刺史只出自僧人之口？未可据以为然，且莫被其簧鼓[①]。"又戒其左右行童曰[②]："洁汝寺宇，烹汝香茗，某日，新刺史抵任，诸务未遑，先来寺中礼佛。"行童亦未之信。

及尊者莅任之期，惟里老以胡僧之言为信[③]，遂赍糇粮[④]，不惮跋涉，趋而迎之。尊者行至中途，见里老来迎，怪而问曰："吾促装夙驾[⑤]，未遣一介报汝，未传一檄示汝，汝何以知吾抵任，而迎接之远也？"里老曰："日前冲玄寺僧人某，戒其居民迎接，云某老爷某日抵任，故某等得及期迎接也。"尊者曰："真异人也！吾抵任必首谒之。"有诗为证：

获补幽州五马侯，胡僧戒众远趋投。
郊迎怪问先知意，报说趋迎事有因。

尊者如期抵任，未回拜乡士大夫[⑥]，即命仆从导引，先访谒冲玄寺僧人。

未及山门，闻异香扑鼻，见四五个行童，持香茗迎接于道。尊者问曰："汝师何在？"行童对曰："在方丈诵经[⑦]。"尊者即同行童进了山门，见佛像果是庄严，殿宇果是幽洁，遂如仪参了三宝。

行童引入方丈，见了僧人，请问先知缘故。僧人曰："使君为孩提稍长

① 簧（huáng）鼓：笙竽皆有簧，吹之则鼓动出声。比喻以巧言惑人。
② 行童：为寺院服杂役的少年。
③ 里老：乡里的长者。即下文的乡士大夫。
④ 赍（jī）：带。糇（hóu）粮：干粮。
⑤ 促装：急速打点行装。夙驾：早起驾车出行。
⑥ 乡士大夫：乡里的士和大夫，均为周代掌管乡之政教禁令的官名。
⑦ 方丈：此指佛寺中住持住的房间。

时，老僧曾对封君大人云[①]：‘此笠我如来者也。’后备员太子宾客，讵非老僧引荐者耶，何谓无知？”尊者始悟，冲玄寺僧人乃昔日侍从东宫胡僧也；益信佛果有灵，能修则验也。遂拜辞而别。

下车首命访高僧，重汝天机预报先。

宾主相逢无别说，如来曾许笠先天。

尊者在幽州，官有余闲，事无丛挫[②]。朝廷加其清静功成，转升为荆州刺史。尊者得转荆，则威权日重，士庶归心。

从兄萧某[③]，具文武全才，膺将相重任。朝廷恐其位尊有变，欲解去其权职，诏之归朝。伊兄以其事谋于尊者，尊者曰：“才高者必忌，权重者招危。吾兄挟震主之威，来谗邪之口，一释重权，其祸立至，弟恐吾兄首领不保牖下矣[④]！如弟之计，勿释之便。”

其兄素秉忠直，不以尊者之言为然。盖愿为忠臣，不愿为叛逆意也。及归朝，谢还权职，朝廷未几果听忌者之言，坐以不轨，诛之。其兄临刑叹曰：“某耿耿丹心，可盟天日。今朝廷诛赏不明，忠佞倒置，无辜受戮，心实不甘。吾弟在荆州，闻吾冤枉，必报此仇也。”朝廷闻知，诏籍其家[⑤]。有诗为证：

位重名高主必疑，恐谋不轨早羁縻。

纯臣愿把兵权释，何事朝廷返籍夷。

① 封君：领受封邑的贵族。

② 丛挫：也作“丛脞”，细碎，烦琐。

③ 萧某：别本作“萧懿”，梁武帝萧衍从兄，南朝齐将军、刺史，因功封尚书令、都督征讨水陆诸军事。因受猜忌、诬告谋反，被齐废帝萧宝卷赐死。

④ 牖（yǒu）：窗。

⑤ 籍：登记。这里指登记诛杀，即下文“籍夷”。夷，平。

尊者在荆州，闻知从兄归朝，以忠直受戮，心甚不忿。况闻兄临刑有吾弟报仇之言，心甚不安，遂爰整其旅[①]，精器械，张弓矢，为兄复仇。

朝廷妄诛大臣，功臣解体。尊者抚爱士卒，人俱用命，旌旗所向，望风披靡，郡县无一人敢遏其师而与之抗者。大军遂渡河，直抵阙下，废其昏乱之君，立其闇弱之子。未几，又假太后命，废太子而立次子某为君，以主国事。未几，太后诏尊者进爵九锡[②]。未几，诏即天子位。有诗为证：

为报兄仇弄干戈，排山倒海若洪波。

朝廷更变须臾事，史笔昭昭载得么。

尊者前世因笠如来，今也获为天子，胡僧又为指点其事，始知前世一笠因果，今生得实受用也，遂深信佛法有灵验、薄施有厚报也。诏各处掌印官，大发库藏，广建僧堂佛殿；又诏设斋粮，供佛饭僧。所建寺院，极其侈靡：宝殿悉用珠砌，栋楹纯用金装，非沉檀香木不克木工之选，佛像诏用金铸，不许泥塑木雕。又诏发供给工值，募天下儒生，缮写诸经亿千万卷，颁赐天下臣民，俾知共崇佛教。

此时，国帑钱粮[③]，半为佛家靡费；绳民科条，一切以清净从事。以故，事多废弛，政胥丛挫也。有诗为证：

悟却前生笠佛因，广兴佛殿铸金身。

绳民清净无烦扰，不似儒家用九经。

尊者为帝，专意乞灵于佛，堂堂天子，甘为厮役仆隶，舍金不足，而

① 爰：于是。

② 九锡：传说古代帝王尊礼大臣所给的九种器物。前汉王莽阴谋建立新王朝前，先加九锡，后魏晋南北朝掌政大臣夺取政权、建立新王朝前，都加九锡，成为例行公事。

③ 国帑（tǎng）：国家的钱财。帑，国家钱库，也指钱币、财物。

又舍身。左右大臣莫能谏止，将事启奏太后。皇太后莫能规帝以正，而议发金问佛，赎还帝身。始舍之，以帝为出于暂耳，及舍之至再、至三，太后赎之亦至再、至三。一次赎之金，废千万亿，三次赎之金，费不赀矣。

梁武徼福心胜[①]，媚佛心诚。舍之时，若有真佛受之；赎之时，若有真佛还之也。甚哉，梁武之愚也！议者谓帝非卖童，舍之时从何人而受，赎之时从何人而还，见及此矣。据佛之设教，重在明心见性，区区皮囊，且欲其脱化；方寸性灵，且欲其归空。不能了悟真宗，而惟欲以肉身作佛，亦徒矣。有诗为证：

舍身事佛意何愚，三受三还只自诬。
借使舍身能作佛，世间黎庶尽如如。

菩提达磨，南印度国王第三子也，从游般若多罗门下，恭禀教义，服勤垂四十年[②]，未尝废缺。多罗知是法嗣[③]，授以如来法眼，达磨遂得其正宗。迨多罗殁，达磨继述其志，始演化本国，经六十余年，度无量万众，国人礼之若佛。

达磨一日念行化时至，遂辞本国异见王，具大舟，泛重溟[④]，三周寒暑，始得渡江而南也。梁武帝普通八年[⑤]，广州刺史萧昂接见达磨，以为西天活佛降临，遂具表奏闻武帝。帝阅表大喜，谓左右大臣曰："西方活佛降临，乃朕事佛之应也。"遂遣使至广州迎请，又诏萧昂具法乘[⑥]，护送活佛至金陵面驾。及至，帝躬迎接，送至开宝寺供养。有诗为证：

---

① 徼：通"邀"。
② 服勤：指随侍身边，以师事之。
③ 法嗣：指传法的弟子、门人。
④ 重溟：大海。
⑤ 普通八年：公元520年。
⑥ 法乘：高僧的坐驾。金陵：今南京。

达磨南渡演如来，刺史封章奏御台。
梁武自矜能事佛，奉迎法驾早安排。

次日，梁王亲就达磨，问曰：“朕奄有天下[①]，教民清净，造寺写经，不可胜纪，有何功德？”达磨曰：“此人天小果，有漏之因[②]，如影随形，虽有非实。”

帝问曰：“必如何，方是真实功德？”达磨曰：“净智妙圆，体自空寂，如是功德，为之在心，不以世求。造寺写经，何足语哉！”

帝曰：“此等功德，不过欲朕洁净斋素，禁制牲杀而已。”遂诏臣民妃嫔，戒酒断荤，毋得宰牲害命，有伤天地之和。又诏宗庙祭祀，用面为牺牲[③]。议者谓以面代牲，乃宗庙不血食之兆[④]。有诗为证：

写经造寺自矜能，有漏之因不足言。
悟了净圆空寂语，断荤戒酒作真缘。

帝又问曰：“如何是圣谛第一义[⑤]？”达磨曰：“圣谛奥义廓然无朕而已[⑥]。”帝曰：“流行对待，奇偶之数然也。请问，与朕对待者谁？”达磨曰：“朕兆微妙，非吾所能识也。”

师欲启帝证悟真宗，梁武知皮而不知髓，会粗而不会神，机不契合，难以口舌诤[⑦]。遂潜回江北，寓止于嵩山少林寺，面壁而坐，终日默然。人莫之测，谓之壁观。有诗为证：

① 奄（yǎn）有：包有。
② 人天：佛教六道轮回中的“二善道”。人指欲界众生中的一类；天指分布在三界中的众生。人天小果，即由人的“欲望盛炽，思虑繁琐”到天的“寿命极长，恒受胜乐”，但还不到涅槃，还要受六道轮回之苦。
③ 牺牲：祭祀用的祭品。牛、猪、羊合称“三牲”。
④ 宗庙不血食之兆：即祖先的统治无法延续下去的征兆，在这里指亡国之兆。
⑤ 圣谛第一义：佛教有真谛、俗谛，谛即真理之意。真谛明空，俗谛明有，真俗不二就是圣谛第一义。
⑥ 朕：征兆。
⑦ 诤：直言劝告。

圣谛真经第一篇，其中奥义乞师传。

规规朕兆求相对，精妙微玄不易言。

达磨北去，梁皇亦不知慭留[1]，不以达磨之谈吐为真诠，惟以洁净斋素为作用。

皇后郄氏，不受约束，每对梁皇曰："陛下贵为天子，享万方贡赋，岂袭祖宗遗泽？栉风沐雨，带甲披戈，出万千辛苦也。受如此劳苦，方抚有如此丕基[2]。顾口体不能受用些享用，虽富贵亦徒也。田舍翁胼手胝足[3]，尚欲饱暖其妻子；士君子淬精砺神[4]，尚欲荣显其妻子。岂中国人主，奉养天下，玉帛天下，顾轻裘不足于体而惟布素，肥甘不足于口而惟蔬食？"帝曰："朕非欲以苦节难卿，朕欲与卿共成佛果，故不置梓童于度外。卿不能勉从，朕亦莫之何矣，听卿受用。"有诗为证：

贵为天子赋中邦，淡薄何宜享上方。

一统丕基辛苦出，受此享用亦何妨。

郄娘娘得了梁皇旨意，遂矫诏开荤，恣意宰杀，以克饮食。又嫉妒妃嫔，希旨者则亲之，违逆者则衔之[5]。六宫妃子，受其荼毒，不可胜记。冥司见其在阳世害物伤人，全无阴德，遂啬其寿数[6]。一日身沾重病，药物莫疗，遂尔告崩。有诗为证：

---

① 慭（yìn）：愿意，情愿。

② 丕基：宏大的基业。

③ 田舍翁：庄稼汉。胼、胝（pián zhī）：手掌足底因长期劳动而形成的老茧。

④ 淬精砺神：指刻苦进修锻炼。淬，淬火；砺，磨砺。

⑤ 希旨：迎合旨意。希，观望，看。衔：记恨。

⑥ 啬：本指过于节俭，此指缩减。

闺阁何宜造恶多，损人害物戾天和[①]。
天公不富椒房寿，旦夕奄奄染重疴[②]。

郗皇后性虽忌害，其实伶俐乖巧，深为梁皇所钟爱。一旦病夭，帝深悼之，昼则忽忽不乐，宵则耿耿不寐：一则伤房帷失爱，一则伤内助无人。群臣多为劝慰，妃嫔多为逢迎，莫能得九重悦豫[③]。有诗为证：

国母崩摧动帝伤，几回机务悉荒凉。
朝中臣妾多方解，莫得君王转闷肠。

一日，帝居寝殿，思念皇后。忽闻殿外众声喧闹，帝出视之，见一蟒蛇盘躄殿下[④]，张目向帝乞哀。帝惊骇逃遁莫能得，徐起谓蟒曰："朕宫殿深严，非尔类所生之处。今盘躄殿下，意者妖孽之为祟耶？"蟒即为人语以启帝曰："妾前生，即正宫郗氏也。以生在阳世，嫉妒惨害，损物伤人，冥司以是加罪，故谪为蟒耳。今无饮食以实口，无窟穴以安身，且鳞甲内多虫，钻咬肌肉，痛苦如刺。感陛下生前眷爱之厚，故不避丑形，陈布情悃[⑤]，乞求功德，为妾拯拔。"有诗为证：

造恶多端谪蟒身，躄盘殿下诉来因。
口无饮食身无穴，鳞甲虫钻痛不禁。

帝闻后言，悽怆不止："盖缘差却生前，一念毒害，故堕落轮回有如此。

① 戾（lì）：违背，违反。
② 椒房：汉朝皇后所居宫殿，以椒和泥涂壁，取其温、香、多子之义。后遂以椒房为后妃的代称。
③ 悦豫：快乐，高兴。豫，安乐。
④ 躄（bì）：扑倒。
⑤ 情悃（kǔn）：真实情感。悃，诚恳，诚实。

朕前造寺写经，尚为下民广布福田[1]，况敌体皇后[2]，不能拯救其堕落，何以为君！”遂召集沙门僧众，访以拯拔轮回之故。

宝志禅师对曰：“娘娘罪恶过多，非礼佛忏悔不可。”帝曰：“用何作为？”志公曰：“须陛下为娘娘陈布情款，向佛忏释。”

帝然其言，遂亲抒睿思，撰摭诸经[3]，洒圣翰，撰忏文，编成十卷，名曰《梁皇水忏》，为郄皇后解释生前所作种种过恶。众僧遵教，如法行持，礼佛忏十数昼夜。有诗为证：

失身为蟒复人难，梁皇搜经作忏文。
为念椒房情义重，荐超幽滞出轮回。

郄皇后得宝志公建了梁皇水忏数昼夜，前愆尽行解释[4]，如来普度，除却蟒形，复还人也，得转原质。

帝一日在宫内饮宴，忽闻异香馥郁，良久不散。帝问妃嫔香从何来，妃嫔俱懵然莫知所自[5]。帝因仰视空中，见一夫人，仪容端丽，遥拜谓帝曰：“妾即蟒之后身也。感陛下忏悔功德，得世尊拯拔沉沦，转还人天世界[6]。今日呈露本身，以为陛下作忏明验也。妾愿吾皇广修因果，早悟真宗，获入灵山之会，与世尊如来为朋侣，则妾之仰赖又无期矣。”言讫而去。有诗为证：

异香馥郁出何方，仰见空中有艳妆。
妾本正宫郄氏女，感君拯拔上天堂。

---

① 福田：一切引起福报的善行。
② 敌体：对等。
③ 撰摭（zhí）：收集编写。摭，拾取，摘取。
④ 前愆（qiān）：从前的过错。愆，过失，过错。
⑤ 懵（měng）然：毫不知情的样子。
⑥ 人天世界：三界的世界。泛指世间，犹言“天上人间”。

梁武搜经作忏，天牖其衷①，跃然证悟如来宗旨，觉昔日造寺写经，真是人天小果之因，活佛达磨之言不谬也。对左右大臣曰："不陟巅，不知天之所以高；不入底，不知地之所以厚；不搜摭经文，不知人天有漏之因卑且薄也。"此时究问达磨，达磨已面壁嵩山矣。帝曰："得道上人，不为利诱，不为势屈。昔既长往，今难复返。"遂下诏，请冲玄寺僧人证修因果。

胡僧见帝证修有得，异日可为西天罗汉，但须经侯景之乱②，始得升天。遂劝之勿为富贵所羁縻，当摆脱以待时至，遗以隐语曰：

猴子弄戈兵，台城见果因。

诵经空自馁，脱化不逡巡③。

语毕，为帝取名曰"步虚"。

武帝得了胡僧指点，遂弁髦富贵④，不以天下国家为意，以致机务丛挫，威权旁落。跋扈强梁之臣，乘间窃发，天下遂多事。群臣有以尧舜仁义之道进者，有以汤武征诛之道进者，有以桓文功利之术进者，帝俱不听，曰："彼二帝、三王、五伯⑤，旦夕道术耳；吾释家妙道，亘古不磨。卿策虽善，朕不取也。"有诗为证：

梁皇事佛意何处，不用群臣纳牖言。

---

① 牖：本指窗，引申有"启发"之意。

② 侯景之乱：南朝梁河南王侯景举兵叛乱，攻破建康（南京），萧武帝萧衍被困台城（宫城）饿死。侯景自立为帝，到处烧杀抢掠，给江南带来极大破坏。不久被梁将陈霸先、王僧辩击败，逃亡时被部下所杀。后陈霸先代梁自立，建立陈朝。

③ 逡（qūn）巡：迟疑，徘徊不前。

④ 弁髦：比喻弃置无用之物。

⑤ 二帝：尧、舜。三王：夏禹、商汤、周文王（有时也包括周武王）。五伯：即五霸。一般指春秋五霸齐桓公、晋文公、秦穆公、宋襄公、楚庄公。

未得如来长寿诀，台城枵腹亦徒然[1]。

强臣侯景，见帝废弛无道，遂号召士卒，以吊民罚暴为名，争取武帝天下。国中一闻侯景兵至，惊惶无备，俱倒戈归顺。

武帝见景锋势英锐，遂迁居台城以避之。因悟胡僧隐语：首句乃侯景跋扈之验，次句谓朕在台城征验昔日所为因果；末二句，分明令朕清心诵经，纵有大难，如来当来救渡也。朕且将老子《北斗经》清心诵读。书云："天生德于予，桓魋其如予何[2]？"今彼苍即赋我以步虚之德，侯景莫能为矣。有诗为证：

跋扈操戈逼帝京，谋夺天位收常经。
梁王自信天生德，幺么如何敢妄侵[3]。

侯景兵入帝城，莫知梁王所在。闻帝避兵台城，遂统重兵，厚围台城，节其饮食。帝悟胡僧隐语，必经侯景之乱，乃得脱化，故枵腹诵经不辍。厚围士卒，本日见空中旗幡纷坠，鼓乐喧阗，又见紫云一朵，接捧梁王，直上玉京金阙。俗人不识，乃谓梁武饿死台城者，非矣。侯景始信梁皇作佛有成，而己叛逆无道也。彼后偃居天位，为齐高祖，亦宗信佛言，良有感于此哉。

梁皇枵腹毙台城，共睹空中坠紫云。
将帝捧从天上去，喧阗鼓乐众知闻。

① 枵（xiāo）腹：空腹，指饥饿。
② "天生"二句：语出《论语·述而》，是孔子说的话。
③ 幺（yāo）么：微小，微不足道之人。

第十四尊　持履罗汉

菩提多那尊者，姓刹利帝，南印度国王幼子。性极聪慧，质极纯笃，好善乐施，名闻里闬里①。早年有志沙门，第未得高人印正。

及般若多罗远来行化，国王信佛，施以无价宝珠。因见其三子，尊者即出国王所施之珠，以观三子之见。彼二子皆囿于世味，独幼子慧辨超群，尊者深器重之，为改名达磨②。菩提从游波罗，自谓所依得人，一味恭禀教义，服勤左右，垂四十年，未尝废缺。

多罗选择于弟子中，惟达磨一人堪作如来法嗣，悉将奥义对达磨传之。宋孝武大明元年③，自放二十七道神光，现一十八变而逝。尊者为师建塔，始继其志，述其事，演化本国。远近众生，知尊者道有真传，皆靡然向风从之。尊者在本国演化经六十余年，所从游众生，大以成大，小以成小，窃隙光以自照，浚余润以自滋，得其济渡者，其丽不亿④，其功无量。有诗为证：

三子皆为帝裔苗，菩提慧辨寡为俦。

① 闬(hàn)：里闬指乡里。闬，巷门。
② 达磨：也作达摩。
③ 宋孝武大明元年：公元457年。
④ 其丽不亿：数目很大，不可计算。

多罗知是如来器，奥旨心宗向彼投。

如来三宝之道，无一人不笃信，无一人不敬重。独达磨之侄异见王独立一门户，轻人之所重，谓寂灭之教，当摈之宫墙之外；毁人之所信，谓虚无之道，不容于名教之中。异端横流之日，左道惑民之时，异见王欲辟其非，以矫其诞，可谓挺然独秀，不为习俗所移者矣。名曰“异见”，诚哉所见异也。

尊者闻其轻毁三宝，发为叹词曰：“毁言出于一人之私，毋用毁也。佛道不可毁也。不知其是，不必重；既知其非，不必毁。眼前惟闻尊信者为神佛，不闻轻毁者为圣贤。忠厚长者，毁言不出于口，毁佛无法，只彰其薄也。存心凉薄者，明有人非，幽有鬼责，灾及其身，理势然矣。不忍异见王因轻毁二字，来及身之灾，吾当何以救之？”

因命弟子波罗提见异见王，为彼说法，解脱及身之灾。异见王怒而问曰：“子之宗佛，必以佛为是也。且问汝，何者是佛？”波罗提答曰：“佛之教，虽不滞于有，亦不沦于无，惟见性是佛而已。”王又问曰：“师自见性否？”波罗提答曰：“我不见自性，惟见佛性。”王问曰：“性在何处，为子见之？”波罗提答曰：“性在作用上见之。”王曰：“性蕴于中而难知，情露于外而易见。子从何作用上见性？”

异见王此论，岂好辩哉？王口欲言而未能，心求通而未得，其机有可通矣。波罗提即为说偈曰：

在胎为身，处世为人。
在眼曰见，在耳曰闻，
在鼻辨香，在口谈论，
在手执捉，在足运奔。

遍观俱该法界，收摄在一微尘[1]。

识者知是佛性，不识唤作三魂。

异见王闻波罗提所说偈言，方寸了然领悟，乃悔前日轻毁之非，而求今日逃归之是[2]。遂问波罗提曰："知辩出于师训。今日仁者谆谆智辩，从学何人得来？"波罗提答曰："师不在远，子归而求之，有余师。吾之师达磨，即王之叔菩提也。天潢有仁者[3]，宗谱有禅师。大王悟后之问，徒能羡人之师，不知宗自之叔。窃为大王不取矣。"

异见王闻言惊骇，不知叔已超悟禅宗，遽敕近臣备法驾[4]，隆礼迎请其叔。国王长子、次子见菩提悟道而归，入宫谓其母曰："吾弟素称慧辩，今日果为得道比丘，吾属终为劫数人矣[5]。"

尊者因王迎请，即随驾而至。王接见百拜，致词曰："某凉薄无知，不当轻毁三宝，只种种自积愆尤[6]。今日迎请叔父，为侄三宝面前，忏除已往愆尤，大赐将来普渡。"尊者见王不惮改过，遂取其悔悟之新，悯其陷溺之久，即为忏悔前非。王因泣谢师训，誓愿钦崇三宝。有诗为证：

菩提王叔某之师，超悟禅宗见性虚。

敕使迎请求忏悔，钦崇三宝末犹初。

尊者在父母之邦演教，依依不忍去。一日，念行化时至，戒弟子促装："吾将旦夕南渡。"先辞了祖塔，以如来演教之身，归期无定准也。次与王诀别，以普济天涯之客，聚首难逆料也。王固留之，不能得；兄弟留之，

① 该：具备。
② 逃归：逃出异见，皈依佛法。或称"逃禅"。
③ 天潢（huáng）：皇族，宗室。
④ 遽（jù）：急速。
⑤ 劫数人：指在六道中轮回的人。
⑥ 愆（qiān）尤：过失，过错。

亦不能得。乃具大舟，率臣僚，侈供帐，祖饯海堧而别[①]。有诗为证：

叔父宜留镇本邦，为何话别戒行装?
海堧祖饯情难舍，回首天涯是异乡。

尊者自西竺海堧话别，登大舟，泛重溟，经几多风浪，值几多险怪，在舟中凡三更寒暑，始达于南海。时梁武帝普通八年也[②]。

广州刺史萧昂，见西方达磨师渡江南来演教，遂迎至公馆供养。百姓创见西来佛[③]，咸愿捐赀，鼎建殿宇，以求福泽。萧昂不能禁，乃具表奏闻于上。

梁武一生好佛，非舍殿宇，即舍自身；左右大臣，为梁王奔走佛事，无有宁日。及见萧昂表奏达磨佛渡江南来，龙颜大悦，对臣子夸张曰[④]："此寡人诚心所感，事佛之报也！"遂遣使备法驾迎请，又著令萧昂护送祖佛至金陵见驾。帝一面发库藏，鼎建壮丽宝殿，以作如来宅舍；一面诏中书生缮写经卷，以便如来讲解。

及刺史护送达磨到金陵，梁王沐浴斋戒，旗幡鼓乐，灯烛香花，自出都城迎接，送至新佛殿安顿。

武帝观见达磨，慈容烨烨，宝像煌煌，踵旧日所为[⑤]，仍愿舍身事佛；又出帑内金银，为建道场功果。君者民之表，一国人王，尚自舍身事佛，天下效尤，又孰不愿为佛事？有诗为证：

过磨南渡阐如来，梁武殷勤建殿台。
迎至金陵亲接见，舍身事佛见何呆。

① 祖饯：祖为祭名，指出行以前祭祀路神。引申为饯行、送别。海堧（ruán）：指海边。堧，空地、余地。
② 普通八年：公元526年。
③ 创见：第一次见。
④ 夸张：夸耀、张大，自吹自擂。
⑤ 踵：继踵，沿袭。

梁王一日问达磨师曰："寡人宗信释教，平日在国中，恐依佛无所，即为造寺；恐念佛无本，即为写经。如此之类，不可胜记，不知有何功德？"尊者曰："佛家功果，贵务其大者、实者。主上平日造寺写经，此人天小果，有漏之因也，何足以言功德？如影随形，虽有非实。以此为功德，多见其不知量也。"

武帝（问）曰："必何如作为，乃是真功德？"尊者曰："净智妙圆，体自空寂。如是功德，不以世求，一味在灵性上体认，所谓大者、实者。寺之创造，经之缮写，初不关于修持急务，纵不暇及，亦不言其证修有亏。"

武帝又问曰："如何是圣谛第一义？"尊者曰："廓然无圣（朕）是也[①]。"

帝问曰："对朕者谁？"尊者曰："不识。"帝不领悟。

尊者叹曰："浮慕好佛之名，中实无契佛之性。方履圆盖[②]，其如不相合何！"遂潜回江北，寓止于嵩山少林寺，面壁而坐，终日默然，人莫之测，谓之壁观[③]。有诗为证：

梁武夸功寺与经，人天小果有非真。
智圆体寂真功德，不落人间色与声。

某方一行化僧名神光者，平日博览经书，善谈玄理。闻西竺达磨尊者在嵩山少林寺面壁，乃亲往嵩山，参谒达磨，求其教诲。

此时，尊者在少林寺，面壁自若，不知身后有人参谒；缄默自若，不知左畔有人乞言。神光僧不以师为吝教，惟罪己力不诚，师坐终日，彼亦侍立终日；师面壁而坐，彼面师而立；师默默不语，彼迟迟不去。如此效诚者半月。

时寒冬腊月，忽一夕，天大雨雪，光侍立尊者之傍，屹然不动，自宵

① 廓然：广大无垠的样子。朕：朕兆，表象。
② 方履圆盖：指方底、圆盖之物，二者不能相合。
③ 壁观：禅宗初祖达摩的参悟要旨。指在修禅时要心如墙壁，中直不移，排除执见。

达旦，雪积过膝，彼神与师游，不知肌肤着冷。尊者始悯而慰问之，然终无诲言。光曰："得师悯念，而不得师教诲，无上至人，必谓我志向迁移，不足与谈妙理。"乃潜取利刀，自断左臂，置于尊者之前，一以鸣己志向专一，一以白己乞教心诚也。尊者曰："此子非好为是苦节，其志在欲为如来传衣钵也。倘非法器，前不能当飞雪，后不能断左臂。后日吾道之传，信非此人不可矣。"遂为其更名曰"慧可"。有诗为证：

神光参谒意何诚，积雪侵肤动悯情。
不是利刀伤左臂，达磨还不为更名。

一日，神光从容请问尊者曰："诸佛法印[①]，可得闻乎？"尊者曰："诸佛法印，匪从人得。"光悟曰：人者郛郭[②]，心者性灵。匪从人得，必从心悟可知矣。我心多震憾不宁，何以能超悟无上宗旨？遂问曰："我心未宁，乞师与安。"尊者曰："汝欲神宁，可将心来安。"尤见其徒着于象也。及光对曰："弟子觅心，了不可得。"尊者曰："既不可得，与汝安心境而已[③]。夫佛教虚无寂灭，吾徒必境象两忘，始为了证佛事。"

尊者曰"安心境"，正欲神光僧化而进之也。神光僧得了师说，遂一味在虚无寂灭上用工，恐染着声臭色相，则此心终搅扰而不宁，所以与佛相背驰也。有诗为证：

佛法相传总属心，虚无寂灭是金针。
灵台染着些儿物，不是如来去后音。

达磨师面壁少林九年，一日欲西返天竺，乃谓从游众门人曰："时将至

① 法印：梵文意译。法指佛法，印指印记、标帜。指真正证明佛法的标准。
② 郛(fú)郭：外城。
③ 安心境：《五灯会元》作"安心竟"，即把心安完了。

矣，我将西返。汝等游吾门下有年，我欲将正法付汝等行持，不知何人可继吾之大事。汝今日毋谓隔尘难言，试各陈所得，我将采而择焉。”

一门人名道副者，先以所得，白于师曰：“如弟子所见，不执文字，不离文字，而为道用。意者可以传正法乎？吾师以为何如？”尊者曰：“子之所见，徇外遗内①，得吾之皮而已。”

次一门人名尼总持者②，亦白其所得曰：“某亦恶乎见哉。我今所解：如庆喜见阿闳佛③，固一见，更不再见，如此而已。意者如来正法，属我行持矣。师以为何如？”尊者曰：“子之见，入而未深，得吾之肉而已。”

继二子之后，一门人名道育者，以己之所得进曰：“四大本空④，五蕴非有，而我所见处，无一法可得。此可以传正法乎？”尊者曰：“子之见，非得吾之皮，非得吾之肉，乃骎骎得吾之骨者也⑤。得皮者可与共学，得肉者可与适道；子之得骨，可与立，未可与权也。”

最后，达磨问慧可曰：“尔见何如？”慧可承问，默默不言，只礼拜其师，拜毕即依位而立。达磨本日，见慧可所为者如此。三子哂之，且曰：“不白所得于言，惟示所为于身，吾等不知其何所见也。”达磨独大喜曰：“必如子见，始得吾之髓也。子其达权人哉，吾与子矣！”遂以如来正法眼，嘱咐慧可行持⑥，且授以偈云：

吾本来兹土，传教救迷情。
一花开五叶，结果自然成⑦。

① 徇（xùn）外遗内：抓住了外，遗漏了内。徇，顺从。

② 总持：音译“陀罗尼”，意指经咒。

③ 阿闳佛：梵语音译，亦译为“阿闳婆”，意为“不动”、“无瞋恚”。佛名，住东方妙喜世界。

④ 四大：地大、水大、火大、风大的略称。佛教认为地、水、火、风是构成世界万物和人身的基本元素，故也以“四大”代指人身。

⑤ 骎骎：比喻进展快、入得深。

⑥ 正法眼：正法眼藏的简称。正法，真正的佛法，全体佛法；眼，指朗照宇宙；藏，指包含万有。

⑦ 一花开五叶：佛教传入我国后，禅宗以达摩为祖，称“一花”；五叶：中国佛教的五个流派：伪仰宗、临济宗、曹洞宗、法眼宗、云门宗。

达磨为慧可说偈毕，即端居本位而逝，时后魏孝明帝太和十九年也[1]。其徒为之葬熊耳山，起塔于定林寺。

越二年，魏大臣宋云奉使往西域回，遇见达磨师于葱岭[2]，手持一履，翩翩独逰。云问："禅师几时西归？"达磨曰："归来数载。"云曰："今欲何往？"达磨曰："西天去。"遂茫然分袂而去[3]，更不谈及南事。

后宋云返国，对孝庄皇帝道葱岭遇见达磨。[4]大臣曰："达磨圆寂多年，何为今日复见？子误矣。"云曰："昨见彼手持只履，翩翩独往，对臣道去西天，何为见误？"举朝惊异。

孝庄令其徒启圹视之[5]，圹中存一空棺，棺内留一革履。帝降诏取遗履，供养于少林寺。有诗为证：

葱岭翩翩携履行，宋云会别事分明。

归朝具奏开棺看，惟有当年革履存。

---

① 后魏：北魏。太和：孝文帝年号，非孝明帝。太和十九年，公元496年。

② 葱岭：古代泛称喀喇昆仑山和帕米尔高原一带的诸山，为古代中西交通的要道。

③ 分袂（mèi）：分手。袂，衣袖。

④ 孝庄皇帝：北魏继孝明帝即位的皇帝，公元528—529年在位。

⑤ 圹（kuàng）：墓穴。

第十五尊　伏虎罗汉

大梵尊者，庄严国人。一生好敬奉神明，宝鼎心香，四季氤氲不绝①、初为敬国比丘，善谈如来妙理。此邦之人，宗信佛教，一闻演教比丘，视若活佛降生，相率从其法戒。

此时尊者妙理虽谈，真心尚未超悟，但慈悲方寸，终是好普济众生。见人贫窘，则出所有以赈济之；见人疾苦，则出丹丸以针砭之；见人厄难，则竭才智以扶持之。制行端方之人，阳相阴翊阳②，不夸其能；趋向奇伟之士，潜施默济，不矜其功。不分尔我，天下合为一人；不问亲疏，中国联为一体。恍惚太公气象③，庶几兼爱风声也④。不特从游之徒沐其教、被其恩，异国他乡亦称其仁、颂其德也。有诗为证：

敬国比丘好祀神，拯人厄难济人贫。
潜施默济无矜色，遐迩人民悉颂仁。

---

① 氤氲（yīn yūn）：云烟弥漫的样子。

② 相（xiàng）阴翊（yì）：明里暗里辅佐帮助。相、翊，均有辅佐、帮助之义。

③ 太公：即太公望，姓姜名尚，民间称姜子牙。相传他在渭水之滨直钩垂钓，周文王遇而同载而归，并说“吾太公望子久矣”，因而号为太公望。太公辅佐周文、周武二王，天下和睦，百姓安乐。

④ 兼爱：战国时墨家的核心政治主张，即天下人要兼相爱。

尊者道虽偏于老氏[①]，心实向乎佛宗。故遇臣子，则为讲明忠孝之道，而又援古人以为证验；遇昆朋，则为讲明悌友之道，而又稽往牒以为师资[②]。禅师真墨名儒，行老氏而姬公者也[③]。有时推墨以附儒，又恐墨道搀入于儒；有时援儒以入墨，又恐儒术混同于墨。身介于儒释之中，欲解脱为佛，又欲羽翼乎儒者也[④]。有诗为证：

比丘恍惚有儒风，臣子昆朋讲正宗。
恐墨入儒儒混墨，大为区别两途踪。

尊者一日出行坊郭，见道有死人，无人埋殡，大发叹曰："惟予之辜[⑤]，不能开觉路，出迷路，以至此也！"一日，泛舟胡海，见江有流尸，无人收殓，大咨嗟曰："惟予之咎，不能出苦海，登彼岸，以至此也！"二者俱捐资以瘗埋之[⑥]。如是之类，难以枚举，以故香名遍天下，阴德满乾坤。有诗为证：

性地树菩提，心田毓紫芝。
阳春真有脚，处处布光辉[⑦]。

尊者慈悲普济，修满功成，一旦得高人点化，超悟宗旨，遂领徒远方行化。

尊者一日独自先行，众徒遗落在后。将过一高岭，山下土人止之曰：

① 老氏：指老子及道家。
② 昆朋：兄弟、朋友。往牒：以往的文献。师资：师法、取用。
③ 姬公：即周公。周公姓姬名旦。他辅佐周文王行仁政，建立了一整套国家制度规范（即周礼），被孔子誉为"郁郁乎文哉"，为儒家政治的典范。
④ 羽翼：指辅佐、庇护。
⑤ 辜：罪过。
⑥ 瘗（yì）埋：埋葬。
⑦ 阳春：这里指太阳。

“高山有盗，巨（渠？）魁雄猛，胁从猖狂，劫财伤命，一人不可往。”尊者曰：“贼势虽张，不杀慈悲之族。吾正欲化强暴为善良，何可却步不进？”遂登山。

至半腰，果逢一伙喽啰下山打掳，问尊者讨买路金。尊者向喽啰躬身作礼，口念弥陀，问列位施主化缘。喽啰曰：“我等是有名活罗汉，正欲下山化缘；客旅谁似你无眼死秃驴，到来上岭与我提缘。天堂有路不去走，地府无门撞入来。想你在乡村城市，或假鼎建寺宇因故，或托修理桥梁善缘，诓骗富贵人家金宝，成千成万。今日难逢难遇，且把些来转舍与我，供养山中寨主，也是你今日不灭因果。一日生意，全靠你发个好市。”有诗为证：

山巅有盗不堪行，客旅遭殃那获宁。
强暴不从尊者化，半山拦住索金银。

尊者曰：“小僧日前在庄严国中讲经说法，承国王赐得些金宝，众徒负带在后。汝等必欲买路，可与后来众徒索讨。”喽啰怒曰：“不必推三阻四！后来人包不得你，从直献来，更见人情。新磨宝剑如霜，未得生人肉吃。你手持念珠会化人，我手持利刀会杀人。激发众人心性，一时噬脐无及①。”尊者曰：“囊中实无买命之钱，项下原非祭刀之肉。汝等必欲索讨，我有金莲宝座一所，任你众人取去。”喽啰曰：“宝座何在？”

尊者将手从平地一画，须臾，地中涌出金莲宝座，尊者跣足立于其上，周围烈火烘腾。落得旁边一看，不敢冒火去取，沃之不灭②，扑之愈扬。寨主闻知，亦会同众头目，下来取宝。

尊者所从徒众，耳闻山中声喊，目见山上火扬，匆忙赶来，只见尊者

① 噬（shì）脐无及：咬自己的肚脐够不着，比喻后悔莫及。也作“噬脐莫及”。
② 沃：拿水浇。

立在火中。只说是贼人焚劫其师，各人抖擞精神，来与喽啰厮杀。斗了数合，喽啰抵敌不过，走回山寨。尊者自将无上甘霖，灭了三昧真火。

众徒弟恃勇，欲赶入寨去，灭其群丑。尊者止之曰："不可。彼之性盗，汝性亦盗耶？但此盗不平，终为路梗。吾自有平服之策，不须汝等杀戮。"只望山将手一画，其山破为两半，巢穴平空火起，烧得丑虏焦头烂额，无处安身。

此时，贼众良心悔悟，俱拜伏山巅，愿披剃为僧。尊者乃为之持斋受戒，带往四方行化。有诗为证：

火里金莲实可夸，喽啰无计可搬拿。
穴中火起无逃躲，俯拜比丘作伏命。

尊者服了草寇，又欲越下岭岩，经游异国。众人禀曰："崖下有虎，其势负隅，其声咆哮，牙爪大张，虽众不可行。"尊者曰："吾自有术降之。"囊中取出丹丸，化石成羊，投之崖下以饲虎。虎食数口，负隅之势敛矣，咆哮之声息矣，牙爪不张，驯若圈中豢豚，望山巅首服者数次[①]。尊者知是归依，遂为之受戒，带回本国，听经脱化，有诗为证：

服了强人服虎狼，出之苦海上慈航。
山君兀自知回首，何况人心本善良[②]。

庄严国王相位久虚，梦卜未得其人。闻尊者普济，功勋浩大，遂安车蒲轮[③]，迎尊者归国，拜为摄政太师，以听庄严国事[④]。

① 首服：俯首表示驯服。
② 山君：老虎。
③ 安车蒲轮：古时用以迎送德高年劭名贤的车驾，是一种极高的礼敬待遇。安车，可以坐乘的小车。古代车为立乘，此为坐乘，故称安车。蒲轮，用蒲草裹车轮，使车不震动。
④ 听：治理，处理。

尊者居了相位，国人见其慈和遍洽，功德弥天，举欣欣有喜色，相告曰："国中相大梵矣，[①]我辈少缓须臾之死，以观德化之成。主上虽不及紫极尧舜，相臣则依稀青槐伊周矣[②]。昔者无位无时，尚且博施济众如此，况今日居有为之位，乘可为之时，运无为之德，其巍巍相业，荡荡德化，又当何如？"有诗为证：

普济功勋荡且巍，迎居相位握纲维。
欣欣喜色人相告，德化之成定可期。

尊者承恩拜相，不以功高而骄，不以位尊而傲，日夜匪懈，虔恭下士，吐哺有之，握发有之[③]，以致君泽民为心，以辅理承化为事。平明登紫阁，日晏下彤闱[④]。气有沴戾，物有夭札[⑤]，皆罪己参赞失职所致。运取心上经纶，建出擎天手段。古人济川舟楫，和羹盐梅[⑥]，不是过矣。有诗为证：

三聘迎归作相臣，兢兢保大与持盈。
虚怀折节亲贤士，欲为君王建太平。

庄严国王见尊者德深下士，功格皇天，上焉天命眷，下焉人心归，中焉鬼神享，天与人归，可膺帝王统绪[⑦]；况己又承祧乏嗣[⑧]，垂老倦勤，效揖

---

① 大梵：指色界第三天，也同时指色界天天主。
② 伊周：伊尹、周公，均为上古时代的名相。
③ 吐哺、握发：均用周公勤政的故事。详后。
④ 紫阁：唐开元年间改中书省为紫微省，中书令为紫微令，后因此称宰相府第为紫阁。彤闱：宫中。彤为朱红色，闱为宫旁门，涂朱红色，故称。
⑤ 沴戾（lì lì）：天地四时之气不合而产生的灾难。夭札：遭疫病而早死。
⑥ 和羹盐梅：调味和羹汤的盐与梅。盐多则咸，梅多则酸；梅盐适当，则成和羹。比喻大臣辅佐君王尽心竭力、甚有作用。
⑦ 膺：受。
⑧ 承祧（tiāo）：继承宗庙，延续血统。祧，远祖的庙，泛指宗庙。

逊之风[①]，将先君所传国统，禅与尊者。

尊者自以臣子而一旦偃蹇为君，恐腾物议[②]，遂西向让三，南向让再三，以国统逊还国主。欲妙选宗中贤者，以继承大统；不然，推举朝中有德者君之。若己凉德不穀[③]，居端揆且负余愧[④]，恐来天下伴食之讥；何敢妄自尊大，阉奸天位[⑤]，而蒙垂涎睥睨之诮[⑥]。仍效仿古人逃避，致还其臣而去。

其徒闻风，相率而从之，喜其得终修佛之功也。举国之人，感其好生之德，沐其慈悲之化，亦相率而从之，宗之为佛教之师，是即戴之为德政之君也。不得已，始转还国中，代摄国政，行国君之事，国王退乾清宫养老。有诗为证：

偃蹇为君物论腾，让三让再杜邪萌。
人归天与难逃避，始转中邦握化权。

尊者涓取某年月日[⑦]，居了正位。兢兢业业，惟恐上负天心，下负人望。日不遑食[⑧]，夕不遑寐，以综理万几为务。每夜且焚香告天曰："某无似[⑨]，一旦承君臣禅举，滥居九重宝位，负愧不胜，有如执玉捧盈，惟恐不胜恫也[⑩]。倘皇天后土子我为君，愿玉烛调和，金瓯巩固[⑪]，百姓享春台之乐[⑫]，九重无四顾之忧，臣所愿也。天其谓何？"有诗为证：

---

① 揖逊：揖让、逊让。禅（shàn）：即禅让，指帝王将帝王之位让给别人。
② 物议：众人的批评。下文"物论"同义。
③ 凉德：德薄。凉，少，薄。不穀：不善。
④ 端揆：尚书省的长官。此指宰相。
⑤ 阉奸：霸占。
⑥ 睥睨（pì nì）：窥伺。诮：讥嘲。
⑦ 涓：择。
⑧ 不遑（huáng）：顾不上。遑，空闲。
⑨ 无似：不肖。
⑩ 执玉捧盈：拿玉璧（怕碎）、捧装满东西的器皿（怕洒），比喻位高责重。恫（dòng）：惧怕。
⑪ 玉烛调和：指四季气候调和。玉烛，指人君的美德，它可致祥和之气。金瓯巩固：国家疆土安全。金瓯，金属的杯子，比喻国家疆土完整。
⑫ 春台：指登临游玩的好去处。《老子》："众人熙熙，如享太牢，如登春台。"

业业兢兢综万几，有如无力捧盈卮。

愿调玉烛金瓯固，万户同春慰所私。

尊者焚香告天之后，政不下移，权无旁落，日与二三大臣商榷万机，剖决庶政。以故天心用眷，时和年丰，民安物阜；人敦长者之风，家致可封之俗；民无吏扰，道不拾遗；春昼有人耕绿野，月明无犬吠黄昏；老有所终，幼有所养。虽偏安一隅，亦庶几富庶之效也。某年月日，始晏驾圆寂。

第十六尊　换骨罗汉

慧可尊者，姓姬氏，取名神光，事达磨得道，改名慧可。

尊者未生时，其母一夕梦见异光照窗，遂感而有孕；及生，遂名曰“神光”。自幼博览三乘遗书，以廓其胸次三乘[①]；又好游观四方山水，以宽其眼界。神识迈人，一览便能解悟，以故不局促于儒业，酷好如来左道。

初年，别母出家，受戒于香山宝静禅师，终日只瞑目宴坐[②]，不著声色，一味于虚无寂灭上用工。有诗为证：

博览群书学问该，游观山水眼眸开[③]。
香山宝静曾遗教，默坐幽斋悟本来。

尊者一日山中宴坐，神性欲飘，寂默中，忽一神人告曰：“子欲证果如来，何当滞此一山，苦此一坐耶？大道匪遥，汝其南矣，泥此欲何为哉！”

尊者得了神人指引，次日欲治装辞师南行，陡然头痛如刺，叫苦不可当。宝静禅师欲用药物以治其痛，忽空中有人叫曰：“莫治莫治！此为渠换骨耳[④]。”

① 遗书：指大、小乘的典籍。三乘，指声闻乘、缘觉乘（二者为小乘）、菩萨乘（大乘）。胸次：胸襟。
② 瞑目宴坐：闭目静坐。
③ 该：博洽。
④ 换骨：原为道教修炼用语，指修炼得道者脱凡胎而成圣胎，换凡骨而成仙骨。

不移时之顷，禅师视尊者之顶，果如五峰秀出。禅师大惊异曰：“此子骨格迥异，慧质殊常，不是尘中侣，当为上界师。神且指引，我当曲成。”遂谓之曰：“达磨师泛江甫渡，神人命汝南往，其少林寺达磨师乎？天既为尔换骨，神又告尔向方，子当无失此机会也。盍从游达磨，以传其南来宗旨。”有诗为证：

大道真宗现属南，五峰秀出骨巉岩。
达磨面壁少林寺，子往从之可脱凡。

尊者领了宝静禅师命，径往少林寺，参谒达磨。达磨面壁自若，不交一语。积雪过膝，而尊者坚立不动；利刃断臂，而达磨始与更名。

最后，达磨思归，令三子各言所得，有得其皮者，有得其肉者，有得其骨者，终不若尊者之得其髓也。遂得法授衣，为达磨孝子[①]。有诗为证：

达磨南渡为传灯，超悟无如慧可僧。
得肉得皮并得骨，何如得髓见真诠。

达磨圆寂，尊者遂继其法门，为弟子讲法于少林寺。一日，上讲经台，为众生讲说如来宗旨。此时此境，不惟众生倾听无言，虽山中鸟鹊，亦飞集檐前，静听无声也。且见空中逐队天女下来，为尊者缤纷散花也。尊者所传达磨之道，于此有证验矣。

禅师才上讲经台，说得天花逐队来。
不是如来宗旨妙，如何鸟鹊也驯阶[②]。

① 孝子：此指传人。
② 驯阶：驯顺匍匐于阶前。

尊者讲经，虽为众生明佛性，其实亦为达磨阐玄风也。达磨之道，为我有志得来；我之道，又欲有志之人传去。博求门下，无一人可为法嗣。

正忧疑间，有一居士[1]，年逾四十，不言名氏，径入山门，参谒尊者。尊者与之坐，其人问曰："弟子身缠夙恙[2]，今不揣份量，径来山门，敢请和尚为某忏罪。"尊者曰："夙恙为罪愆所积，理固然也。今既远来，不宜空返。汝有罪愆，可将来忏，便可解却夙恙也。"居士良久云："我觅罪，了不可得。"尊者曰："罪不可觅，则汝之罪，吾已与汝忏之矣。"

尊者初见达磨曰："我心未宁，乞师安之。"达磨曰："将心来安。"尊者曰："觅心了不可得。"达磨曰："吾与汝安心竟矣。"同一流传心法也。有诗为证：

欲为如来觅法嗣，博求门下寂然无。

适然居士来参谒，求忏愆尤智慧殊。

居士得尊者悟忏悔，复问曰："今见和尚，已知是僧，未审何为佛法？从何修为，异日得成罗汉？"尊者曰："佛法总属一心，僧佛亦无二理。故外心求佛，其佛愈远；外心求法，其法愈离。子欲合僧佛为一，能于心上求之，则思过半矣。"遂为说偈曰：

是心是佛，是心是法[3]。

佛法无二，僧宝亦然[4]。

---

① 居士：信受佛法而未出家的人。

② 夙恙：犹"宿疾"，由来已久的疾病。

③ 此二句是说众生之心就是诸佛之心。

④ 僧宝：三宝之一，与前句的佛宝、法宝相应。

居士闻言，即什然领悟[1]。尊者深器重，曰："此吾异日授衣宝也。"遂为更名曰"增灿"，因以正法授之。

尊者传了居士正法，因记达磨遗言，谓己某时当有宿累，遂韬光敛迹[2]，变易姓名，或隐入酒肆，使人不知为得道之僧；或寄寓屠门，使（人）不知其为了证之佛[3]。欲摆脱身中累，何妨混世尘。有诗为证：

真宗授与赏音人，宿累思逃混世尘。
酒肆屠门俱隐寓，姓名变易费经纶。

从游门人不知师有所记念，有所逃避，见其晚节所为如此，以大义让之曰[4]："吾师向日，天神已曾换骨，天女已曾散花。道行标致如此，及门弟子啧啧称叹，不能及得分毫。不为有道上人，甘为不道下品，弟子兹不悦。以师之道，无忝沙门标准[5]，何必乃尔耶！"尊者曰："我自调心，何关尔事？"弟子遂默而不言。

后不逾时，果为同类所诬，讼于筦城邑宰[6]。邑宰偏直诬者[7]，不直尊者，遂坐以非法。尊者知宿累莫逃，不为分辩，怡然委顺而逝，享年一〇七岁。时文帝十三年也。有诗为证：

尊者思将宿累逃，门人义让意戈矛。
他年果为同侪蹜，非法怡然逝狱牢[8]。

① 什然：涣然。
② 韬光：隐藏自己的光彩。
③ 了证：了然证悟。
④ 让：责备。
⑤ 忝：有愧于。
⑥ 筦城：即今河南郑州。当时为县。邑宰：地方长官。
⑦ 直：以……为直，指偏向。
⑧ 蹜（sù）：指踩踏，作践。

第十七尊　浣肠罗汉

佛图澄尊者，本性白氏。为人状貌魁梧，资性敏慧，且深于学问，弘雅有识。弘雅则非隘陋胸襟，有识则非粗疏学问。明解三藏之经，博览六经之旨，天文图谶①，综涉无遗。其左胁耳旁有一肉孔，约大四寸，通彻腹内，时常以绵絮塞之②。夜欲读书，拔出其絮，一室光明如昼。遇朔望日③，辄至水边，引腹中肠胃涤之，涤毕，复纳之腹内。天生一人，将为如来弘教化，其付托异，则其体亦异如此。有诗为证：

状貌魁梧性慧灵，雅弘有识迈凡民。

乳房一孔光如昼，博览三藏与六经。

尊者志弘大业，善持经咒，又能作法役使鬼神，俱有灵验。一日，用麻油浸胭脂，捩出脂水④，涂抹掌心，虽千里外事，皆通明莹彻，观掌中有如对面，纤毫掩覆不得。一日，用铁铃悬檐角，风吹铃响，似作人言，凡欲问自己祸福，只听铃言吉凶，则己之将来祸福，凿凿符验有准。羁旅洛

---

① 图谶（chèn）：宣扬符命占验的书。图为河图，谶为符命之书。

② 时常：平时，平常。

③ 朔望日：初一和十五。

④ 捩（liè）：扭转，这里指拧。

佛图澄尊者

阳，名流海宇，故人欲问远事，则求尊者脂掌；欲占吉凶，则听尊者铃音。有诗为证：

油脂抹掌莹秋潭，万里灾祥对面谈。

檐角风铃能作语，吉凶祸福数声间。

永嘉四年[①]，石勒屯兵葛陂[②]，专事杀戮。尊者悯赤子无辜，肝脑涂地，有伤天地之和，欲以太上好生之道化勒。于是，杖策诣军门，谒大将黑略。

黑略虽将重兵，疮痍百姓，其实崇奉佛教，心甚慈祥。见尊者来谒，隆礼待之。帷幄中，对士卒虽讲谈战阵，对尊者又喜讲谈经卷。遂以尊者道行，荐闻石勒。

石勒平昔所信任者黑略，则听其所荐举者，亦唯黑略。遂召尊者，问曰："佛道有何灵验？有灵验，始足以启人好慕。况佛为军中用，喜神速，不厌鬼诈。活佛此来，谅必能济我风雷，助我虎豹，一战而杀人盈野，再战而杀人盈城，敌人望风心寒胆战，方为有济。不然，亦无用汝佛为矣。"

尊者曰："此人一片好杀，气象刚暴，言语粗鄙，难以理喻，易以术动。"不答一言，止呼给事左右取水一盆[③]，置之阶前，自己焚香咒之。顷刻，盆中青莲郁起，光色动人。

石勒从上座亲见尊者有此灵验，始倾心宗信佛法。尊者左右不离，始得因事进谏，凡应被残杀、阴受其利益者，十有八九。于是中州之胡，感其好生之恩，皆愿奉佛。有诗为证：

策杖军门谒勒胡，为渠杀戮失仁慈。

青莲郁起呈灵验，利益苍生出死途。

---

① 永嘉四年：公元310年。永嘉，西晋怀帝年号。

② 石勒：南北朝时十六国中后赵的创始人。东晋太兴二年（319）称王，咸和五年（330）称帝。

③ 给事：在旁伺候做事之人，这里指官内官吏。

建平四年四月一日，天静无风，而塔上一铃独鸣。尊者愀然不乐[①]，私谓众人曰："国家祸福，每有先机，特人不自察耳。"众人问曰："机何所凭？"尊者曰："塔上之铃，无风自鸣，非先务而何？"众人又问曰："铃鸣主何吉凶？"尊者曰："铃云国有大丧，其声噍杀而非舒缓[②]，丧事不出今年矣。"

四月孟夏铃鸣，七月孟秋，石勒果死。众人见事灵验有准，相谓曰："铃之鸣，鬼神之灵所为也。鬼神能泄其机于朕兆之间[③]，禅师能烛其机于朕兆之间，禅师其如神乎？主上今日得保全首领，皆活佛维持之力也，何可令其远去。"

石勒既死，太子弘袭位，未几，废，自立[④]。亦倾心师事尊者，留奉邺城寺中，凡征诛赏罚，必与咨决，谓其建明，议论大而利益多也。有诗为证：

某年四月塔头铃，天静无风解自鸣[⑤]。
国有大丧应不远，禅师先识果如神。

尊者又一日，遣弟子某，赍钞往西域市香[⑥]。甫行数日，尊者在法堂进香，忽闻檐前鹊噪数声，尊者心地猛然吃了一惊，即谓众弟子曰："吾适在掌中，见市香弟子被盗杀劫，垂死。"众弟子曰："为之奈何？"尊者曰："吾已烧香咒神，乞遣神兵，遥护救之。"众人曰："待神兵救护，恐事势已去，莫能及矣。"尊者曰："可保安乐无虞也。"

① 愀（qiǎo）然：面色变动的样子。
② 噍（jiào）杀：指声音急促细小。
③ 朕兆：预兆。
④ 自立：此处指石虎废石弘，自立为王。
⑤ 解：懂得，知道。
⑥ 赍钞：带钱。市：买。

越二月，市香弟子还，将遭难事白尊者曰："某月某日，弟子行至某处，陡然一伙强人，数以百计，状貌凶狂，器械整饬，来劫弟子市香之物。弟子以供佛之物，或可以止其残暴之为。卒而贼心不可变[①]，必欲得弟子之物；既欲得物，必劫伤弟子之命。弟子此时，宁死不肯以市香之物轻与贼。强人恶我硬命，携刀将见杀。忽闻空中一阵香气飘下，气中尽有天兵神将，持刀杀来，杀得掳劫贼人十伤九死，东窜西逃，大相呼曰：'救兵已至，威猛惊人，盍舍之而去！'"众人曰："吾师早已有言，被劫之事不诬，救护之言有准。吾师真神人也！"大相惊服。有诗为证：

市香西域遇强良，打掳金银把命伤[②]。
馥郁香中神将至，等闲杀得贼逃亡。

尊者尝与石虎共坐中堂，商榷兵谋，并讲谈佛法。忽心惊，谓虎曰："幽州今日有火灾，其光赫赫，其势炎炎，货物煨烬无馀，人民焦头烂额，诚可悯哉！"虎曰："法师当降无上甘霖，灭此一方红艳。"尊者曰："下民有难，吾当救之。"对虎取酒，望空中洒之，随举掌一视，笑谓虎曰："火已解矣。一人有庆，兆民赖之[③]，今日火灭之谓也。"敬擎杯相贺。虎曰："倏尔火起[④]，倏尔火灭，非禅师无此明见，非禅师无此救援。来日按验得真，虎当事先生如神明。"

次日，虎遣使往幽州按验。后使回报云："某月某日，幽州四处火起，其势炽盛，扑灭不可得，人民对面悲号，不瞬息间，屋舍货财，顿成焦土。忽见西南方上，有朵黑云飞来，骤降倾盆大雨，其火始灭。所下之雨，一

① 卒：末，最后。
② 强良：同"强梁"，强盗。
③ 一人有庆，兆民赖之：语出《尚书·吕刑》，常用作歌颂帝王德政之词。庆，福。兆民，亿兆之民，指天下百姓。
④ 倏（shū）尔：形容迅速、极快。

片酒气熏人。臣奉命按验幽州，得于官民所谈者如此。”虎大惊叹，曰：“神哉！异哉！皆禅师住日之言，吾得闻于未验之先者也。使子验之，考其真实耳。今凿凿无妄，真神人也，筮龟不灵于此矣[①]。吾当以神事之，不宜以人待之矣。”有诗为证：

对虎同谈佛与兵，幽州不意火灾兴。
西南洒雨为摧灭，深信禅师是神星。

石虎建武十四年，尊者在洛阳公署独坐，弟子彬彬侍立左右。因发长叹曰：“为人未了真，梦中梦，身外身，虽有幻质空尘，将焉用之。”为作偈曰：

图形期自见，自见却伤神。
已是梦中梦，更逢身外身。
水花凝幻质，墨彩聚空尘。
堪叹余兼尔，俱为未了人。

尊者见石氏残虐不仁，气数垂灭，因与众门人谈论国家兴废。尊者曰：“兴废之机，数已预定，只难对人言，泄之恐罹大患[②]。”弟子法祚问曰：“帝王自有真，神器非苟得，理固有然。第此邦之事，非关中华大统，独不可与明乎？古人以人为鉴，先日之谈，后日符验，老师对弟子阐之，亦无不可。”尊者曰：“天机虽难轻泄，人事则有先知。国家之事，吾不及见，子当验之。戊申祸乱将萌，己酉石氏当灭。变生而始去，非见几之智[③]；国灭而身与俱，非保身之道。吾未及乱，当先化矣。”

① 筮龟：用蓍草和龟甲占卜。
② 罹（lí）：遭逢。
③ 见几：预知先机。

是年十二月八日，尊者圆寂于邺宫，春秋一百一十有七。时晋穆帝永和四年也[①]。石氏之事，果如所谈。弟子乃为建塔。有诗为证：

洛阳公署独徘徊，因与诸徒论未来。
石氏灭亡机已定，戊申己酉听春雷。

① 晋穆帝永和四年：公元348年。

第十八尊　现相罗汉

大树龙王尊者，秦时人，生于西印度国，修持于城北大山树下，因名龙树王。聚徒五百，尝从树下讲经设法。因太子云自在请毗罗尊者于本山石室禅寂，遂得闻其宗旨。

尝谓门人曰："释氏之教，本有真源正派。若毫厘之差，千里之谬，我昔日是也。苟非毗罗老师印正，终日虽与汝等树下讲经，绝似梦中对人说话，只幻妄耳。汝辈入我法门，脚跟不可不仔细立定，认得真则点化易，渺茫恍惚，终于释家之道泮涣不相入矣[①]。吾有金针数言[②]，汝辈当时时细绎[③]。

一叶扁舟泛渺茫，呈桡舞棹别宫商[④]。
云山水月都抛却，赢得庄周一梦长。

尊者又谓众徒曰："毗罗师本华氏国人，传了马鸣祖衣钵，遂至我西印度行化。我今继志述事，亦当往远方行化，使马鸣祖统绪绵绵不绝可也。"

① 泮涣：融解、分散。
② 金针：比喻秘诀、要法。
③ 细绎：理出头绪。
④ 桡（ráo）、棹：均为船桨。

遂同众徒，直往南印度国行化。

南印度国人宗信佛教，其风声气习，不亚于东西两印度。但彼二国人，于凡得道比丘讲说福业[①]，一味听受；此国人虽信福业，必求见证。闻尊者远来演教，毋论君臣父子、昆弟朋友，俱相帅从之。私谓其弟子曰："人有福业，世间第一，徒言佛性，谁则见之？吾意既然鼓人之宗其教，必能露倪以歆人之趋[②]。禅师道既超悟，机必引跃。吾辈颛蒙[③]，乞求见证。"

其徒以其事闻于尊者，尊者发笑曰："见相而后结缘，一谓佛为渺茫，一谓我无超悟也。不露些端倪，彼终疑福业寥廓无凭，且疑我汗漫无得也[④]。"尊者即从地上涌出白莲座一所，又从头上现出自在身一员，尊者坐于白莲之上，其头自在身则形如满月之轮。

相从众生，环列于比丘左右者，惟闻谆谆法音，不见所露隐隐法相。惟一长者子名迦罗提婆者，独见之，大惊异，谓众人曰："汝辈听经，能识尊者头上此相否？"众人曰："我辈相从比丘门下，讲谈佛性耳闻，岂不欲目见之为真？第禅师相不轻示。今日我等只闻口内所谈，未见头上所示。目所未睹，安能识彼相哉？"提婆叹曰："至哉！妙哉！汝辈徒信耳而遗目，得粗而遗神也。今日尊者谓汝辈苦求见证，故现出佛相性体，昭示我等。盖以无相三昧[⑤]，形如满月。汝等当听于无声，视于无形可也。今示之以相者，见其性之妙；不令汝等尽睹其相者，尤见其妙之至也。佛性之义，廓然虚明如此。汝等不超悟于无相之外，而规规于见证上求佛性，其见亦左矣。"义实精微，遂感悟，咸愿出家以求解脱。尊者以众人信之深，求之诚，非昔日狐疑之见，遂为之剃发授戒曰：

① 福业：佛教指布施行善、慈悲利生等造福的功德。
② 露倪：显露端倪。歆（xīn）人：使人悦服。
③ 颛（zhuān）蒙：愚昧。
④ 寥廓：广阔。汗漫：不着边际。
⑤ 无相三昧：三三昧门之第二，又云无相解脱门。与灭谛之灭、静、妙、离四行相相应的三昧。

龙树尊者

迷时人遂法，解时法逐人。
法内原无法，人中岂有人。

尊者虽为众人授戒，情知众人可与共学，未可与适道；即可与适道，未可与立与权也。千万人心，总不如一孩提心。此孩提一点化之，可与超凡，可与入圣，而千万人皆卑卑无足数矣，遂有意将衣钵传之。

众人知尊者属意于提婆，心甚不平，私相谓曰："道虽遇而后传，未有无涵养之孩提，岂尽超悟宗旨？今日尊者性体之现，彼真纯未漓[①]，所见出于偶耳。盍观诸圆光之术[②]？技者露其光于壁间，惟幼稚童子见其壁间光，又见其光中物，至于人之二十、三十、四十、五十，则无见焉。问之左，犹之右；问之右，犹之左也。今日提婆之见，犹圆光之意也，未闻圆光术士，次日即以其技，传之所见之童子。我等念佛有术，未必无一二足以克绍佛事。今日千万人中，倒被一幼冲童子传了衣钵，反贻笑于邻人。明日不容此子入坛听讲，来则逐之。"有诗为证：

冲龄赤子可传灯，独见比丘性体生。
匪是我来偏有意，如来正法属支撑。

次日，提婆不知众人有此物论[③]，仍旧前来听讲。行至山门外，尚未入经筵，众人遂喧闹不容其入。其子大怒，与之争辩，众人不惟侮慢之，且谇詈之[④]。其子不堪，即回统集家丁，各持凶刃，来与众人厮杀；众人亦各备器械拦挡童子，不令其入。家丁负气，专欲杀人。两下在门外大战数十合，虽各有损伤，但未至于害命。有诗为证：

① 漓：泯灭。
② 圆光之术：一种传统方术，即施法在光或镜子中呈现相关或欲知的景象。
③ 物论：即物议。
④ 谇詈（suì lì）：责骂。

众人褊度妒提婆，不许经筵听波罗。
佛法非由威术劫，传宗曾氏事如何①。

尊者本日在经坛，闻门外有变，忙来台下劝解。时两边战已罢散，尊者曰："吾道之传，岂可以人众劫杀得之。七十贤人，孔圣人均欲传以道统，卒而一贯之唯，惟一冲龄曾子得之。慈悲好生，反令汝伤生，违其教令，如何可以得其宗旨？汝等欲为上乘禅师，则不可扰其教。既施劫术，以扰吾法，吾有去而已，不能终若事矣②。"

众人被尊者讲说一番，遂悟曰："同游教门而自相矛盾，是同室操戈也。异邦之人，尚容同为佛事，况同产一国而反相异乎？我等悔悟唯命。"提婆童子始得入坛，终其经事。

自后，尊者待众人意重，待提婆意轻，阳示众人不属意于提婆，阴实保全提婆，令众人不得加害也。尝谓众人曰："汝等欲为无上禅师，须息三焦之火③。"众人曰："愿闻除火之法。"尊者曰："欲火而以戒沃之④，嗔火而以定沃之，无明火而以慧沃之。灵泉混混，消除烦躁之衷；智水涓涓，灌溉清凉之府。千江有水，一轮宝月映寒潭；万井无烟，遍地金风吹冷面。"有诗为证：

了妄归真万累空，河沙凡圣本来同⑤。
迷来尽是蛾扑焰，悟去方知鹤去笼。
片月影分千涧水，孤松身任四时风。

① 曾氏：指曾子。
② 若：你们。
③ 三焦：中医指心、胃肠、膀胱等处。
④ 沃：浇水。
⑤ 河沙：恒河沙数的简称，指数量极多。

直须密契心上地，始悟生平睡梦中。

尊者与众人讲明宗旨，提婆心会其意，一味在虚无寂灭上用工，不从问难上觅真境。众人虽知返观内照，终着色相。尊者知迦那提婆灵性圆融，只在一指点，便超上乘，为之说偈曰：

为明显隐法，方说解脱理。
于法心不证，无嗔亦无喜。

尊者说偈毕，即入月轮三昧[①]，凝然圆寂[②]。秦始皇三十五年也[③]。

---

① 月轮三昧：即月轮观，佛教认为满月圆明的体相与菩提心类似，故名。

② 凝然：庄重、专注的样子。

③ 秦始皇三十五年：公元前205年。

第十九尊　跨象罗汉

尊者本名难生，西竺中印度人[①]。其父名香盖，年将满百，一生念善，无有过失，有司旌为耆老[②]，乡中称为硕德。

尊者生时，其父年已八十有余，其母怀孕六十年始产，因名“难生”。生时异香馥郁满堂。其父信其良而又疑其不良，不对星士讲谈八字，则对相士品评骨格。星士有许其发达者，相士有许其贵显者。访遍星相二家，固不许其济恶不才[③]，亦未有许其修佛为罗汉者也。有诗为证：

母腹存留六十年，难生取义有由缘。
相星啧啧夸奇异，未有评为佛与仙。

尊者之父尝谓其妻曰：“此子初生，殊有朕兆，我不曾为汝言之。将产之夕，我梦见门外一只白象，背上负一宝座，座上安一明珠，径从门外而入我厅堂，跳舞一番，即屹立不动。我从旁看时，其光烨烨照人，其性驯驯依人。我一时撞见，又不敢控制，又不敢鞭逐，惟恐山中无情之物，来堂中损坏有用之器。吃了一惊，觉来乃是黑憩一梦。适见此子降生，满房

① 西竺：即天竺，古印度的别称。
② 旌：表彰。
③ 济恶不才：指为非作歹、不堪造就。济恶，助恶；济，帮助，接济。

异香馥馥，我即暗喜在心，谓此子虽非上应星宿，已下符物产矣。异日成长，非富即贵，非圣即贤。假饶贫贱愚呆，未生不当有此异梦，甫生不当有此异香。有诗为证：

象驼宝座与明珠，烨烨驯驯入我居。
跳舞一番停不去，觉来乃是梦华胥[①]。

“且今星相二家，俱云长大事业不凡。古书云：‘人有善愿，天必从之。’安知此子非祥瑞耶？似此等论，我心甚喜。第汝怀孕六十年始产，则此子在腹中过了六十年光景。人生百岁，少壮不立，老大何为？纵有好事，前已虚度过了。我垂老得一承祧之子，他亦垂老，此生有限之时。假饶母非长寿，彼将涨死母腹矣。似此等论，我心甚忧。”

其母曰：“六十尔尚等得他生，倘天不啬寿，再过数年，岂不见得他作为？何必忧喜相半！”长者曰：“老妻所见极是。”古诗云：

莫将闲事恼心怀，休把眉头皱不开。
子女贤愚生已定，如何忧喜两交来。

父子事属天伦，忧疑终是排遣不去。

一日，杖步门外[②]，笑傲烟霞，少舒情况，难生尊者亦携之在旁。长者曰：“触目青山绿水。”尊者曰：“江中浪静风恬。”长者曰：“绿水青山，总是吾心法象。”尊者曰：“风恬浪静，讵非此性天机。”长者曰：“聆此子口头言，谅非无用。”尊者曰：“随家尊门外望，盖亦有心。”

父子山间徐行品答，遇见一人，身长数丈，前来拦路。长者撞见吃惊，

① 华胥：华胥氏之国，寓言中的理想国度，泛指梦中美好景象。
② 杖步：拄杖闲步。

询问姓名，其人嬉笑不言，只呵气一口，将长者昏闷在地，又欲将尊者抱去。尊者虽幼，殊有胆略，即疾回家中，持刀出战。其人亦逐至门外，被尊者大战一场。其人昂藏，终难转动；尊者若闲习有素①，其人抵敌不过，旋战旋却。

杀至其父昏闷之地，又见一人纶巾羽扇，指其人叱曰："妖魔何得无礼！"又谓尊者曰："且养尔少年英气。"尊者曰："何物山精②，敢将家父昏倒？"其人曰："此蛇母也，能张口食人。令尊非子，几遭其害矣。吾有丹丸，能除气毒，汝父食之，管取无恙。"随叱其蛇曰："既昏其父，又毒其子，白日作魍魉害人③，今若不翦，祸无穷极。"遂挥剑一斩。其蛇闪开，且恃神通，敢与上界仙人格斗数合。不霎时，现出真相，将仙人围绕核心。仙人显出灵通，先将重雾昏了其目，次下千斤石压了其首，随挥利剑，劈为两段。

长者醒来，请问姓名，其人曰："吾立在此山左傍，凭汝父子猜来。"尊者叉手问曰："山边遇着一人，莫非仙乎？"其人大惊异，谓其父曰："此儿既非仙风道骨，终当为菩提法器④。"言讫不见。

妖蛇白日幻为人，老者几昏命不存。

不遇仙人挥剑砍，冲龄尊者今逡巡。

其父得了仙人指点，有意将子出家。及闻毗舍罗在国中行化，携子前去参谒。毗舍罗即与落发受戒，后付以如来正法眼藏⑤。

初，给侍毗舍罗左右，晚睡胁不贴席，人遂称为"胁尊者"。得了如来

① 闲习有素：向来就习练娴熟。闲，同"娴"。

② 山精：山林中的精怪，如山魈木客等。

③ 魍魉（wǎng liǎng）：传说中的怪物。

④ 法器：能够传布、持行佛道的人。

⑤ 正法眼藏：亦称"清净法眼"。佛教指释迦牟尼所传的"涅槃妙心"，亦即禅宗"以心传心"的心，也泛指佛教的正法。

正法，即周旋四方行化。循次至华氏国，道逢一白象前来舞拜，尊者为讲经说法，其象即驯服，听其乘驭，尊者即跨之而去。

一日，憩息于树木之下，时国中长者一子，名富那夜奢，年方数岁，见尊者树下憩息，自言曰："此得道比丘也。"

尊者问："子年妙龄，何以知我是比丘？"夜奢曰："汝披缁削发，手捧钵盂，口念弥陀，非比丘，何以有此作用？"尊者又问曰："既知比丘，何以知我得道？"夜奢曰："我见子头有神光，足有莲座，非得道，何以有此效验？"

尊者曰："子真天人也。且问汝今从何来？"夜奢答曰："我心非往，何以云来？"又问曰："汝从何住？"夜奢答曰："我心非止，何以云住？"尊者曰："非往非住，汝不定耶？"夜奢答曰："诸佛亦然。"尊者曰："汝非诸佛，何以言佛？"夜奢曰："诸佛是汝，何得言非？"

尊者见此子声口不凡，异日定为法器，遂纳之门下。数年，授以偈云：

真体自然真，因真说有理。
领得真真法，无行亦无止。

言讫，即入涅槃，化火自焚而逝。时贞王二十二年也[①]。

① 贞王：当为周贞定王。贞定王二十二年，公元前445年。

第二十一尊　拊背罗汉

古灵神赞尊者，本姓陈，生而状貌奇伟，顶骨山立，声若洪钟。有识者曰："此子相貌不凡，声气不凡，异日定有不凡受用。"尊者亦昂昂以意气自负，曰："吾异人，当为异事。功名身外物，富贵似浮云，何足羡哉？必也，先天地之生而生，后天地之死而死，方是异事。"

冲龄弱冠，即不务本，不逐末[①]，不习儒业，在家中只做顶礼如来事。闻大中寺有行道比丘，远来讲经设法，即投入其中，听习。行化僧讲说如来律乘[②]。此时经虽讲解，而心犹泮涣；耳虽听闻，而义尤苦难，遂自大发叹曰："枉自费百倍勤劳，竟未闻一毫玄秘。似此混同中处，岂能出得樊笼。"遂杖锡远游，作个四方行脚。有诗为证：

欲出樊笼作伟人，律乘听习妙无闻。
不知锡杖游方外，超悟高人转法轮。

尊者四方行脚数年，依旧如寺中，勤劳无得。后遇百丈禅师，为彼讲解[③]，始得开悟，复回本寺。

① 本：指农事。末：指商业等。
② 行化僧：亦即行脚僧，指在外云游化缘的僧人。
③ 百丈禅师：禅宗云门宗的创始人百丈怀海。

受业师因问曰[①]："汝在外行脚数年，智慧开，见闻广，得何事业？为我言之。"尊者曰："仍前弟子去，仍前弟子回。问江山，到处游遍；问人品，到处交游；问方寸，则到处茅塞。意甚激昂，心无孔窍。所谓任身走尽天下路，心不通时到处难。弟子有何事业？始信梓匠轮舆[②]，能与人规矩，不能使人巧。向我之无闻于师，非师之倦教隐乎我[③]，乃我之三隅不返，不足以语上也[④]。吾师陶镕冶铸，归斯受之可也。"有诗为证：

数年行脚枉徒劳，事业仍前没半毫。
大匠诲人规与矩，得心应手巧难投。

禅师见尊者转回本寺受业，不为诳诞语，又能悔悟新，水尽山穷，回头是岸，仍前进而教之[⑤]，遂遣之服劳执役。

一日，其师窗前浴澡，命尊者代擦去背上之垢，虽心上禅机，亦身上提醒意也。尊者一面擦背，一面叹曰："好座佛殿，只是佛化不灵。"其师艴然怒[⑥]，回首久视之。尊者即更为词曰："佛虽不灵，却会放光。"其师欣然喜，知其开悟有得。有诗为证：

水尽山穷始转头，为师澡去垢之浮。
不灵佛座浸浸悟，会放毫光悟已投[⑦]。

又一日，其师窗内看经，窗眼将纸糊褙[⑧]。忽一蝇子在窗内，屡投窗求

① 受业师：正式从其学习术业的老师。
② 梓匠：木工；轮舆：制车轮和车箱的人。泛指有手艺的人。
③ 倦教：懒于教导。隐乎我：对我有所隐藏。
④ 三隅不返："举一隅返三"的反说，指愚钝，不能举一返三。上：指上乘的法旨。
⑤ 仍前：仍就像从前一样。
⑥ 艴（fú）然：恼怒的样子。
⑦ 浸浸：渐渐。
⑧ 糊褙（bèi）：把布或纸一层层地粘在一起，此处糊褙人为尊者。

出。尊者怒曰："世界如许空阔，却不求出，乃规规从故纸上钻求，何也？"

其师置经问曰："汝遇何人开悟，发言屡异如此？日前'佛座不灵'与'佛放灵光'，俱非经上所能及之语，吾已大异之矣；今日'世界空阔'之言，更无人道得。子必有所传授，不然，子何发言惊座也？"尊者曰："某向日行脚四方，将谓了无所得，最后蒙百丈和尚悯我勤劳，开我愚昧，为我指引一个歇处，某才知所证悟。今欲举报慈德，第无由耳[①]。"有诗为证：

苍蝇屡屡纸窗钻，未识阎浮世界宽[②]。
百丈禅师曾指引，无由报答大慈恩。

禅师问曰："百丈师诲人，必自立一家门风。汝既获游门下，幸为我言之。"尊者曰："百丈诲人，不脱金针秘谈。"禅师曰："其详不可言，愿闻其略。"尊者乃登座，学唱百丈门风曰：

灵光独耀，迥脱根尘。
体露真常，不拘文字。
心性无染，本自圆成。
但离妄离，即如上佛。

"师之教人，惟此数言。"

禅师闻言，即为感悟曰："至哉师言！吾闻风尚自兴起，况子亲炙之乎[③]？子昔日求师而得师，吾今日因友以及友也。"遂北面再拜曰："百丈师

① 第无由：只是没有机会。第，只；由，由头，机会。
② 阎浮：世间。
③ 亲炙：亲承教化，亲自接受、教导。

真百里之师也。予未得及门为其徒也[①]，予私淑诸人也[②]”。

于尊者，见其善学；于禅师，见其善悟；于百丈师，见其善教。一事而三善备焉，亦曲成意也。有诗为证：

阐扬师旨答慈恩，感悟禅师礼更虔。

不获及门为弟子，因人私淑胜趋筵。

尊者自后住止古灵，聚徒演教，弟子从之者如猬。讲经数年，俱称为古灵开悟罗汉。

一日，化作钟声，告众弟子曰：“汝众人从我修持，还识无声三昧否？”众曰：“不识。”尊者曰：“汝但静听，莫别思惟，无声三昧自见。”众闻师言，默默侧耳而听。少顷，只见尊者俨然顺寂。

① 及门：到门，即到老师跟前接受教导。

② 私淑：未能亲自受业而景仰其学术并尊之为师。及门与私淑相对而言。

第二十二尊　焚佛罗汉

丹霞天然尊者，不知何许人。初习儒业，充郡庠弟子员[①]。幼年恃质[②]，学业空疏，不能主盟词坛；有司揭晓，尝列青衿之末[③]。一经戒饬，遂发奋潜修，三年不出门户，致学问渊邃，文理精雅。有司考试，大加惊叹。历居上第，为庠中白眉[④]。乡中以币帛，聘为弟子型范者十数家[⑤]。

某年月日，以事例入长安应举。行至半途，宿一逆旅主人家[⑥]，与一云游禅客同即次[⑦]。禅客一见尊者举止言谈，不是庸常俗子，细阅之，谓其徒曰："此公翩翩，释家风味，非学士大夫人物，倘亦儒名墨行，曳裾吾门者乎[⑧]？此公不利出仕，只利作佛。不如指出津头渡口，使他知所向往。"有诗为证：

业儒负箧选长安，学问精渊寡并肩[⑨]。

① 郡庠（xiáng）弟子员：地方学校的学生。庠，地方学校；弟子员，经考核进入学校的学生。

② 恃质：指自恃天赋好。

③ 青衿：原意为青领，是士子（读书人）所穿的衣服，后称士子为青衿。

④ 白眉：指同辈中才俊突出的人。

⑤ 型范：典型、楷范。

⑥ 逆旅：即旅馆。

⑦ 同即次：指同住。即，就，接近；次，住宿，驻扎。

⑧ 曳裾（yè jū）：指奔走。曳，拖；裾，外衣的大襟。

⑨ 箧（qiè）：小箱子。渊：深。

禅客途中同即次，羡君不是发书生。

禅客欲点化尊者，乃先拜问籍贯姓名；尊者以实告之。次问“仁者今欲何往”，尊者答曰：“往长安选官。”禅客曰：“选官何为？”尊者曰：“授一官半职，上致君，下泽民，光先祖，裕后昆，如此而已。”禅客曰：“后日复得上升乎？”尊者曰：“政声籍籍[①]，考居上上，一岁九迁其官有之，拔居万民之上有之，何谓无上升？”禅客答云：“我所谓上升者，为仙为佛；尔所谓上升者，加爵进秩云耳[②]。”尊者曰：“名登金榜，胜似登仙；进士释褐，即同禅化[③]。彼之仙佛，乃渺茫不可凭准之途；此之仙佛，实受用有所作为之益，不得优彼而劣此也。”有诗为证：

通籍天朝出宦途，丹台石室不差殊[④]。

考居上上官超选，裕后光前剖竹符[⑤]。

禅客复问曰：“选官长生不老乎？”尊者曰：“浮生似寄，一造一化，理数然也，何能跳出数外？富贵三十早亡，孤贫百世不死。此虽相法，其实强词。儒者只论荣显，若欲百世长生，儒者输此一着，除是为仙为佛。”

禅客又曰：“选官合家受用乎？”尊者曰：“书云：‘一子受皇恩，全家食天禄。’耀祖荣宗，封妻荫子，非全家受用而何？”禅客曰：“祖宗妻子，万世长享厚报乎？”尊者曰：“世代有变迁，人物有凋谢，芳名勒在册籍[⑥]，万世流传则有之，那有万世享用之理？若如此论，则儒家又输一着，除是为仙为佛。”有诗为证：

---

① 籍籍：声名响亮。

② 加爵进秩：指升官。秩，官吏的俸禄，引申指等次。

③ 释褐：去掉褐衣，指进入仕途。褐，粗布衣服。禅化：即了悟佛法，脱离六道。

④ 丹台、石室：分别指士人为官的朝堂与僧人参禅的洞室。

⑤ 剖竹符：指任高官，被皇帝委以符命。

⑥ 勒：刻，此指记录。

儒者亨通佐庙堂，全家受用福非常。
为仙为佛无生灭，儒者难逃劫数戕。

禅客又问曰：“富贵长保无虞乎[1]？”尊者曰：“祸福相为乘伏[2]，卑者一事贪，一行酷，则降谪斥辱及之；尊者一谋疏，一策失，则朝承恩、夕赐死有之，何能长保无虞？”禅客曰：“佛家无荣无辱，跳出樊笼之外，鼎镬不能加[3]，刀兵不能及，何乐如之。”

禅客又问曰：“朝廷悬爵禄以待贤士，无甚品第资格乎？”尊者曰：“位士惟能，因能授任，何谓无资格？假饶名器滥加于人，不惟失朝廷官人之体，且百姓受害不赀矣。”有诗为证：

吉凶乘伏理当然，跳出樊笼佛与仙。
位士惟能资格慎，朝廷爵禄岂轻悬。

禅客曰：“先生出仕，长生不老不如佛，长享厚报不如佛，跳出樊笼不如佛，则佛亦尽可为矣。明公不知提衡[4]，某不敢请；今既提衡，选官艰苦如此，则为官何如为佛？曷若弃儒业而为佛业，舍仕途而入释途，使长生不老在我，长享厚报在我，跳出樊笼在我之为愈乎[5]？”尊者问曰：“佛亦用选乎？”禅客曰：“选佛较选仕尤甚。三千举子入场，英雄入彀者几人[6]？若作佛不待抡选[7]，则举世皆罗汉矣。故曰‘尤甚’。”有诗为证：

① 虞：忧患。
② 乘伏：意即倚伏，互相关联。
③ 鼎镬（huò）：指严厉的刑罚。镬，大锅。
④ 提衡：掂量，衡量。
⑤ 愈：超过。为愈，即“为好”的意思。
⑥ 入彀（gòu）：进入范围。彀，比喻圈套。
⑦ 抡（lún）选：挑选，选拔。抡，挑选。

出仕何如作佛高，提衡历历受劬劳[①]。
明公莫若更儒业，做个如来在九霄。

尊者曰：“佛法祖释家牟尼[②]，则选人为佛，非释家牟尼不可。牟尼不复作矣，今世何人能精选举？”禅客曰：“代不乏人。帝非二帝，而紫极依旧有尧舜；代非三代，而青槐依旧有伊周[③]。牟尼虽远，讵可谓今日无牟尼耶？豪杰之士，虽无文王犹兴。今之佛，犹古之佛也，何必借才于异代，乃得成其为人乎？”

尊者曰：“今之披缁削发、沿街鬻食者，孰不为僧？特籍施主供饭，以养皮囊；至叩其超悟性灵，则贸贸不知也。我欲弃儒为佛，必须从高人受业，所谓因不失其亲，亦可宗也。子云游四海，定知域中何人可为今日牟尼，能别识何人可为今日法器。”禅客曰：“江西马大师[④]，独契悟如来宗旨，域中有志为佛者，必归之印正。故今盛称马大师山门，乃选佛场子也。子何患选佛无所依归？”有诗为证：

马师选佛寓江西，不亚当年悉达师[⑤]。
负箧往从求指引，如来正法定传伊。

尊者得了禅客点化，遂弃了出仕念头，谢了旅次清话，径往江西参谒马大师，求为披剃受戒。

马大师顾视尊者久之，知是如来法器，先以言语餂之曰[⑥]：“子儒巾儒

① 劬(qú)劳：劳苦，劳累。
② 释家：佛家。牟尼：智者。
③ 紫极：代指君主。青槐：代之佐臣，即宰相。伊周：伊尹、周公。
④ 江西马大师：又称“江西马祖”。唐代禅僧。姓马，名道一，又称马祖道一。
⑤ 悉达师：指佛祖释迦牟尼。他名乔答摩，姓悉达多，也简称悉达。
⑥ 餂(tiǎn)：探取，诱取。

服，亦儒其学业。今日从吾徒而受教，背中道而为左道，果有所见而来耶？抑有所闻而来耶？”尊者曰：“禅客有所见，儒生有所闻也。倘今日得受业禅师门下，安知儒之不为佛，佛之不为儒也。”马大师从容辞之曰：“吾非汝师。南岳石头和尚[①]，乃汝受业师也，盍往谒之？吾作书荐之，以子之才，必传宗旨。吾与子相逢，定在铲削佛草之后。”有诗为证：

马师一见不收留，令往南华谒石头。
静夜焚香修荐启[②]，相逢订在草除秋。

尊者得了马大师荐书，不惮驰驱，直趋南岳，参谒石头。

石头和尚本日正在法堂讲经，见尊者来，不待开言，大惊叹曰：“吾道有传矣！”遂延入经筵。阅了马师荐启，又纳了尊者贽礼[③]，遂收为门下。随谓之曰：“弟子新来，当遵沙门条例，初执役，次执经，最后执法。”对众徒云：“着落此生，往槽场执役。”

尊者遵石头禅师命令，遂再拜礼谢，趋入行者之房。随次执役者三年，虽为涤器寒山事彼亦安意不辞[④]。有诗为证：

石头初见大夸奇，吾道相传恃有渠[⑤]。
且往后槽供役事，欣欣供执不推辞。

石头禅师明知尊者是传道之器，而必使之执役者，所以“动心忍性，增

① 石头和尚：亦名“石头希迁”。唐代禅僧。因结庵于衡山南寺石上，时人称“石头和尚”。与江西马祖道一齐名。
② 荐启：同下文“荐书”，推荐信。启，古代的一种文体。
③ 贽礼：见面礼。
④ 涤器：洗刷器皿。
⑤ 渠：他。

益其所不能”意也[①]。众人从游多年，尊者仅执役三载。石头宗旨，宜历年多者有妙悟，历年少者生扞格矣[②]。师明知从游弟子不论年数多少，达者为先。尝为众人讲经说偈云：

识得衣中宝，无明醉自醒。
百骸虽溃散，一物镇长灵。
知境浑非体，神珠不定形。
悟则三身佛，迷疑万卷经。
在心心可测，沥耳耳难听。
罔象先天地，玄池出杳溟。
本刚非锻炼，元净莫澄渟。
盘泊轮朝日，玲珑映晓星[③]。
瑞光灭不灭，真气触还生。
鉴照崆峒寂，罗笼法界明。
解悟非关舌，能言不是声。
绝边弥汗漫，无际等空平。
见月非观指，还家莫问程。
识心心则佛，何佛更堪成。

石头师本日讲经说偈毕，随吩咐众徒云：“来日汝等可铲去佛殿前草，无致滋蔓。”

众人不知此是禅语，次日依然俗人之见，各备锹锄，细细铲去佛前之草。惟尊者不备槽中器，不除阶下草，独取盆盛水净头，长跪于和尚之前，乞求落发。石头师见而笑之曰：“伟哉此子！悟人所不能悟，为人所不知为。

① “动心忍性，增益其所不能”：语出《孟子·告子下》。
② 扞(hàn)格：格格不入。
③ 盘泊：犹言“喷薄”。

马师之荐不负，传道之言不谬。回视铲草众生，不啻霄垠矣[①]”。遂为落发受戒。有诗为证：

殿草铲除是佛机，锹锄具备见何低？
净头落发夸神识，果信传灯语不非。

众人本日见新来尊者能悟石头师吩咐铲草禅机，各有愧心。及见石头师为彼落发受戒，欲传衣钵，又有妒心，私相议曰：“我辈修佛，口诵不能心惟，耳闻不能心悟。师铲草，我亦铲草；我铲草，尔亦铲草，无一人见解足称师意，无怪吾师不属意于彼也。但此人不除，终增吾辈颜厚，终传吾师衣钵。不如早图之，俾师得从容传教我也。”遂各藏刃器，密伺尊者出入。

有人潜以其谋漏于尊者，尊者潜以其事闻于禅师。禅师曰：“无恙。吾自有保护之术。”遂托奉使于江西马大师，尊者始得掩耳而出。有诗为证：

众人自耻见尤常，深忌新僧上讲堂。
机漏石师为保护，奉书获出避萧墙。

尊者传了石头师宗旨，复往江西来见马大师。马大师欣然迎而谓之曰：“窗草不除，周濂溪生意[②]。子来见我，忘却相逢铲草之后言耶？”尊者大悟，拜伏于马师之前曰：“上人昔日先见之言，乃弟子今日悟后之证也。”乞求济度，马师遂为更名曰“天然”。出众人意外，使彼不得加害也。有诗为证：

① 不啻：不只，不亚于。霄垠：天地。
② 周濂溪：宋代理学家周敦颐号濂溪。他任庭草长及窗上而不除。

复往江西谒马师，相逢铲草语非虚。
天然名字新更改，不使诸僧祸及肤。

尊者一日杖锡行化四方，暂憩息慧林寺。时值穷冬天寒[①]，尊者乃取寺中木佛，焚以炀体[②]。寺中众僧，不识焚佛来意，乃让尊者。尊者曰："吾焚舍利，非焚木佛也。"少顷，座上木佛俨若新装，众人始钦钦叹服。

长庆四年[③]，告门人云："时将至矣，吾欲行矣。"乃戴笠策杖受履，一足木及地而逝[④]。有诗为证：

杖锡徐行化四方，慧林憩息值风霜。
炉中焚佛来烘体，舍利烧焚衍庆长。

① 穷冬：深冬。
② 炀：烘烤。
③ 长庆四年：公元824年。长庆，唐穆宗年号。
④ 足木：指脚和竹杖。

第二十三尊　赋花罗汉

慧寂尊者，本姓叶氏。年十五，艳慕佛教。一日，禀辞父母，欲出家披剃为僧。父母以佛乃左道，惑世诬民，游手游食，不忠不孝，“君子维持世道，方辞而辟之，何为治而精之？吾利汝为圣门弟子，不利汝为沙门罗汉。且儒家事业，有实功，有实效，非若释家虚无寂灭，渺茫不可凭据者也。汝能攻习儒者经书，达则为卿为相，不达则为师为友。千钟粟，出自书中；黄金屋，出自书中；如玉女，出自书中。平生志，何所不遂？诗云：‘世上万般皆下品，思量惟有读书高。’又云：‘只见读书朝北阙[①]，哪闻念佛上西天。’由此观之，汝正道不行，返趋邪径。老父幼年承父兄琢养[②]，自暴自弃，不能掀天揭地，为个伟人。幸生汝为男子，正欲汝肩文章担子，做个破天荒好汉，俾亲戚故，旧羡为龙驹凤子；君王黎庶，恃为保障干城[③]。父母眼前，纵不获三牲五鼎供养，乌纱紫绶褒封[④]，亦何等荣耀”。有诗为证：

① 朝北阙：即朝见帝王。北阙，皇宫之门。

② 琢养：抚养教育。琢，打磨。

③ 干（gān）城：盾牌和城墙，比喻捍卫国家的将士。

④ “三牲”二句：指物质的奉养和荣耀获得。褒封：褒奖封赏，古代多因子功高官显而给其父母各种荣誉爵秩。

幼年艳羡作僧童，未睹儒家有实功。
揭地掀天称伟器，虚无寂灭岂能同。

父又曰："彼释家者流，去父母毛发则不孝，背先王法服则不忠，抄化人家盈馀则无节，诵念波罗梵语则无义。立人之道，忠孝节义四者而已；无此四者，是禽兽也。人家养子，称为龙凤则欣然喜，目为禽兽则艴然怒。老父先年不通古今，自愧马牛襟裾矣[①]，所望汝克盖前愆，岂乐父先马牛而子复禽兽也？为僧作佛之说，无依之人为之，难养之人为之。父母养汝这等年纪，非无依、非难养也。且阎浮世界之中，载不尽寺宇，数不尽僧人，见几人修行成佛？几人得升天界？易者不为，却为其难者；有实功实效者不为，却为其无凭准依据者，何颠倒错乱、蒙蔽不明如此也！为子者，克承父志；为孙者，绰有祖风。祖、父不为佛，定不许作此事也。"有诗为证：

孝忠节义四端全，天地完人羡大贤。
禽兽只因无四德，叮咛改辙与更辕。

其父严毅说了一番[②]，其母从容进曰："老娘十月怀胎，止望汝不离膝下；三年乳哺，止望汝终身奉养。今养汝年方十五，粗知理义，即欲出家为僧，不惟辜父后来期望，且负我眼前劳苦矣，汝幸少壮。为人果天地气化所生耶？我将艰苦事，对汝言之。毛诗《蓼莪》之篇有云[③]：'父兮生兮，母兮鞠我。拊我畜我，长我育我；顾我腹我，出入复我。欲报之恩，昊天罔极。'汝从师训讲解经义[④]，盖亦有年，岂不谙此义乎？既明此义，不尽性

① 马牛襟裾：指见识粗陋、胸襟有限。
② 严毅：严厉而刚决。
③ 毛诗：汉代毛苌所传的《诗经》，亦即现存的《诗经》版本。
④ 经义：指儒家经典的奥义。

于亲，而欲见性于佛。书云：‘不爱其亲，而爱他人者，谓之悖理；不敬其亲，而敬他人者，谓之悖德。’龆龄之儿[①]，既从沙门觅父；期颐之亲[②]，又从何处觅子？父是丈夫志量，宜期尔远大；母是妇人识见，只责汝近小。汝何说之辞！”有诗为证：

双亲养汝甚劬劳，望汝天朝作凤毛。
今既悖恩为释子，老人何处觅箕裘[③]。

尊者曰：“男非不知圣贤事业当为，男非不知父母养育当报。第男从先生肄业，梦寐中屡有神人告我云：‘子前生许下事佛愿，今世盍当酬之？’男梦中尝亦以父母劬劳未报为辞，神人复云：‘宗正法以答劬劳未晚也’[④]。当男心已许之，特身属于亲，未即去耳。许之而复背之，恐生不祥。”即啮断二指，长跪于父母之前曰：“望父母恕孩儿不孝之罪，假我数年工程，偿了事佛愿，明了为佛心，苍苍可表，即回来报答父母。所谓一精百成，一劳百逸者也。或者男之显亲寿亲[⑤]，当不出于缙绅之下。男今啮断二指，一指誓必出家，一指誓不忘亲。所谓指日成功，指日报效。今日父克成男志，后日男克终父事。始虽睽违[⑥]，终实相济，岂不美哉！”有诗为证：

神人启我去为僧，偿却前生许下因。
断指告亲鸣所志，得宗正法不忘亲。

尊者父母劝之不从，亲友劝之不从，只得顺其所志，遂依南华寺通禅

① 龆（tiáo）龄：儿童换牙的年龄。
② 期颐：一百岁。
③ 释子：本指释迦牟尼的弟子，泛指佛教徒。箕裘：指能继承父业，这里指能继承父业的人。
④ 宗正法：悟到正法并以之为宗。劬劳：劳苦。
⑤ 男：旧时儿子对父母的自称。
⑥ 睽（kuí）违：违背，不合。

师，落发为僧。通禅师知是法器，教之持斋诵经，教之坐禅习定，但未证悟，所谓“偏矣而未大”也。

通禅师圆寂，乃离南华寺，为行化游方僧，遍访高人以终所学。及闻耽源禅师道有真传，遂师事之。从游数年，叩其所传，骎骎已悟宗旨，所谓“大矣而未化”也。最后参谒沩山，始入堂奥，所谓“大而化之者”也。

尝见桃花开放，心有会悟，一日作偈云：

三十年来寻剑客，几逢落叶几抽枝。
自从一见桃花后，直至如今永不疑。

沩山祐禅师览其偈[1]，知其旨隐词文，心有玄解，遂呼而诘之。尊者悟后之见，历历与禅师相符契。祐禅师大喜，潜谓之曰：“佛家正法，属人传继。僧徒亿万，契悟一人。子今日从缘得道，善自护持，毋灾害尔躬[2]，无湮没尔法。予与汝源流同，学术同，不意今日契悟又同。汝往钦哉，无辜予望。”尊者谢曰：“谨领上人教命。”有诗为证：

桃花会悟与师同，嘱托兢兢护正宗。
门下几人知契悟，矜夸便是自灾躬。

尊者一日同沩山在寺外开田，地势不平，所计（开？）之田，庸有高低不一[3]。尊者问沩山曰：“田势宜平，新开田这头如何恁的低[4]，那头如何恁的高？”祐惮师答曰：“水能平物，明日但取水面平，不论地势异。”尊者曰：

① 沩山祐禅师：唐代僧人，沩仰宗的创始人。在潭州沩山（在今湖南宁乡西）独栖四年，世称“沩山灵祐”。
② 躬：自身。
③ 庸：常。
④ 恁（nèn）的：那么的。

"水亦无凭，毕竟高处高平，低处低平。"

尊者此答，皆禅家见道之谈也[1]，其寓意谓：道难执一，若高低然也。现前即是，触象皆真，顾人所处所见何如耳？祐禅师深然之。有诗为证：

开田询问势高低，水面如何一律齐？
毕竟低高随所处，道随人悟有缘机。

先是，香严弟子亦从游沩山门下，好诵读经卷，泥纸上尘言，昧心中会悟[2]。沩山激之云："吾不问汝卷册上所记得者，但问汝未出胞胎、未辨东西时本分内事，试道一句来。"香严本日懵然莫知所对，沉吟久之，进数语，沩山皆不许。香严曰："请惮师为弟子说。"沩山曰："吾说得，是吾之见解，于汝何益！"

香严被沩山一驳，即回转山房，检遍所集诸经，无一语可为酬对，乃自叹曰："画饼不可充饥。"于是尽焚诸经，自言曰："且作个长行粥饭僧，免役心神。"遂辞沩山而去。直抵南阳，见忠国禅师遗迹，遂于其祠憩止焉。晚间，梦见忠国禅师慈容如活，直呼其名谓曰："子性慧，何不慧？近前来听吾偈。"偈云：

法法法，元无法；
空空空，亦不空。
静喧语默本来同，
梦里何劳说梦。
有用，用中无用；
无功，功上施功。

① 见道之谈：深得禅理佛旨的言论。
② 泥(nì)：拘泥。昧：蒙蔽。

还如果熟自然红，莫问如何修种。

香严弟子一日因山中芟除草木①，以瓦砾击竹作声。俄然失笑，忽然省悟。遂归，沐浴焚香，遥礼沩山，赞曰："和尚大悲，恩逾父母。当时若为我说破，则心已明白，安有今日？"乃作一偈云：

一击忘所知，更不假修持。
处处无踪迹，声色外威仪。
诸方达道者，咸言上下机。

至是，沩山禅师见尊者桃花有悟，开田有悟，意香严向日不得于言，间别多年②，必有所感发开悟，如尊者明慧，未可知也，遂问曰："香严弟子近日见处如何？"尊者答曰："某甲卒说不得。"乃呈一偈云：

去年贫，未是贫；
今年贫，始是贫。
去年无卓锥之地③，
今年连锥也无。

尊者此言，一谓香严学几于化④，一谓自己学难强同，二意相关也。沩山不觉大笑曰："闻子偈言，其得如来禅，未得祖师禅乎？"戏其见远遗近，词虽抑扬⑤，其实乃深喜之。

① 芟（shān）：割草。
② 间别：离别。间，隔开。
③ 卓：立。
④ 几：差不多，几乎。
⑤ 抑扬：褒贬，这里偏指贬抑。

尊者师事沩山，前后共十五载，凡有吐谈，皆悟后禅语，从游众徒无不叹服，俱记载为修持要旨。尊者传了沩山正法，遂迁止仰山，从游之徒日益众盛，共称为仰山上人。

尊者道虽超悟工夫，犹自检点不辍，日与诸徒讲解，循循不倦，且善于接机利物。当时，演沩山之道，为禅门标准，四方谁不服之？

年七十七，同弟子往韶州行化[①]，抵东平山。某年月日，因谓门人曰："时至矣，吾将归矣。"遂于东平山抱膝而逝。临终有偈云：

我年七十七，老去是今日。
任性自浮沉，两手抱双膝。

① 韶州：今广东韶关。

第二十四尊　却水罗汉

智威尊者，本姓华氏，隋炀帝时人。身长七尺六寸，智勇过人。幼年亦事儒业，以韬略事炀帝，拜中郎将。才智足以统众，威望足以服人，亿兆称为保障①，朝廷目为干城。自筮仕以至宦成②，始终一志，庭无私谒，民喜天开，仁恩流于刑罚，抚字溢于催科③。不茹柔，不吐刚，得持身正道；能悦迩，能怀远，得治下要机。士夫百姓，有父母之谣；抚按三司，有廉明之誉。铨曹考居上上，隋君虚席殷殷；□居求志，行义达道者也。有诗为证：

官拜中郎佐下风，廉明猎誉寡追踪。

铨曹考绩非中下，期取勋庸勒鼎钟④。

尊者初仕，炀帝黎庶不曰“良牧”，则曰“仁侯”，芳名已流落人间。及唐高祖得了天下，下诏搜罗逸德，科道交章以尊者荐⑤。高祖嘉其贤，征为牧民守宰。尊者上表乞辞，高祖不许，三辟乃起⑥。

① 亿兆：指百姓。干城：中坚。

② 筮仕：古人将出仕，先占吉凶，故称筮仕。后称入官为筮仕。

③ 抚字：爱护。字，爱。催科：指催租税派工役。

④ 勋庸：功勋、劳绩。勒：铭刻。

⑤ 科道：中央和地方的监察部门。

⑥ 三辟(bì)：名次征召。辟，征召。

尊者奉命服官，不堕晚节，亲贤如就芝兰，辟恶如畏蛇蝎[①]。小秦王得于考察[②]，尝谓左右曰："华先生任事老成持重，异日可为公卿。"

第功名富贵之人，知进不知退。故谚曰："乘时进易，知机退难。"尊者早年本无宦情，逼于机耳。况今时更二代，历仕两朝，厌薄功名，希心恬退。唐武德中[③]，乃遗表辞官，挂冠于东门外而去。有诗为证：

新君征辟佐皇朝，治行当居第一流。
盈满自知殃所伏，挂冠恬退卧林丘。

唐天子阅了尊者辞官表，叹曰："此人出处分明[④]，去就义决，真伟人也！人各有志，彼道德之流，非功名富贵所能羁也。今愿出家为僧，朕当成就其是。"遂不强求遗留，听其出家，以终尔性。

勤劳于公署者，得暇裕于禅关也；鞅掌于军伍者[⑤]，得从容于僧席也。业儒而仕两朝，恍惚贤良芳躅[⑥]；归禅而宗三宝，依稀智慧香规。有志者事竟成，此人之谓，岂仅仅明哲保身尔哉？有诗为证：

拜表辞官愿出家，唐王披阅大矜夸。
古云有志终成事，伫见菩提作泛驾。

尊者既致臣（仕？）而归，闻宝月禅师道（法？）悟真宗，□（悟？道？）超玄旨，在舒州皖公山聚徒演教[⑦]。尊者不惮千里之遥，直趋舒州皖公山，

① 辟（pì）恶：除恶。辟，排除。
② 小秦王：指唐太宗李世民，即位前封秦王。
③ 武德：唐高祖李渊的年号。
④ 出处（chǔ）：出仕与隐居。
⑤ 鞅（yāng）掌：烦劳，职事忙碌。
⑥ 躅（zhú）：足迹。
⑦ 舒州：今安徽安庆。

参谒宝月禅师，求为门下。禅师纳之，以贵而知学，尤加礼敬。尊者自处，则不知有贵于己，不知受宠于君，较常人尤为谦抑①，有命即趋，有事即赴。尝居己于劳，居人于逸。人大义之，师大器之。至于讲经设法孔窍，人所扞格者，彼独孚契②；坐禅习定机关，人所苦难者，彼独悦怿。宝月禅师尝谓同志友曰③："吾门下法器，尽不乏人，不意晚年尤得一佳士。"盖指尊者而言也。有诗一首为证：

闻说舒州宝月师，道超玄旨演真如。
抑谦参谒为门弟，独自融通见性虚④。

尊者自从游禅师门下，日就月将，学有缉熙于光明⑤。道之传授，虽出于师，遇不明处，则不耻下问而质诸友；道之契悟，虽属于己，遇有得处，则不吝纸笔而志诸诗。

一日，悟出本来身心，作诗一律曰：

心本绝尘何用洗，身元无病岂求医。
欲知是佛非身处，明鉴高悬未照时。

一日，天清气爽，尊者独自寻芳泗水，问渡津头，大有意也。至一谷中，从容班荆宴坐⑥，一则憩以节劳，一则静以观化。

禅坐未几，忽然山水暴涨，泛滥谷中，排山倒石。尊者习定自若，视

---

① 谦抑：谦虚自抑。
② 扞(hàn)格：互相抵触。孚契：信服、投契。
③ 同志友：志同道合的友人。
④ 门弟：门下弟子。
⑤ 日就月将，学有缉熙于光明：语出《诗经·周颂·敬之》，意指日积月累而至于光明。后世也以"缉熙"指光明。
⑥ 班荆：铺荆于地而坐。

谷中若大厦，视山水若杯潦[1]。此时忘乎水之怀山，亦忘乎己之坐水，心下惟曰：“此必山妖做祟，假泛滥以试吾法力；借使方寸震憾，则彼得尽其中伤矣[2]。吾身化为中流砥柱，纵狂澜百折，自屹立不回矣。况山水几何，涸可立待，能为不灭之身害哉？”

少顷，山水果自退，于尊者帷裳分毫不渍[3]。且曰：“向来枉费推移力，此日中流自在行[4]。”有诗为证：

谷中宴坐为寻芳，偶涨山泉作祸殃。
泛滥忽然消涸也，老僧依旧坐平岗。

尊者一生服饰器用，推崇俭约。盖佛法贵无，不居己于有；佛法尚空，不居己于实也。故衣惟一衲，取其足以蔽体；食惟一铛[5]，取其足以养身。眼前不能脱化，且恐衲铛之为累也。如此一时，亦如此终生，不知衲铛之外，更有何者可为更易。有诗为证：

破衲和云补，寒铛带月烹。
不知衣食菲，铸意佛传灯。

尊者在皖公山，储积有饭僧谷二廪[6]，山下鼠窃狗偷之辈窥伺有日，每至廪所，辄见二虎在旁守护。盗者曰：“此诈也。闻智威和尚颇有法力，或

① 杯潦：杯中水潦，比喻水小。
② 借使：假使。中伤：此指伤害。
③ 帷裳：指坐处和衣服。渍：沾水。
④ “向来”二句：语出朱熹《观书有感·之二》。
⑤ 铛（chēng）：一种铁锅。
⑥ 廪：粮仓。

者以猫作虎，或者画虎张威，慑制我辈，不敢垂涎帑中之物[①]。今后去，须识破是假，莫冒认是真，则彼之委积可告匮，我之枵腹可告竟矣”[②]。

盗者议定，复去窃盗。三四饿夫，敌不过一二饿虎：盗未食谷，虎已食盗三四；窃盗未动廪中升合[③]，而虎已食盗过半矣。有诗为证：

积粟山中为饭僧，狗偷鼠盗觊觎生[④]。
几回二虎严防守，贪食城狐灭祸根[⑤]。

次日，尊者捕了未死之盗，送属县张令尹鞫问[⑥]。其盗不待刑责，即自供招云：“某僧积谷二廪，某等起心，潜行窃盗。去时廪旁尝有二虎守护，三四往不能窃。众心不死，至昨晚议云：‘某和尚有法力，防廪之虎乃纸画假虎，非真虎也。识破其法不行，则其谷可窃。’不意真虎咆哮作威，遂将众盗咬死。止孤身惊得九死一生，无地奔逃，始被僧人所执。”

县令鞫问得实，将本盗重责二十，以未得财放回，容其改过。其盗转回家中，未数日亦已身死。张县令始信尊者大有道行，不然虎胡受命若此，深加礼敬。有诗为证：

执得强人送县官，供招盗谷是真赃。
山君激发无情性，数个强人尽咬伤。

张县令讳逊[⑦]，以儒业发身，颇有重望。朝廷授为本县邑宰，重儒业不

① 帑（tǎng）：存财物的仓库。
② 委积：存聚。匮：乏，尽。枵腹：空腹。竟：完结。
③ 升合：旧时量粮食的量器。
④ 觊觎（jì yú）：非分的希图。
⑤ 城狐：城狐社鼠的省称，指害人的屑小。此指前文鼠窃狗偷之辈。
⑥ 鞫（jū）问：审问。鞫，审讯。
⑦ 讳：名讳，名字。

重僧道，每见左道之人，必斥逐之。及见智威禅师，有二虎守谷之异，始回心向佛。

一日，张县主官有余闲[①]，带仆从径往宝山，来谒尊者。尊者迎接至法堂叙坐[②]，张县主因问云："禅师徒从几何？"尊者答曰："从游贫僧门，行者二三人。"逊曰："盛徒现在山中，唤来相见。"尊者曰："容某唤来。"将手中拂帚向禅床连击三下[③]，一声风响，二虎咆哮而出，向县主面前作礼。逊上座惊怖不宁，尊者始麾之使去。逊愈加敬重，情愿弃官受戒。有诗为证：

带仆前来谒上人，问渠徒从几多名。
咆哮一声双虎出，惟兹二士守山林。

尊者事炀帝为中郎将时，阵中结纳从军二人，誓同生死。乃尊者继事唐高祖，弃官隐遁，出家为僧，间别数年，朋情恋恋，邀入山访之。

既见尊者近日所为，殊不似当年体态，二人因谓之曰："郎将今日狂耶？不然何为悖眊若此"[④]。尊者曰："我狂欲醒，君狂正发。"二人问曰："子何所见我二人之狂正发也？"尊者曰："人能摆脱尘嚣，则不为狂所囿。二君嗜色耽声，贪荣怙宠，依然世味中人[⑤]，将转轮与生死之途，何由得自跳出，非狂之正发而何？"二人闻言，遂感叹而去。有诗为证：

相携入谷访年交，诘问中郎狂正高。
声色宠荣君所溺，此狂更是祸根苗。

① 县主：一县之主，县令。
② 叙坐：排列座次。下文"逊上座"，说明县令坐了上座。叙，排次序。
③ 拂帚：即拂尘。禅床：坐禅的垫席。
④ 悖眊：行为非常，糊涂不明。眊，眼花。
⑤ 世味：指人世、凡间。

唐仪凤二年月日[1]，尊者始往石头城示寂，颜色不变，屈伸如生，室有异香，经月不散。

① 仪凤二年：公元677年。仪凤，唐高宗年号。

附录：五百罗汉名号及简介

1. 阿若憍陈如尊者：又作“拘邻若”等。阿若，意译为“了解”、“已知”、“了教”等；憍陈如，为其姓。释迦牟尼出家时随行五人之一，也是最初的五比丘之一。在佛弟子中最先第一悟，在教团中最为长老，被列为五百罗汉之首。

2. 阿泥楼尊者：又作“阿那律”等。意译为“无灭”、“如意”等。释迦牟尼的从弟。佛弟子中“天眼第一”，能见天上地下十方域之六道众生。佛陀涅槃后，曾参加第一次结集。

3. 有贤无垢尊者：即无垢威德菩萨。尊者位居普贤菩萨和文殊菩萨之下，但具有普贤、文殊二菩萨的慈悲与功德。

4. 须跋陀罗尊者：又作“须跋陀”等。意译为“善贤”、“好贤”、“善好贤”。为佛陀住世时最后接受教诫而得道的一位弟子，并于佛陀之前行取灭度。

5. 迦留陀夷尊者：又作“迦楼陀夷”。意译为“大粗黑”、“黑上”等。原为释迦在宫中的老师，学问高深后出家得道。后与其妻子皆皈依佛，出家为僧。

6. 闻声得果尊者：史无其人。闻声得果，指闻佛声而豁然悟道，得修行果实。

7. 旃檀藏王尊者：即月支国国王迦腻色迦王。在其统治时期，月支国高僧辈出，佛教得到普遍弘传，并进行了三藏的结集。

8. 施幢无垢尊者：幢，丝织的旗幡，置于佛前，表示指麾群生、制服众魔。史无其人。

9. 憍梵波提尊者：又作"梵波提"，号"牛相"比丘。前世曾受生牛身，故遗留有牛反刍的习性。

10. 因陀得慧尊者：又作"因陀逻"、"因提"、"释提桓因"等，别名所传逾千种；意译"天主"、"帝"，即"最胜"、"天上"之意。即因（帝释天），佛教护法神。原为婆罗门教、印度教之神。吠陀时代，为雷雨之神，后渐发展为战神。与梵天、毗沙门天等都是最早融入佛教的神祇。曾在白象山中修行，证行阿罗汉果。据载，因陀逻具有聪明智慧，能观千神之义，故称"千眼"。

11. 迦那行那尊者：释迦的声闻弟子。"迦那"为其名。"行那"，意为在逆境中，于所学诸法不得不失、不来不去，心身安住无所动。

12. 婆苏槃豆尊者：又作"婆修槃头"，俗称"世亲菩萨"。古印度罗阅城人，姓毗舍。旧译作"天亲"，乃"世人亲近供养"之意。无著菩萨的同母弟，禅宗西天二十八祖之第二十一祖。

13. 法界四乐尊者：即天台慧思（515—577），南北朝高僧。武津（河南上蔡）人，俗姓李。世称南岳尊者、思大和尚、思禅师。为我国天台宗第二代祖师（一说第三祖）。

14. 优楼频螺尊者：本名摩诃迦叶，又叫摩诃迦叶波。"摩诃"意为"大"，故又称"大迦叶"。为三迦叶之一。出身于婆罗门家庭，后皈依佛陀。在十大弟子中，以严格遵守头陀行而著名，被称为"头陀第一"。与第99尊为同尊。

15. 佛陀密多尊者：又作"伏驮蜜多"、"佛陀蜜多罗"、"佛陀蜜"，意译"觉亲"。古印度提伽国人，姓毗舍罗。著名禅师，西天二十八祖之第九祖。

此尊与第48尊为同尊。

16.那提迦叶尊者：三迦叶之一。又作“难提迦叶”等。迦叶，意译“饮光”，因其通身光炎，能映余光而使其不现，故名；那提为河名，尊者在河边生，故以为名。

17.那延罗目尊者：为过去世佛，早于佛陀之前出世，弘传教法。涅槃后有住持大塔，是现在佛、菩萨、弟子依止处。

18.佛陀难提尊者：古印度迦摩罗国人，禅宗西天二十八祖第八祖。

19末田底迦尊者：又作“末田地那”、“摩禅地”等。阿难两弟子之一。印度陀颇罗人，异世五师之一。相传为阿难最后的弟子，付法藏之第三祖。末田，意为“中”；地那，意为“日”。因出家于日中之时，又因受戒于水中，故时人称为“日中”、“水中”。

20.难陀多化尊者：难陀，意译为“善欢喜”，亦名“牧牛”，称“牧牛难陀”。据说曾问佛陀牧牛十一事，知佛陀具一切智，遂出家，修得阿罗汉果。尊者聪明异常，且声音美妙。

21.优婆鞠多尊者：又作“优波笈多”、“优波崛多”等，略称崛多；意译作“大护”、“小护”。阿育王时僧人。禅宗西天第四祖，异世五师之一。以阿育王之帝师而知名，并告之佛陀诸旧迹，指示起塔供养，并建舍利弗、目犍连、大迦叶、阿难等诸大弟子之塔以供养。据传，阿育王因此于世尊经历诸圣地建塔，共造八万四千塔，弘扬佛法。著有《理目足论》。

22.僧迦耶舍尊者：又作“僧伽耶舍”，意译为“众称”。北印度迦湿弥罗国著名论师，禅宗西天二十八祖之第十八祖。擅长说一切有部之论典，及因明（论理学）等学问。据载，玄奘西天求法时曾相遇，得其因明方面的详细讲解，受益良多。此尊与第40尊同尊。

23.教说常住尊者：当即为说法尊。他常住于世间，为大众说佛法。

24.商那和修尊者：又作“舍那和修”、“舍那婆斯”的，意译“胎衣”、“自然衣”、“麻衣”。与末田底迦为阿难两大弟子。为西天二十八祖之第三祖。佛教第一次结集时，受阿难指派，往古印度中部地区弘扬佛教。

25. 达摩波罗尊者：意译为“护法”。公元6世纪印度达罗毗荼国建志补罗城人，为该国大臣之子。极大乘佛教瑜伽唯识之旨，被视为印度佛教十大论师之首。曾住持印度那烂陀寺，玄奘曾从其弟子戒贤为学。

26. 伽耶迦叶尊者：为三迦叶之仲。生于中印度摩揭陀国之伽耶近郊。曾为外道论师，其人事火，有五百弟子。与其兄合谋陷害佛陀不成，方知佛法宏大，即舍邪归正，率众弟子皈依，终得罗汉果。

27. 定果德业尊者：史无其人。因以修禅定而生出一切功德，故号定果德业。

28. 庄严无忧尊者：史无其人。庄严与无忧统一，其佛性的修炼达到了完善境地。

29. 亿持因缘尊者：即僧护。舍利弗弟子。

30. 迦那提婆尊者：迦那，意为“一目”。意译作“单眼提婆”，又作“提婆”、“圣提婆”、“圣天”。龙树弟子，禅宗第十五祖。著有《百论》二卷、《广百论本》一卷等。

31. 破邪神通尊者：意译为“贤爱”。名跋陀罗缕支，西印度人。对论法透彻贯通，学风淳朴，戒行严格，且心怀慈悲。以其摧破外道的邪论而受人尊敬。

32. 坚持三字尊者：即晋代僧人慧远。俗姓贾，雁门楼烦（今山西宁武附近）人。“三字”即“阿弥陀”，意译“无量寿”。创立佛教净土宗，被尊为净土宗初祖。著有《法性论》等。

33. 阿（㝹）楼驮尊者：又作“阿那律”，意译“如意无贪”。甘露饭王之子，释迦堂弟，十大声闻弟子之一。传说出家之初，因懈怠贪睡受责，后立誓不眠，精进勤勉，得天眼通，人称“天眼第一”。

34. 鸠摩罗多尊者：又作“鸠摩罗陀”、“鸠摩罗驮”等，意译为“童受”、“童首”等。生于呾叉始罗国，时人以“日出论师”尊称之，与马鸣、龙树、提婆并号“四日照世”。制论凡十数部，并盛宣行，被尊为经部本师，付法藏第十八祖，禅宗第十九祖。著述凡十数部，有《日出论》、《痴鬘论》、《显了论》等。

35.毒龙皈依尊者：本名瞿波罗，意译“牧牛人”。曾为毒龙，故以为名。

36.同声稽首尊者：史无其人。所谓同声稽首，即一边称颂佛陀名号，一边行稽首（以头触地）礼，表示极度礼敬。

37.毗罗胝子尊者：名删阇夜。古印度苦行六外道之一。

38.伐苏蜜多尊者：又作“婆须密”等，意译为“世友”。北天竺国人，娑婆四评家之一，第四次结集时为五百贤圣的上座。禅宗西方二十八祖之第六祖。

39.阇提首那尊者：意译“愿勇”。曾为古印度外道十大仙人之一，与佛陀辩论而理屈词穷，佛陀为说四真谛法，即得正见而皈依佛法。

40.僧法耶舍尊者：又作“僧邠耶舍”、“伽耶舍多”，意译“众称”。著名论师，僧伽难提弟子，鸠摩罗多之师，西方二十八祖之第十八祖。与第22尊同尊。

41.悲察世间尊者：即地藏菩萨。因“安忍不动犹如大地，静虑深密犹如秘藏”，故称地藏。受佛陀的嘱托，要在佛陀灭度后、弥勒佛降诞前的无佛之世留住世间，教化众生，度脱六道众生。并发誓“地狱未空，誓不成佛”。安徽九华山是其说法的道场。

42.献花授记尊者：史无其人。献华座印，是说礼敬诸佛菩萨，因此功德，蒙佛授记，将来当为佛。

43.眼光定力尊者：史无其人。眼放光明，遍观十方世界，目光所触，使愚者生智、痴者复慧，摧除恶魔、降伏恶鬼、令外道皈依。

44.伽耶舍那尊者：伽耶，仙人名；舍那，卢舍那（佛名）之略。伽耶舍那，意即（毗）卢舍那佛之尊身。当即伽耶舍多，摩提国人，姓郁头兰。西天二十八祖之第十八祖。

45. 莎底蓊比丘尊者：莎底蓊，意译为“吉祥”。佛陀在舍卫国祇树给孤独园时新出家的比丘，为园内僧众烧水沐浴。

46. 波阇提婆尊者：又作“波奢”等。本名难生，通称“胁比丘”或“胁尊者”。中印度人。禅宗西天第十祖。据传在母胎中达六十年，伏陀蜜多为其剃度。他随师修行，未尝睡眠，因“其胁不至席，遂号胁尊者焉”。据载，他曾发起第四次结集。

47. 解空无垢尊者：即无垢光菩萨，又称“无垢光童子”，密号“离尘金刚”。是文殊菩萨的使者，显文殊菩萨的空智。

48. 伏陀蜜多尊者：又作“伏驮密多”等。提伽国人，姓毗舍罗。西天二十八祖之第九祖，与第15尊同尊。

49. 富那夜舍尊者：古印度华氏国人，姓瞿昙。胁尊者弟子，马鸣之师。西天二十八祖之第十一祖。

50. 伽耶天眼尊者：史无其人。通过修持禅定而得天眼通。

51. 不著世间尊者：名虚空无边游步金刚。感诸佛的勇健菩提心化生而成，呈现暴怒可畏相。可使群魔束手、凶鬼敛迹，使世间善良众生安乐吉祥。

52. 解空第一尊者：即须菩提，意译为“善现”、“善见”、“善吉”。出身于舍卫国一个婆罗门家庭。佛陀十大弟子之一，人称“解空第一”。

53. 罗度无尽尊者：即无尽意菩萨、无量意菩萨，密号“定慧金则”、“无尽金刚”。贤劫十六尊之一。因观一切事象之因缘果报皆为无尽，而发心上求无尽之诸佛功德，下度无尽之众生，故称无尽意菩萨。

54. 金刚破魔尊者：史无其人。心性智慧坚如金刚，四魔不侵，魔根断绝。

55. 愿护世间尊者：护世四大天王之一。

56. 无忧禅定尊者：史无其人。无忧，即破除了忧愁烦恼。

57. 无作慧善尊者：即无作菩萨。“无作”是佛教为人处世规范之一，本世不做恶事，来世就聪慧善良。尊者以佛教无作、无用、无受、无智、无慧的规范教化众生，做出无尽的功德事业。

58. 十劫慧善尊者：史无其人。劫，意为极久远的时节。自强不息，经历十劫，慧善日增，证得阿罗汉果。

59. 旃檀德香尊者：即旃檀德佛。其德之馨，若莲花之清香，故又称为旃檀香佛。

60. 金山觉意尊者：为佛陀弟子。金山，喻佛之身如同金山。尊者常在佛陀身边聆听妙法，有如佛陀般的觉悟，摒弃人世间的一切烦恼，专意修习佛法，遵守佛祖教导，终获阿罗汉果。

61. 无业宿尽尊者：无业，唐代著名法师。俗姓杜，上洛（陕西商洛）人。唐穆宗备礼致聘，使者再三催促，无业见无法推辞，决定往生净土，便笑谓使者："行即行矣！"当晚端坐而化。

62. 摩诃刹利尊者：即经刹利贤者。摩诃，意为"大"；刹利，意为"田主"。尊者为大田主出身，后归信佛法。

63. 无量本行尊者：阿弥陀佛的前世身。阿弥陀佛，意译"无量光佛"、"无量寿佛"。本行，指菩萨修炼能使自己成佛的方法。尊者原为国王，后放弃王位，出家修行，法号法藏。经历无数次转世之后，终于遂愿，名无量寿佛。阿弥陀佛为接引佛，接引有心成佛的众生，参学佛理，获取果位。

64. 一念解空尊者：即宋代高僧解空。名可观，字宜翁，号竹庵，江苏华亭人。好学深思，他深信世事皆空、众生之不二法门，身体力行，并教化众生。

65. 观身无常尊：观音菩萨的变化身。

66. 千劫悲愿尊者：史无其人。悲悯众生，发下弘誓，千劫之中不离世间，以自身大船筏，载众生脱离苦海。

67. 瞿罗那含尊者：又作"瞿师罗"、"具史罗"，意译为"音美"、"妙音声"。古印度憍赏弥国之长者，优填王三大臣之一。据载，尊者过去世曾转身为一只小狗，以吠声引辟支佛到主人家中供养，故世世转身，皆报得美妙好音，成罗汉果。

68. 解空定空尊者：即东晋法师僧肇（384—414）。长安人，俗姓张。人称“解空第一”。师从鸠摩罗什，参与翻译、评定经论。后被后秦国主姚兴所杀。撰有《般若无知论》、《不真空论》、《物不迁论》、《涅槃无名论》，后人题名为“肇论”行世。

69. 成就因缘尊者：当即超度因缘如来。原为十六王太子之一，佛陀为诸太子讲解佛法，诸太子终获菩萨果位，分住世界八方。其中尊者居于东方，为众说法，救护世间，成就诸善因缘。

70. 坚通精进尊者：史无其人。坚定不移，艰苦修行，日益精进，终获罗汉果。

71. 萨陀波仑尊者：即常啼菩萨，又作普慈菩萨、常悲菩萨。其得名“常啼”者，或谓因见恶世之人身受贫苦老病苦恼而悲哀哭泣，谓或生于无佛之世为为利益众生、追求佛道而在空闲林中愁哭七日七夜，或谓幼时喜啼。

72. 乾陀诃利尊者：佛典中有乾陀诃提菩萨，当即此人。乾陀诃提，意指永不止息地自我修行、化导大众。

73. 解空自在尊者：名不空金刚（705—774）。祖籍北天竺，先祖唐时率族人船海来中土定居。天宝五年年间曾亲为唐玄宗行灌顶仪式，并受命迁居大兴善寺。安史乱时，留居兴善寺的不空常遣弟子向唐皇帝问安，唐肃宗也时派密使向不空请教佛法疑难。安史乱后，不空被授予试鸿胪卿，将所译七十部佛经进献朝廷。

74. 摩诃注那尊者：又作“摩诃朱那”等。经常随侍佛陀左右的大弟子之一，是当时僧众中声誉很高的名僧。

75. 见人飞腾尊者：即唐代名僧“腾腾和尚”仁俭。通达诸法，处世坦然，放旷不拘，漂游城郊村野，居无定处，人称“腾腾和尚”。曾与武则天有过接触。所作《了元歌》广行于世。

76. 不空不有尊者：史无其人。经长期禅定观照，悟了空真谛，达到“在有不有，在空不空”的大乘境界。

77. 周利盘特尊者：又作“注荼半托迦”、“周罗般陀”等，略称“般陀”、“半托伽”；意译为“小路”、“路边生”。十八罗汉之第十六尊。与第322尊周陀婆尊者、第498尊注荼迦尊者同尊。

78. 瞿沙比丘尊者：婆娑四评家之一。瞿沙，意译“妙音”、“美音”。他音声美妙，故名妙音。相传阿育王太子拘浪拿双目失明，瞿沙应邀为其诵经，太子双目重见光明，明亮如昔。塑像右手持洞箫状，象征美妙悦耳且能医治各种疾病的声音。

79. 师子比丘尊者：婆罗门种姓，为中印度王子。西天第二十四（五）祖。与第438尊同尊。

80. 修行不著尊者：史无其人。著，即心情缠绵于事物而不离，如爱著、执著、贪著等。不著，不执著于外部俗事干扰，心胸开朗，一心行善，方能证得阿罗汉果。

81. 毕陵伽蹉尊者：又作“毕陵伽筏蹉”、“毕邻陀婆蹉”，略称“毕陵伽”、“毕陵”；又梵汉并举，称“毕邻陀子”；意译“馀习”、“恶口”。五百世以来生在婆罗门贵族家。初学隐身咒，得名声，后遇佛，失其咒力，遂出家为佛弟子。因其常自骄贵、轻贱馀人，言语粗犷、不避尊贵，故有“馀习”、“恶口”之称。

82. 摩利不动尊者：史无其人。摩利不动，意谓此尊者佛法芳香，为众生所亲近。

83. 三昧甘露尊者：即军荼利明王。按其梵名本意为“甘露”，所以又称“甘露军荼利明王”。为密教五大明王之一。常见形象有八臂像和四面四臂像，手执种种金刚器杖，摧伏各种凶神魔鬼，调伏一切外道；同时将甘露洒向人间，降福于一切佛教修行者。

84. 解空无名尊者：史无其人。解悟世事之空幻而思考自身之疾苦，以众生之苦痛为己身之苦痛，尽力加以救度。

85. 七佛难提尊者：又作“佛陀难提”。佛教第七祖，古印度北天竺人。

七佛，指佛陀及以前的七个佛祖。为人乞食耐劳，不避寒暑，行化各地，救度众生，超升佛土。

86. 金刚精进尊者：史无其人。皈依佛法之心如金刚一般坚固锋利，心中诸魔悉皆摧毁，诸垢悉皆涤除，功德与日俱进，永无懈怠。

87. 方便法藏尊者：又称“香象大师”、“康藏国师”。法藏（643—712），唐代僧人。俗姓康，字贤首，号“国一法师”。祖先康居国人，至其祖父时，举族迁至长安，为华严宗第三祖。为弘扬佛法做了大量有益功德，故称方便法藏。著作甚多，有《华严经探玄记》等二十余部。

88. 观行月轮尊者：史无其人。因其德行如清冷明亮之月，无瑕无垢，故名。

89. 阿那邠提尊者：又称“须达长者”、“须达阿那邠提”。古印度舍卫国城人，与佛陀生活在同时代。乐善好施，救济贫穷孤寡之人，人称“给孤独者”。曾向波斯匿王太子祇陀购花园建祇园精舍，供佛陀做说法道场。

90. 指尘三昧尊者：即唐荆州当阳山度门寺禅僧神秀（606—706）。俗姓李，汴州尉氏（河南开封南）人。禅宗北宗之祖。阐扬禅旨力主渐悟之说，与南宗慧能主顿悟恰成对照，故禅史有“南顿（能）北渐（秀）”之说。

91. 摩诃俱绨尊者：即唐代婺州金华山俱胝和尚。常诵俱胝（准胝）观音咒，世人遂称之为俱胝。以“一指禅”著称。

92. 辟支转智尊者：史无其人。辟支，旧译“缘觉”，新译“独觉”，指未经佛指导就独自觉悟，却又不对人说或教化的圣者。佛教有八辟支佛，其首为波罗捺国王，或即其人。

93. 山顶龙众尊者：本为苏婆伐窣堵河（今印度河上游）源头一个叫殑祇的人，精通咒语，善于调御恶龙而使当地风调雨顺、五谷丰登，百姓每年每家送一石谷子作为报酬。年岁既久，居民感激心情渐渐淡漠，有人忘记送谷子，殑祇心怀愤怒，发愿化作毒龙，作践禾苗。佛陀教化此龙，恶念全消。

94. 罗网思惟尊者：即宝思惟。北印度迦湿弥罗国刹帝利种。唐代译经家。长寿二年至洛阳，奉敕住天宫寺等寺，译出《不空羂索陀罗尼经》等七部九卷，并参与武周刊定众经目录的编纂工作。

95. 劫宾那覆藏尊者：意译为"房星降世而转生的人"。佛陀弟子。因熟知星宿，为众僧之首，故称"知星宿第一"。

96. 神通亿具尊者：即目犍连，全称"摩诃目犍连"、"大目乾连"等，略称"目连"，别名"拘律陀"等，意译"天抱"等。古代印度摩揭陀国王舍城外拘律陀村人，婆罗门种。佛陀十大弟子之一。他能神足轻举，飞达十方，上至兜率天。人称"神通第一"。目连救母及盂兰盆的传说和习俗，影响甚广。

97. 具寿具提尊者：即沙门十二亿，佛陀的声闻弟子。勤奋精进，除恶益善，人称"精进第一"。

98. 法王菩提尊者："法王"为佛陀的尊称。佛为法门之主，能自在教化众生，故称法王。王有"最胜"、"自在"之义。尊者努力修行，已获佛陀般的觉悟与智慧。

99. 法藏永劫尊者：当即禅宗初祖摩诃迦叶。意译"饮光"。法藏指佛教教义等；永劫意为无穷尽的时间。与第14尊优楼频螺尊者同尊。

100. 善注尊者：注，即注解、注入。尊者精研佛典，于佛法奥义融会贯通，阐释精当。听其说法，犹如清凉法水注入心田，一切烦恼涤荡干净，自性清净心豁然呈露，洁净无瑕。

101. 除忧尊者：又作"除一切忧恼菩萨"、"除众忧冥菩萨"，密号"大救金刚"等。佛陀弟子。佛涅槃后，尊者居于胎藏界曼荼罗地藏院，发愿解除一切众生忧愁烦恼及一切无益冥想。

102. 大忍尊者：南朝僧人。据载，尊者梁朝时剃发出家，入隋后圆寂。根据《续高僧传》卷二七及卷三十、《隋智者大师别传》等有记载。

103. 无忧自在尊者：过去七佛之首毗婆尸佛的弟子，时释迦牟尼尚在修菩萨行，曾经向毗婆尸佛请教。勤于读教，于佛理通达明了、进退无碍，远离世俗忧愁与烦恼，心性清净无垢染，住于佛法无退转。

104. 妙惧尊者：即妙幢菩萨。惧有惧怕之义，但惧怕有时可使人不走邪路，故有妙惧之称。

105. 严土尊者：佛陀声闻弟子。十方诸大菩萨之一。

106. 金髻尊者：即金髻菩萨。佛经对“金髻”之名的由来有不同说法，或谓“金在髻”，或谓“以金为髻”。尊者实相慧明如金，教化众生，能妙用佛法，权智极为希有。

107. 雷德尊者：即光明电王阿揭多，掌管雷电的罗汉，能制止一切因雷电引起的灾难。

108. 雷音尊者：即雷音菩萨。雷音，神名，护伽蓝神。护伽蓝神，又作“伽蓝神”、“守伽蓝神”等，狭义指伽蓝守护神，广义指所有拥护佛法之诸天善神。雷音尊者为十八护伽蓝神之第七神。唐宋以降，我国即有禅宗奉祀伽蓝神的记载。

109. 香象尊者：即香象菩萨。香，遍满无碍之义；象，行足大力之义。二字合成，即诸行果满。音译作“乾陀诃提菩萨”等，又作“香惠善萨”等。与佛陀同属贤劫十六尊之一，为南方四尊之第一尊。

110. 马头尊者：即马头观音。又作“马头大士”，梵名“何耶揭梨婆”，意为“大力持”。以马置于头，故名。原是印度神话中毗湿奴神的化身之一。佛教密宗将他作为明王之一，后逐步演变为“六观音”之一。尊者能禳灾镇邪，解救众生的厄难。

111. 明首尊者：佛陀弟子，为居于西南地方的菩萨。与佛陀有相同的智慧。

112. 金首尊者：即金头仙人。梵名“迦罗仙”，全称“迦毗罗大仙”，意译为“黄头仙”、“金头仙”等。面色皆黄赤，故又名“黄赤色仙人”。本为外道，皈依佛而获正果，后创“数论部”，为数论外道之祖。现代学者认为是金胎神的人格化，历史上并无其人。

113. 敬首尊者：十方十大菩萨之居于东方的菩萨。

114. 众首尊者：即众首佛，为世间的大慈悲父。护持世间，智慧无量，神通广大，可以降伏各种魔众，使无量众生步入正轨。

115. 辨德尊者：即乐兽乾闼婆。为四乾闼婆之一，歌喉优美，善长音乐，是主音乐的天神。居处山林，受到狮、虎、狼、豹，牛、羊、鸡、雀等各种鸟兽的爱慕，并使它们和睦相处。以演奏妙乐，娱乐诸佛，教化百姓。

116. 羼提尊者：即羼提菩萨，又作“羼提波梨”等，意译作“忍辱”。为佛陀于历位修菩萨行，成满忍行时之名。居十方诸大菩萨之首，具大慈悲心肠，能忍一切苦难以感化众生。

117. 悟达尊者：唐末高僧。俗姓陈，眉州洪雅（四川射洪）人。法名知玄，字后觉。宣宗时，诏于大内讲经，并赐紫袈裟，署为三教首位。僖宗幸蜀时，赐号“悟达国师”，成为佛教领袖。士大夫多喜与交游，李商隐归田后，与尊者共住最久。

118. 法灯尊者：即法灯菩萨。为娑诃主佛的现世化身。佛教将佛法广譬之以灯，尊者得名以此，谓如大放光明的智慧之灯，能照亮众生走出迷途，通往极乐净土。

119. 离垢尊者：天神。据载，尊者首次预示悉达多王子将成为佛陀。

120. 境界尊者：即具境界菩萨。具无上正等正觉，发大慈大悲之心，摧破众生诸烦恼忧愁。

121. 马胜尊者：又作“马师”，或作“阿说示”，梵名“阿湿缚伐多”。释迦牟尼的族人，佛陀最早度化的五比丘之一，声闻比丘中的第一比丘，也是舍利弗之师。

122. 天王尊者：即天王菩萨。具五种神通。据载，佛陀在耆崛山中说法，尊者已得他心通，可以毫无阻碍地知道他人心念。尊者说法时和蔼可亲，态度谦逊，其说教如幻如梦，如响如亮，如影如化，如水中月……使众生不知不觉而开悟解脱。

123. 无胜尊者：即无胜菩萨。不仅自身受持佛法，且于外教如坚固城池，护持佛法；讲法之声如雷如狮，令外道畏服。

124. 自净尊者：即净心菩萨。意为自性清净、离一切之妄染与妄想。

125. 不动尊者：即不动菩萨，为过去世东方菩萨。又称“不动明王”等。为密教五大明王、八大明王之主尊，密号“常住金刚”。与第215尊火焰身尊者同尊。

126. 休息尊者：即多睡贤者。多睡，指该善于调息，思维总是集中而不散乱，状若睡眠，常若休息。据载，佛陀在王舍城灵鹫山中说法，尊者曾恭聆法教。

127. 调达尊者：即提婆达多，略称“提婆”、“达多”，意译“天授”、“天与”。斛饭王之子，阿难之兄，佛之从弟。幼时于释尊、难陀共习诸艺。佛陀成道后，随佛陀出家，十二年间精勤不懈。后因未得圣果而渐生恶念，至十力迦叶处习得神通力，率五百徒众脱离僧团，自称大师，倡导异说。曾率众投石器、放狂象欲加害佛陀，皆不成。后在欲加害佛陀时反自破手指而命终。后在地狱中念“南无”，声称佛号，经日不倦，功德圆满，最终获解脱，转世为佛。

128. 普光尊者：即普光菩萨。唐代僧人。曾师事玄奘三藏于慈恩寺，精苦恪勤，闻少证多，玄奘默许之。人称“大乘光”。玄奘二十载所译经，多为普光笔受。所撰《俱舍论记》三十卷，为《俱舍论》三大疏之一。另著有《俱舍论法宗原》、《百法明门论疏》等。

129. 智积尊者：原为王子，后于东方世界成佛，称阿闳佛。东晋末年，尊者自西土来华，在苏州开创灵岩寺，法誉甚隆。

130. 宝幢尊者：即宝幢菩萨，又称“宝幢如来”、“宝幢佛”等。为婆婆世界上方不动世界宝相佛前菩萨；又有谓与称赞净土佛摄受经之西方宝幢如来等同尊。宝幢，是其表发菩提之义、降伏四魔军众的标志。

131. 善慧尊者：即梁朝傅翕（497—569），南北朝时著名居士。自号“当来解脱善慧大士”。俗姓陈，南齐双休乡人。举家奉佛，妻号妙光。梁武帝时曾受命讲经于重云殿，武帝亲临听经，群臣离座恭迎，唯独善慧安坐不动，众人问他为何不起迎圣驾，答曰：“法地若动，一切不安。”梁陈嬗代时，战乱四起，尊者在家广集徒众，讲经不辍。

132. 善眼尊者：即善眼菩萨。尊者善于引导众生摆脱欲望魔障的缠绕，明心见性，往生净土。

133. 勇宝尊者：勇宝菩萨。尊者勇于获得佛德、佛性，故称勇宝。

134. 宝见尊者：即宝见菩萨。据载，尊者曾参加佛陀于毗耶离庵罗树园举行的法会。尊者善于洞察众生心意，明彻诸法妙义，引导众生循循善诱，帮助众生达到解脱。

135. 慧积尊者：即慧积菩萨。尊者智慧积聚，聪明绝顶，以智慧著称。据载，尊者曾当场讲出佛理的真谛，受到佛祖的赞扬。

136. 慧持尊者：东晋僧人（337—412）。俗姓贾，雁门楼烦（山西京县）人。名僧庐山惠远之弟。

137. 宝胜尊者：即宝胜菩萨。尊者具有普贤菩萨的一切功德，能变化无数身。

138. 道仙尊者：又名僧仙，康居国人。原为商人，性情贪婪，唯利是图。一次偶闻禅师说法，内心豁然省悟，遂将两船财货沉于江中出家。

139. 帝网尊者：即帝网菩萨。据载，尊者曾在毗耶离祇罗树园聆听佛陀讲经。尊者神通广大，变化自如，如随风幻化的浮云，变幻莫测。

140. 明罗尊者：即明网菩萨。曾参加佛祖法会。尊者心极平等，如地、火、风缘，虚空无边。已修成金刚坚固不坏之身，有大光明，映蔽日月。

141. 宝光尊者：即宝光菩萨。佛光能引导众生走出黑暗，故谓之宝光。具备普贤菩萨的一切品行与功德。

142. 善调尊者：即日藏菩萨，号“调善如来”。据载，过去劫曾有五百人供养诸佛，学菩萨乘。后因亲近恶知识做下恶业，遂堕入畜生道中沦为马。尊者为了度脱他们，也现身于马中，以马声为诸马说法，五百匹马命终往生兜率天。

143. 奋迅尊者：即奋迅王菩萨。奋迅，喻狮子愤怒咆哮的威严形象。尊者怒时，大地发生六种震动，地狱众生、外道随之获得解脱。

144. 修道尊者：史上未必实有其人。佛教将修习菩萨乘的过程分为十地或十住，从第一至第十的整个过程称为“修道”。尊者严格按此顺序修道，终成菩萨。

145. 大相尊者：文殊菩萨的前世身。大相是尊者过去世的名号。原为外道的一名小童子，名叫“欢喜”。佛陀成佛再次降临世间时，名号文殊菩萨。佛陀涅槃后，文殊菩萨（即大相菩萨的后世身）当获得佛的果位，号“大庄严如来”。

146. 善住尊者：又称善住天子。善住，指努力行善，住心于佛法的修行，不为尘世诸烦恼所影响。忉利天子，为忉利天诸天子之一。

147. 持世尊者：即持世菩萨。一切护持佛法，让佛教在世间大放光明。

148. 光英尊者：即光英菩萨。又，隋朝有光英比丘。

149. 权教尊者：即权教菩萨。权，灵活方便之意；教，教法。尊者心性慈悲，怜悯众生为痛苦所困惑，于是用权宜之法，解大众一时之苦。

150. 善思尊者：即善思菩萨。据载，尊者曾参加佛陀在王舍城耆阇崛山举行的法会。弥勒菩萨为转轮王时，善思对其有启迪之功。

151. 法眼尊者：即五代时南京清凉寺法眼文益禅师（885—958），为南禅法眼宗的开山祖师。俗姓鲁，余杭人。创《宗门十规论》，为禅宗五家七宗之一。南唐国主李氏礼敬有加，并迎至金陵，事以师礼，并从之受戒，赐以“净惠大师”之号，并为建清凉伽蓝。入寂后，谥号“大法眼”。著有《宗门十规论》、《大法眼文益禅师语录》各一卷。

152. 梵胜尊者：史无其人。梵，梵天之意，译作离欲、清净；胜，即胜因，胜因生善道，恶业堕泥犁。尊者远离情欲，成就具足清白之相，终成阿罗汉果。

153. 光耀尊者：又称光耀网菩萨，北方佛土离暗冥世界的大菩萨。尊者认为世间万物的生灭，如同看魔术师演戏法，如梦如幻，因此要诚心向佛，寻求解脱。

154. 直意尊者：史无其人。以诚实无曲之直心处世待人，终证阿罗汉果。

155. 摩帝尊者：即摩帝菩萨。摩帝又作摩地、摩提，意译为“慧”。尊者善长修定，息虑凝心，身心寂静，从中增长神通、智慧与方法。

156. 慧宽尊者：一作惠宽，唐代高僧。俗姓杨，四川锦竹人。

157. 无胜尊者：佛陀的前世身。

158. 昙摩尊者：即昙摩菩萨。昙摩，又作达摩，意译“法”，指保持自性而不改变之意。据在，往日舍卫国须达长者家两只鹦鹉解人语，曾听阿难说法，欢喜持诵，夜宿为野狐所食，缘此善根，转身为人，一为昙摩，一为修昙摩。曾在祇竹园向佛陀请教佛理，闻佛陀妙解，于佛法理悟甚深。

159. 欢喜尊者：佛陀堂弟阿难陀。又作阿难，意为“喜庆”。佛陀十大弟子之一，“多闻第一”。第一次结集时诵出经文，并与摩诃叶共同领导佛教僧团活动。在汉地佛寺中，与大迦叶侍立在释迦佛两边，成为一佛而二胁侍格局。

160. 游戏尊者：即大游戏菩萨。据载，尊者曾到摩竭陀国法阿兰那菩提道场听佛陀说法。已得神通自在，善主在人、出世间中无边法行，帮助众生求得解脱。

161. 道世尊者：唐代僧人。俗姓韩，字玄恽，因避太宗讳，以字行；京兆（西安）人。深研律学，尤善辞章。曾入玄奘译场，后被皇太子诏住京师西明寺。学识博洽，与道宣一起弘传律宗，移风化俗，严持净戒。勤于著述，编成《法苑珠林》百二十卷，还著有《诸经要集》、《金刚经集注》等。

162. 明照尊者：即照明菩萨。尊者已离一切盖障，得无量明，其心犹如纯净的月轮，以智慧之光照耀众生，使众生悟解自性清净。

163. 普等尊者：史无其人。普为“普遍”，等为“齐等”。普等，意谓尊者于众生无所差别，同等看待。

164. 慧作尊者：佛在世时的一位明士。据载，尊者曾赴迦毗罗卫国听佛说法。恪守戒律，心清口净，其净如花如月，明亮香醇。

165. 助欢尊者：史无其人。因誓愿佛祖安乐而得名。

166. 难胜尊者：即难胜菩萨。意为慈悲。据说尊者常怀慈悲之心，故以“慈”氏为始。原名阿逸多，意译“无能胜”。印度人，唐末来中国，从事佛经翻译。

167. 善德尊者：佛陀在世时的居士。

168. 宝涯尊者：史无其人。宝涯，即宝海，指功德之宝珠甚多无数，不可测量。尊者虔心向佛，广行善事举凡施舍、斋僧、修桥、补路、恤贫、抚孤等无不为之，平生善行无数，功德有如大海。同时，他还精研佛理，修习禅定，勇猛精进，证得阿罗汉果。

169. 观身尊者：史无其人。皈依佛祖出家为僧后，起初不得佛法要领，遂痛下决心，割断一切尘障，从而感觉到天净、地净，自身六根亦清净，终于求得佛教真谛，成就阿罗汉果。

170. 华王尊者：即华王菩萨，为十方诸大菩萨之一。

171. 德首尊者：即德首菩萨，十方诸大菩萨之一。

172. 喜见尊者：全名“一切众生喜见菩萨”，即药王菩萨的前身。已历百千亿劫，修行成大大神通，具有绝大智慧。

173. 善宿尊者：十方诸大菩萨之一。善宿，止宿于善之义。新译作“长养”。

174. 善意尊者：梵名“弥栗头支多那”。善意，谓尊者于济世度人中殚精竭虑、无私奉献。为三十六部神之第十八部神王。

175. 爱光尊者：光明如来之子。光，指佛光。爱光即“爱化”之意。其父出家为僧，功德无量，潜心修行，得道成佛，号即光明如来。尊者受其父光明如来的影响，也出家为僧，遵奉三宝，积公德而获得罗汉果位。

176. 华（花）光尊者：即花光幢菩萨。尊者曾参加佛陀举行的法会。他是众生的良师益友，又是大医王。

177. 善见尊者：名阿阇多，意译“善见”，即善见菩萨。为五十三善知识之第十一。古印度摩揭陀国国王。据载，降生前其父请相师占卜，说他将来必害父母，于是一出生即被由窗口抛下，然大难不死，仅伤其一指。年龄日增，结交邪恶少年，恶迹昭然。后囚禁父母，继承王位，率兵征讨邻国，涂炭生灵，而受到天惩，致遍体生疮，久治不愈。后延请名医时缚迦医治，时缚迦将他介绍给佛陀。佛陀为之讲经，遂皈依佛法，忏悔前罪，并广弘佛教。佛陀灭度后，他成为护法王，协助大迦叶完成第一次结集。

178. 善根尊者：史无其人。善根，不贪、不恚、不痴。尊者刻苦修行，不惜躯命，种诸善根，勇猛精进，成阿罗汉果。

179. 德顶尊者：即德顶菩萨，为十方诸大菩萨之一。

180. 妙臂尊者：即妙臂菩萨。妙臂，梵语“苏婆呼”的意译。苏婆呼，又作苏波胡。密号“悉地金刚”。

181. 龙猛尊者：即龙树菩萨。音译“那伽阿周陀那”，又称龙胜，亦称“现相罗汉”。因生于树下，以龙成道，号称龙树。南印度婆罗门种姓。印度大乘佛教中观学派创始人，人称显密八宗之祖师，禅宗西天二十八祖第十四祖。

182. 弗沙尊者：即弗沙佛。本为二十八宿之一，意译为“鬼宿”、“盛宿”。出生时正值弗沙星座，故名。为婆婆世界之外众香世界之佛，号莲花象，现在为弗沙菩萨摩诃萨。

183. 德光尊者：北印度钵伐多国人。出身王子。为十大论师之一。

184. 散结尊者：佛陀在世时的明士。散结，消除烦恼、与人慰藉之意。

185. 净正尊者：即唐代禅宗高僧怀海（720—814）。俗姓王（一说姓黄），祖籍福州长乐。是我国禅宗丛林清规（“百丈清规”）的制定者，并亲率众弟子共同遵行。尊者至晚年犹勤劳不息，丛林有“一日不作，一日不食”的佳话。谥“大智禅师”，追谥“觉照禅师”、“弘宗妙行禅师”。现存语录有《百丈怀海禅师语要》、《百丈怀海禅师语录》、《百丈怀海禅师广录》，为禅宗语录之较古者。

186. 善观尊者：即善观菩萨。据记载，尊者曾参加佛陀在毗舍离城奈氏树园举行的法会。他不仅自身解脱，还普济世人。

187. 大力尊者：又称大力王、大力金刚，为八大天神之一。据载，佛陀在菩提树下入定即将悟道时，魔王波旬捣乱，尊者等八大天神各现十六种化身，驱赶魔鬼，保护佛陀。后成为护法金刚，保护佛法。

188. 电光尊者：即电光菩萨。常参加佛陀举行的法会，聆听体证佛理的妙旨。已得大自在，通达无碍。

189. 宝杖尊者：即宝杖菩萨。以佛法为兵杖，护持佛教教义，震慑外道，使之皈依。

190. 善星尊者：即善星比丘。又作“善宿”，音译“须那呵多”、“须那刹多罗”。佛陀为太子时所生之子。据载，尊者曾随侍佛陀尼二十年，读诵十二部经，出家后断欲界之烦恼，发得第四禅定。后因近恶友、起邪念，且对佛陀起恶心，于是四禅退失，以生身堕入阿鼻地狱。故称阐提（即不成佛之意）比丘，又称四禅比丘。经地狱之苦，遂改恶从善，勤修梵行，证得阿罗汉果。

191. 罗旬尊者：又作“罗旬喻”，俗称“薄命比丘”。为佛陀的声闻弟子。生来命薄，因相师说他命相而不为父母所爱。12岁时即被逐出家门，以乞食为生，佛使阿难劝其出家。

192. 慈地尊者：即慈地比丘。原为六群比丘中第一恶者，后改恶从善，诚心修行，修成阿罗汉果。

193. 庆友尊者：即难提密多罗，“庆友”为意译。佛灭后八百年时，尊者降世于师子国（今斯里兰卡），是当时著名高僧。圆寂时，将十六大阿罗汉法名和住址告诉身边弟子，弟子将其临终述说撰文成书，此即《法住记》。玄奘大师将该书译成汉文后，十六罗汉的名号遂广为流行。唐代以后，汉地佛教界为表彰庆友的功德，将他列为第十七罗汉（“降龙罗汉”），位列玄奘（“伏虎罗汉”）之前。

194. 世友尊者：即世友菩萨。又作“天友”，音译“婆须弥多”、“伐苏蜜多罗”等。（其他称世友者尚有数人。）北印度犍陀罗国人。说一切有部初祖，与法救世主、妙音、觉天等被誉为婆沙四评家和婆沙四大论师。据载，第四次佛藏结集时，尊者任五百圣贤指导者，与胁尊者同被尊为上座，编集《阿毗达磨大毗婆沙论》，总结说一切有部学说。又著有《异部中轮论》。

195. 满宿尊者：六群比丘之第六位。原为外道信徒目犍连的弟子，后随师一起皈依佛教。诚心归佛，潜心修行，多行善事，得罗汉果。

196. 阐陀尊者：又作“车匿”、“阐那”等，意译“应作”、“乐作”、“覆藏”的。净饭王的仆役，释迦牟尼出家时随从的驭马者，后持太子须发、宝冠、明珠还宫报告。佛陀证道归诚时出家为比丘。但恶口之性不改，犯罪亦不悔过，与诸比丘不和，被称为“恶口阐陀”，又称“恶口车匿”。释迦涅槃时，阿难请示如何与阐陀等恶行比丘相处，佛陀敕阿难以默摈之法（不与交语）治之。佛陀入灭后，弟子依法治之，尊者始悔悟，后随阿难学道，证阿罗汉果。

197. 月净尊者：南天竺香至国王的长子。其父香至王崇奉佛教，经常邀请佛教第二十七祖般若多罗进宫讲说佛法。尊者亦崇敬佛法，居家持戒，诵经修禅，从不间断。后与月净、菩提多罗三兄弟均出家为僧，菩提多罗成为佛教第二十八祖，尊者获罗汉果位。

198. 大天尊者：音译作“摩诃提婆”。佛教大众部之始祖。生于佛灭后百余年，为中印度秣菟罗国商人子。相传出家前造三逆罪，后忏悔而入佛门，住于雉国寺。具大神力，阔达多智，曾至华氏城传道，阿育王皈依之。大众部创始人。

199. 净藏尊者：传说为往昔时代光明庄严国国王妙庄严之长子。为药王菩萨转生，与弟弟净眼（药上菩萨转生）长期修炼菩萨净三昧、净色三昧，得无限神通力，劝说父王皈依佛教。

200. 净眼尊者：妙庄严王次子，净藏尊者之弟。

201. 波罗密尊者：即济度罗汉。又作“波罗密多罗”等，意译“明知识”、“光智”、“到彼岸”、“度无极”，指觉悟的境界。中天竺人，刹帝利种姓。因传教而亲率僧俗数十人前来中国，路经突厥时为北面可汗说法，深得崇敬。后被迎入长安，居兴善寺，主持翻译佛经，译出《大庄严经》三十五卷。唐太宗敕命将其所译佛经缮写十部，颁赐全国大寺，使之流传海内。

202. 俱那含尊者：又作“拘那含”、“拘那牟尼”等，意译“金寂”、“金仙人”。贤劫中之第二佛过去佛，过去七佛中第五佛俱那含牟尼如来。据载，尊者曾举行过一次说法集会，有三万弟子参加。

203. 三昧声尊者：梵名“摩诃婆罗贺摩”，意为“清净”、“离欲”。大梵天的变化身，佛陀的护法天神。与湿婆、毗湿奴原是婆罗门教和印度教的创造神，合称“三大神”，主宰三千大千世界，是世间众生的创世神。在佛教艺术中，常以人间帝王的形象出现，常和帝释天一起随侍于佛陀左右。

204. 菩萨声尊者：史无其人。修持大乘六度，精进勇猛求大菩提，用诸佛道成就众生。

205. 吉祥咒尊者：史上未必实有其人。吉祥咒，吉祥能持、邪恶不侵之义，故名。

206. 钵多罗尊者：又作“钵怛罗”、“波多罗”等。印度僧人。五代十国时期，在前蜀光天元年（后梁贞明四年，公元918年）自印度摩揭陀国来到四川，是从西南崇山峻岭到达中国的第一位印度高僧。

207. 无边身尊者：即无边身菩萨，居于意乐美音世界。尊者身躯庞大无比，每一毫毛孔里生出一朵莲花，每一莲花上有八万八千城，装饰着七种宝物。城中各居住着八万四千个国王，周围又有无数臣民，丰衣足食，安乐吉祥。

208. 贤劫首尊者：即贤劫菩萨。

209. 金刚味尊者：即金威力菩萨。佛教的保护神。尊者已具备佛的种种智能，威力最强，为诸金刚中威力最强劲者。

210. 乘味尊者：即乘味禅师。唐代高僧，荆州人。乘味，圆通方便之义。能按众生差别，灵活方便启迪，使众生达到觉悟境界，获致正果。

211. 婆私吒尊者：又作"婆悉吒"、"缚斯仙"等，略称"婆私"、"婆吒"，意为"最胜"、"无上"。系七大仙、十大仙之一。生于婆罗门种族，传说为印度吠陀时代《梨俱吠陀》第七卷赞歌的作者。原为邪见外道，自命不凡，坠入地狱。后受佛陀教化，改恶从善，皈依佛法，证阿罗汉果。为观音二十八部众之一。

212. 心平等尊者：史无其人。心平等，指证诸法平等之理，于一切众生，不起怨亲等差别之见。

213. 不可比尊者：据《佛名经》载，已获佛的果位。不可比，指佛的德行是不可比的。

214. 乐覆藏尊者：史无其人。

215. 火焰身尊者：即火焰身菩萨。名"不动明王"、"不动使者"，密号常住金刚。为佛教五大明王之主尊。与第125尊不动尊者同尊。

216. 颇罗堕尊者：全称宾头卢突罗阇，意译"利根仙人"、"辩才"、"满正"。居四大罗汉之首。

217. 断烦恼尊者：史无其人。世间烦恼众生祈祷尊者，可清除烦恼，心静情寂，一生安乐自得。

218. 薄俱罗尊者：又作"薄拘罗"、"缚矩罗"等，意译"善容"、"伟形"。

因像貌端正、身材伟岸而名。修行八十年未曾一病、未服粒药，寿命极长，人称“长寿第一”。自出家修道后，从不偃卧而眠，始终结跏趺坐，未曾倚树。喜欢安静，不喜热闹，故又称“省事第一”。

219. 利婆多尊者：又称“离婆多”。原为一老鬼，与一少鬼因故发生争吵，后为一僧人点化，得罗汉果位。《首楞严经》称他为“坐禅第一”。可与第275尊互参。

220. 护妙法尊者：即慧远（523—592），隋代僧人。俗姓李，敦煌人。隋立，尊者于洛邑大开法门，远近望风来归，为隋文帝所重，曾数度应召亲临御席。后居兴善寺，未久移居净影寺，专事讲学，故又有“净影寺慧远”、“净影”之称，以别于庐山慧远。

221. 最胜意尊者：即最胜意菩萨。尊者的誓愿为最胜、最乐、最善、最高妙，故名最胜意。

222. 须弥灯尊者：史无其人。须弥，山名，译作妙高山、妙光山。须弥灯是须弥山王者的名号。

223. 设特伽尊者：即摩诃目犍连，简称“目犍（乾）连”、“目连”。佛陀十大弟子之一，能神足轻举，飞行十方，人称“神通第一。”

224. 弥沙塞尊者：又作“弥沙翼”等，意译化一、化地、不着有无观。优波鞠多五弟子之一，创化地部。

225. 善圆满尊者：佛陀声闻弟子。原为古印度输波罗伽国最富有的商人，闻听乔达摩太子捐弃王位，出家为僧修得正果，便亲往给孤独园听佛陀说法，在佛法启示下，毅然舍弃家产，剃度为僧，做出种种功德。

226. 波头摩尊者：即波头摩菩萨。身心如莲花，净无尘垢。

227. 智慧灯尊者：释迦牟尼前世曾转生过的善化幢灯世界的第十尊佛。

228. 旃檀藏尊者：即旃檀藏菩萨。旃檀是一种树，能发出浓郁的香味。尊者身散异香，具大功德。

229. 迦难留尊者：史上未必实有其人。迦难留，似为中文“家难留”谐音。尊者出家后偶尔回首世间，不免思尘还俗之想。后心寂清静，冷眼旁观，知凡夫俗子要想解脱，唯有参习佛法，升往清净佛国。尊者尽心修道，因而获罗汉果位，因其本生行德而获“迦难留”法号。

230. 香焰幢尊者：史无其人。香焰是沟通信徒与佛联系之物，香焰幢是佛的象征。尊者崇佛之心极坚极诚，每日于佛前礼拜忏悔，燃香致敬，诚心所感，香烟相结相聚，做一烟幢。

231. 阿湿卑尊者：佛陀的声闻弟子。曾与迦叶等诸大声闻弟子人王舍城化缘，并教化阿阇世王无畏德公主，使公主顿然开悟。佛陀与弥勒菩萨鉴知此事，施神通力加持，使无畏德公主当时获得菩萨果位，并由女身转为男子，称为无畏德菩萨。

232. 摩尼宝尊者：即摩尼宝璎珞菩萨，又名金刚慧菩萨。摩尼意为珠、宝、离垢、如意。尊者以除世间污秽、脱众生苦难为己任。

233. 福德首尊者：佛祖的前世身。据载，佛祖曾向众弟子述说自己历世转生的功德，意在激励弟子们竞相效仿，不懈努力。佛祖回忆说，自己曾转生为国王，名“福德”。

234. 利婆弥尊者：又作“香樟婆提”。佛陀十大弟子之一目犍连的弟子。曾参加佛教经典的第一次结集。

235. 舍遮独尊者：生于无佛之世。生来喜欢寂寞清静，厌恶世俗烦恼。独居静养，自悟佛性，最终修得智能圆满、功德圆满。

236. 断业尊者：史无其人。业，意为造作，泛指一切身心活动。尊者能像利剑一样，斩断一切世俗情丝，刻苦修习佛法，最终取得罗汉果位。

237. 欢喜智尊者：即阿难婆伽。为佛教贤哲三阿难（阿难陀、阿难跋陀和阿难婆伽）之一。阿难意为欢喜。通晓受持大乘佛教教义，遵循大乘佛教理论修习佛性，度化众生。

238. 乾陀罗尊者：又作犍陀勒、乾陀罗。西域人。曾不远万里来到洛阳，在洛阳东南之山修立寺庙，被推为寺主。风操卓然，善法术。

239. 莎伽陀尊者：佛陀声闻弟子。佛祖曾为授记，预言未来世当得佛位，佛号“普明”。莎伽陀，意译“善来”，尊者以之为名，有劝迎众生皈依之意。

240. 须弥望尊者：史无其人。须弥望，即望须弥。尊者努力修行，心想须弥，眼望须弥，最后得以证阿罗汉果，因名须弥望。

241. 持善法尊者：史无其人。善法，为佛教修行之大法。与第308尊同尊。

242. 提多迦尊者：又作提知迦、地底迦，意译作有愧。摩伽陀国（一说摩突罗国）人，其姓未详，初名为香众。为禅宗西天二十八祖第五祖。

243. 水潮声尊者：即一切海潮声菩萨。佛声音譬如海潮，海潮不违其时，与大慈大悲佛之声音应时适机而说法相似。尊者哀怜众生，能应众生的需要，应时而至，帮助他们脱离生死苦海。

244. 智能（慧）海尊者：即智能（慧）菩萨。《无量寿经》说：“如来智能海，深广无涯底。”尊者以之命名，说明他智能超群。

245. 众具德尊者：即隋朝僧人信行（540—594）。俗姓王，魏郡（河南安阳）人。又称三阶禅尊者，为三阶教之祖。撰有《对根起行杂录》、《三阶位别集录》等。

246. 不思议尊者：即不思议菩萨。据载，在佛陀于毗舍离城奈氏树园举行的法会上，他曾阐释自己对菩萨慧的理解。佛陀亲口告诉大众，以不思议为首的七十位大菩萨已历无数劫，众生临死时若称不思议等菩萨名，虔心皈依，死后可往生净土。

247. 弥遮仙尊者：即弥遮迦。中印度人，八千大仙人之首，故又称“弥遮仙”。为西天二十八祖第六祖。据载，尊者曾由阿弥陀传授仙法，因而仙术超群。他博闻多达，有大辩才。

248. 尼陀迦尊者：又作尼驮迦、尼陀、尼提，意译作“因缘”。据载，原为除粪人，属地位低贱的首陀罗种姓。佛陀不分贵贱，以平等心对待众生，将他度化。尊者虔诚归信，恪遵戒律，精勤修行，终证阿罗汉果。

249.首正念尊者：史无其人。正念谓集中思虑于修习佛法，不令离散和邪念滋生。尊者皈依佛法，修炼佛性追求思虑清净。

250.净菩提尊者：即唐代禅僧净觉（683—约750）。俗姓韦，为唐中宗庶人之弟。心体无污染称为净，对境不迷称为觉。尊者致力于阐明北宗禅祖统，著有《注般若心经》，入室弟子逾七十名。

251.梵音天尊者：即大梵天，印度的创世神，为佛教二十诸天之一。梵音，又作梵声，佛菩萨之音声。尊者能发出五种声音，声音曲折微妙，清净悦耳，作这样的声音诵经，宣扬无上正法，使闻者欢喜，易于从中领会佛教清净奥妙的道理。

252.因地果尊者：因地，果地的对称。地，“位地”、“阶位”的意思，指修行佛道之阶位。果地，则指成佛之位。

253.觉性解尊者：史无其人。尊者根识清净，见闻佛法，洞开真智，了达通悟，并能勤行精进，坚持不懈，达到既觉己又觉人的地步，证得罗汉果位。

254.精进山尊者：史无其人。尊者勇猛精进，自强不息，从不懈怠，艰苦修习佛法，就像登山一样，终证得阿罗汉果。

255.无量光尊者：即甘露光菩萨，密号大明金刚、离染金刚，贤劫十六尊之一。无量光，称赞阿弥陀佛光明之十二种名称之一，谓佛光不可胜数。尊者善于摧破一切外道、邪见与魔鬼。

256.不动义尊者：史无其人。不动义，性虚空十义之一，谓真如体性，常住而不变不动之意。尊者求佛之心坚固不动，常使意志定于一处，任何外物皆不能动。

257.修善业尊者：佛陀前世身。名善事（或“喜事”），为宝镜王长子。

258.阿逸多尊者：又作“阿氏多”、“阿嗜多”等，意译“无胜”、“无三毒”。佛陀弟子，十八罗汉之一。

259. 孙陀罗尊者：又名孙陀利。生于舍卫城外一村落，降生时室内有泉水涌出，清香甘美，有珍宝随水流出。尊者容貌端正，殊似天仙，令观者惊叹。波斯匿王以此事为奇异，将他带到迦兰陀竹林拜见佛祖。尊者见佛祖光明似日，伏身便拜，听讲四谛法，心开意解，当即出家为僧，精进勤学，证得罗汉果位。

260. 圣峰慧尊者：史无其人。圣慧，即佛陀的智慧。尊者以修“定”而得“慧”。他以佛祖之智慧往来于众生间，关心众生疾苦，助其求得精神永远解脱。

261. 曼殊行尊者：即文殊（全称“文殊师利”）菩萨当世身。曼殊，通称“文殊”，又作“满濡”等，意译作“妙”；“曼殊室利”的略称，意即“妙德”、“妙吉祥”，为四大菩萨之一。

262. 阿利多尊者：又作阿利吒、阿栗吒等。古狮子国僧人。初为宫廷大臣，曾赴印度迎请阿育王之女僧伽密多，为狮子国女佛教徒授戒。后来皈依佛门，以摩陀为师，学习律藏，被指定为狮子国佛教僧团领袖，持戒甚严。

263. 法轮山尊者：法轮菩萨，十方诸大菩萨之一。尊者功德巍巍如高山，智慧深远如大海，他具有无量的威力，能显现出各种神通变化。

264. 众和合尊者：史无其人。比丘三人以上，集同处、持同戒、行同道，即名众合和，也作和合僧。尊者善与同道和合相处，并促众僧聚居修持佛法，相互促进，同证道果。

265. 法无住尊者：即唐代高僧昙晟。俗姓王。法无自性，随缘而起，因缘而化。无住，万有之本，不生搬硬套之意。尊者善于因材施教，使众生都能体会佛法光泽，欣悦进入法门。再传弟子曹山本寂创曹洞宗，尊者乃曹洞宗先祖。

266. 天鼓声尊者：史无其人。天鼓，指置于忉利天善法堂的大鼓，由天之业报生得，不击而能自出妙音，为佛法象征。尊者具深厚德行法力，说法时众生如闻天鼓妙音，烦恼消退。

267. 如意轮尊者：即如意轮菩萨，又称如意轮观音，为密宗所传六观音之一。以其手分别持如意宝珠和宝轮，故名如意轮。

268. 首光焰尊者：即光焰幢菩萨。据载，尊者曾参加佛陀在给孤独园的法会。尊者得大智慧，德行万丈光明，照亮众生的心田，使众生俱解脱。

269. 无比较尊者：古印度东方妙真珠国人。曾得佛陀授记，当妙真珠国的现在世佛正遍知如来灭度后，由尊者居临佛位。

270. 多伽楼尊者：又作多揭罗、多伽留、多伽娄等，意译作木竿相、云根香、不没香。史无其人。为香名，香乃佛使，能将信徒之心通达于佛。

271. 利婆多尊者：又作“离婆多”，意译“室星”。佛祖的声闻弟子。其父母年老无子祈星宿碍而得，故以星名。在佛诸弟子中，尊者从禅入定，心不错乱，被称作“坐禅第一”。

272. 普贤行尊者：史上未必实有其人。意为以普贤菩萨之德行为修习目标。以普贤为人格范型所立之阿罗汉。

273. 持三昧尊者：即三昧藏菩萨。持三昧，善心定于一处而不动。尊者已至此等境界。

274. 威德声尊者：即大威德王菩萨。梵名阎曼德迦，别称降焰魔尊、六足金刚等。密教五大明王之一，配于西方，是西方阿弥陀佛的愤怒身。

275. 利德声尊者：佛灭度后一百年的印度名僧，佛教第二次结集的组织者之一。

276. 名无尽尊者：史无其人。无尽，即无相。佛教教人视一切诸相若有若无，迁流不常。尊者恪守佛教教导，弃掉世俗十相，达到无相境界，成阿罗汉果。

277. 阿那悉尊者：佛陀弟子。以擅长修炼著称，认为呼吸是一切修炼的基础，通过调息，可使身心清净、舍弃贪欲，增长智慧，健康身体。

278. 普胜山尊者：即宋代名僧普胜法。俗姓张，祖籍深州陆泽。深具慧根，诸经注疏过目便识，融会贯通。宋太祖曾赐法号“宣教”，并赐紫衣。

279.辩才王尊者：即乐音乾闼婆王，四乾闼婆之一，主管音乐的神，居住于十宝山中。聪明而有辩才，能发美音而歌唱。据载，尊者在佛前弹琴，其音美妙，宇宙大地为之震动，佛弟子大迦叶在座位上都不得安稳。

280.行化国尊者：古印度僧人。行化国，指专行教化的佛国。古代印度分为许多小国，佛教盛行之初，这些国家宗教信仰不一。尊者秉承教旨，亲率领弟子周游各国，弘传佛法，济度众生。在其感召下，许多国王放弃外道信仰而皈依佛法。

281.声龙种尊者：文殊师利的过去身。因其以声音教化众生，故名声龙种。

282.誓南山尊者：又称“南山律师”、“南山大师”。即唐代律僧道宣（596—667）。俗姓钱，字法遍，浙江吴兴（一说江苏润丹徒）人。戒宗三派之一南山宗的始祖。德行淳厚，为缁素共仰，有弟子千余人。著述宏富，有《四分律删繁补阙行事钞》等。

283.富伽耶尊者：史上未必实有其人。又作“补特伽罗”、“富特伽罗”等，旧译“人”或“众生”，新译“数取趣”。数取趣，意为数度往返五趣轮回者。尊者擅长顺各人情趣，采取不同方法宣讲佛法，教化众生获得解脱。

284.行传法尊者：佛陀在世时僧人。释迦创立佛教后，为使信奉婆罗门教的人改信佛教，信徒们不避寒暑，东奔西走，弘扬佛法，济度众生，谓之行化。尊者即为其中之一。

285.香金手尊者：即宝手菩萨。密号“满足金刚”。尊者一手能生珍宝金银，救济贫苦而获得温饱，故称宝手菩萨；一手清香四溢，闻者可以消除烦恼、心生快乐，故称香手菩萨。

286.摩拏罗尊者：印度那揭下国常自在王之次子。西天二十八祖之第二十二祖。

287.光普现尊者：史无其人。尊者功德无量，能佛光普照十方世界。

288. 慧依王尊者：即慧王菩萨。尊者已具足五通、成就三昧，勇猛精进，破除众魔，心地慈善，广布佛法，功德果满。

289. 降魔军尊者：名“大乐金刚”，又名“大乐不空菩萨”。具有降伏一切魔军的神通力，故又号称“降魔军尊者”。

290. 首焰光尊者：即大焰光菩萨。属上首菩萨。据载，尊者常亲近佛陀，参加佛陀的法会。他已得无量光明，形成光网，照耀世界；众生沐浴其光焰，烦恼尽除，如同月轮一样明净。

291. 持大医尊者：又作“时缚迦”、“耆婆”；意译“能活”、“活童子”等。古印度摩揭陀国频毗沙罗王庶子，王舍城名医。与佛陀为同时代人。他既能医治人的身病，又医治大众的心疾，可谓医中之大医。

292. 藏律行尊者：即怀素（634—707）。唐代律僧。俗姓范，京兆（陕西西安）人。尊者“独好毗尼（律），兼善俱舍（藏）”。撰述《四分律开宗记》二十卷，纠弹古疏之过，总结为十六失，而别立一家之说，时人号称“新疏”。还著有《俱舍论疏》、《遗教经疏》、《四分比丘戒本疏》等。

293. 德自在尊者：即大自大天。原本婆罗门教主神之一湿婆神，为古印度的生殖神。梵名为“摩诃首罗”，即“大自在”。后演绎为世界的创造者。

294. 伏（服）龙王尊者：降龙大尊者。名李诚惠，蕲州（一说蔚州）人。曾在五台山东台龙宫池边结庐修道，蓄一龙于净瓶中。后唐庄宗钦仰尊者高行，特遣使赐紫衣并敕书。

295. 阇夜多尊者：中天竺人。禅宗尊为西天第二十祖。四川新都宝光寺罗汉堂，将此尊塑成清康熙帝形貌，脸上的麻子组成“梅花”图案。

296. 秦摩利尊者：即鸠摩利。据载，尊者为迦维罗卫国人，佛陀叔父甘露饭王的后裔。

297. 义法胜尊者：又作“昙摩迦罗”等，意译“法时”等。中印度高僧昙柯迦罗。尊者25岁时，偶访一寺，见寺中《法胜论》，读而不解其义，请教一僧方悟解其理。从此摒弃世乐，出家精进，诵大小乘经典及诸部律藏，自谓天下文理悉在心腹之中。

298. 施婆罗尊者：佛陀姑母甘露味之子，后出家为佛陀弟子。本性慷慨，好施舍，供养佛陀及众僧人。

299. 阐提魔尊者：原是以杀牲为业的恶人（屠夫），后遇佛祖，聆其教化，始改恶从善，获得正果。

300. 王住道尊者：即得度。本为西印度国王。遇著名僧人摩拿多而悟佛法，传位太子，出家为僧，仅七日便证得阿罗汉果。摩拿罗让他常住本国，广度众生。

301. 无垢行尊者：佛陀时代的婆罗门僧侣，兄弟五人，排行第二。以欢喜团供养佛陀并参佛偈，后出家，得阿罗汉道。据传，尊者曾于佛陀讲经时主动担当护持佛法、利益众生之责。

302. 阿婆罗尊者：佛陀弟子。据载，佛陀在祇树给孤独园讲陀罗尼法，尊者表示不满，结果当即舌头堕地，身入阿鼻地狱。尊者心中畏怖，深切忏悔，悉心向善，脱离苦海，证得阿罗汉果。

303. 声皈依尊者：佛的声闻弟子。因听佛宣讲佛法，故号声皈依。以区别于无须要言教、自行觉悟的弟子。尊者耳根最利，听佛宣讲佛法，善于领会要旨、体悟真谛。

304. 禅定果尊者：史无其人。因修习禅定而获得果位。

305. 不退法尊者：即不退法阿罗汉。不退法，即不退相，乃九无学（无须再学）之一。尊者生来利根（根机敏慧），所习功德悉无遗失，学而不忘，人称无须再学之圣者。

306. 僧伽耶尊者：即僧伽陀。唐代西域僧人，葱岭北何国（一说碎叶）人。熟谙三藏，精通佛理，且有绘画才能。曾屡次显现神异，尝现十一面观音形，世称观音大士化身。唐中宗曾宗其为国师。

307. 达摩真尊者：即菩提达摩（？—535），又称“菩提达磨”、“菩提达磨多罗”等，略称“达摩”，意译“道法”。禅宗之初祖，西天第二十八祖。南朝梁武帝普通元年（520），泛海至广州番禺，武帝遣使迎至建业，然语不相契，遂渡江至魏，止嵩山少林寺，面壁坐禅九年。后传衣钵于慧可。或谓五代高僧法真，俗姓王。

308. 持善法尊者：史无其人。尊者严格遵守善法规条，修心养性，积功累德，终证阿罗汉果。

309. 受圣（胜）果尊者：即佛果克勤禅师（1063—1135），宋代临济宗僧人。俗姓骆，字无著，赐号“圆悟”，四川崇宁人。曾编成《碧岩录》十卷，世称“禅门第一书”。此外尚有《圆悟佛果禅尊者语录》。

310. 心胜修尊者：史无其人。心胜修，即修胜心，亦即修殊胜之行的心。尊者志趣高远，又艰苦修行，坚持不懈，终证阿罗汉果。

311. 会法藏尊者：音译“昙摩迦”等，意译“法宝处”、“法积”等，又称法藏比丘。阿弥陀佛的前世身。原是一位国王，捐弃王位，出家为僧，法号法藏。

312. 常欢喜尊者：即常欢喜菩萨。据载，尊者曾参加过佛陀的法会。

313. 威仪多尊者：史无其人。尊者规度具足，慎行无误，全身无处不具威仪，举手抬足无处不合规度。

314. 头陀信尊者：或即唐代镇州龙兴寺释头陀。陀，意为抖擞，抖擞能去尘垢，修习此行能舍贪著。头陀信即实行头陀修行方法。尊者曾修习十二头陀行，极为艰苦，随时驱除尘障，因而获得正果。深受信众敬重却不受供施，号为“抖擞上人”。

315. 议洗肠尊者：天竺人。晋时来洛阳。尊者以洗肠涤胃为喻，教诲众生忏悔罪恶，清净心性而获安乐。右乳边有一肉孔，平常塞以棉絮，拔除其絮则一室光明如昼。遇朔望日，至水边引肠胃涤之，复纳之入腹内，后世常有人谓信佛曰洗肠。中士称之“洗（浣）肠罗汉”。

316. 德净悟尊者：史无其人。德净悟，指德行清净无暇。尊者深植慧根，崇信佛法，广做善行，培德因本。出家之后，修习禅定，得清净之觉悟，开起初知见，证菩提正道。

317. 无垢藏尊者：虚空藏菩萨的化身。梵名阿迦舍蘖婆，一作虚空孕。因其包藏一切功德如虚空，故名。

318. 降伏魔尊者：即降伏菩萨。尊者为诸魔克星，“能令诸魔发菩提心而为承事”，不仅使邪魔难以侵凌，而且能使诸魔弃恶从善。

319. 阿僧伽尊者：无著菩萨梵名音译，意为“无碍”，又称“无碍障”。北印度犍陀罗国普鲁夏普拉人，古印度大乘佛教瑜伽行派创始人之一，于佛灭度后一千年出现于世。撰有《瑜珈十地论》，玄奘西天取经的主要目的就是取回此书。

320. 金富乐尊者：史无其人。金富乐，比喻俗人得金，欣喜倍常。出家人得佛果，犹若世俗之人得金，故名。

321. 顿悟尊者：即南北朝名僧道生（355—434），又称竺道生。俗姓魏，巨鹿（今河北平乡）人，寓居彭城（今江苏铜山）。曾师事慧远及鸠摩罗什之教，时称罗什门下四杰之一。主张“阐提成佛”、“顿悟成佛”说，又称直往菩萨。著有《二谛论》、《佛性常有论》、《法身无色论》、《佛无净土论》等。

322. 周陀婆尊者：又作“周陀”，音译“不乐”、“小路”，亦译“蛇奴”。古印度僧人，或即十六罗汉之注荼半托迦。

323. 住世间尊者：史无其人。尊者已具成佛的品行与功德，本可升往天界佛国乐土，然甘愿长住世间，教化众生，使十方世界皈依三宝。

324. 灯导首尊者：即导首菩萨，十方诸大菩萨之一。佛法如灯，导引众生不至于迷航，故以为名。

325. 甘露法尊者：史无其人。甘露，譬喻如来教法清净，长养众生身心，譬如甘露之德。尊者为求解脱，曾酿造甘露不死之药，饮后身轻不老。后皈依佛教，勤修佛法，悟得证果，视佛法为甘露法，功效非仙药所能比拟。遵从佛祖教导，广宣佛法，降甘露法雨以普救众生。

326.自在王尊者：即自在王菩萨。据载，尊者曾参加佛陀毗耶离庵罗树园和舍卫国祇树给孤独园的法会，并曾向佛陀请教如何能得大自在。

327.须达那尊者：佛祖的前世身，转生为湿波国太子。自幼施善，曾将国家所有珍宝，包括国宝大白象施予敌国。敌国国王回心向善，送回白象，两国和好，从此百姓吉祥安乐。

328.超法雨尊者：即法雨菩萨。佛法滋润众生，令由迷妄而至证悟，犹如雨之普泽草木。尊者智慧通达，洞察众生心意，善于因势利导、指迷解惑，如细雨滋润众生心田。

329.德妙法尊者：即三国名僧康僧会（？—280）。德妙法，意谓德行增长，功德圆满，妙法可得。康居国（巴尔喀什湖与咸海之间）人。祖居印度，随父航海贸易，移居交趾（越南）。父母早亡，矢志学佛。出家后不为俗情所扰，刻苦修行，精通三藏，获得证果。赤乌十年（247），至东吴都城建业（南京），弘扬佛法。吴主孙权与他交谈后，深感佛法精妙，遂创立建初寺，命其译经传法，此乃江南佛寺之始。他于寺中译出《六度集经》、《杂譬喻经》，又注释《安般守意经》等，还初步将梵语介绍到汉地。他是早期较系统地在汉地传播佛法的著名僧人。

330.士应真尊者：即罗摩阿罗汉。应真，阿罗汉的旧译，即应受人天供养的真人。据载，尊者原为憍萨罗国国王达萨拉塔长子，为遵守父王诺言，放逐南印度森林中十四年，随行妃子私多为魔王劫掠，引起战争。后得猴神哈奴曼帮助，夫妻团聚，返憍萨罗国为王。后皈依佛法，广植福田，终证阿罗汉果。尊者还是印度叙事诗《罗摩耶那》的主角，印度人视其为民族英雄。

331.坚固心尊者：或即坚固意菩萨，又作“坚固深心菩萨”等。坚固心，指崇信佛法而不动摇。尊者尊重诸佛，爱乐佛法，通晓经论，遭受逼迫而忍辱屈辱，能不恼不瞋。

332. 声响应尊者：史无其人。佛祖之声，有如空谷回音，发聩振聋。尊者因听到空谷回音而豁然顿悟，证成正果。他佛学高深，析理透辟，声如龙钟，扣人心弦，众生听了，无不皈依。

333. 应赴供尊者：或即佛祖。应供，音译“阿罗诃”，为佛十号之一。尊者使未度者度，未解者解，未安者安，未涅槃者涅槃。他平常不动，只要举足动步则使众生受益。

334. 尘劫空尊者：史无其人。尘劫空，指世上一切究竟本无所有。尊者了悟世界之究竟空相，因此不争不求，心无所住，神通广大，超然解脱。

335. 光明灯尊者：即光明灯菩萨。尊者遵照佛陀教导，在无佛世间广说佛法，劝导众生坚固佛心，礼敬佛、法、僧，其言如天灯照亮世界。

336. 执宝炬尊者：即执宝炬菩萨。宝炬象征绝大智慧，能照亮众生心智，除去众生幽冥。尊者佛性清净，热心助人，以火炬般光芒万丈的智慧，引导众生走向极乐净土。

337. 功德相尊者：即功德相菩萨。功德相，又称功德相严。以正观心性，具一切庄严法身而得名，居于西方阿弥陀佛国。

338. 忍心生尊者：史无其人。尊者身处末法之世，信心坚定，宽以待人，在其感召下，佛教逐渐赢得广泛信从。

339. 阿氏多尊者：又作“阿资答”等。在十六罗汉中位列十五。本为佛陀侍者，遵嘱不入涅槃，永住世间，济度众生。

340. 白香象尊者：即白香象菩萨。因身发异香而得名。前世为白象，因在劝说国王休兵息战，免除百姓痛苦，得以转世为人。经常参加佛陀的法会。身发异香，护持众生。

341. 识自在尊者：即大白观自在菩萨。尊者诵念大白真言，入睡后便可进入梦乡，预见前程吉祥或障碍。

342. 赞叹愿尊者：史无其人。赞叹，即称美其德。佛教认为赞叹诸佛是修行的重要法门。尊者发下誓愿，修持“赞叹供养正行”，一心赞叹供养弥陀佛，因而获罗汉果。

343.定拂罗尊者：即弗若多罗（功德华）。罽宾国人。尊者通晓三藏，尤精《十诵律》，以持戒清严见称于世。后秦时来中国，秦国主姚兴待以上宾之礼，并请其诵出《十诵律》梵文，由鸠摩罗什汉译。拂罗东来，使佛教律藏得以流传中原。

344.声引众尊者：史无其人。尊者勤于修行，精研佛法，慈悲为怀，以声说法，感召众生，修持善行，往生乐土。

345.离净悟尊者：史无其人。佛之语曰“净语”，“离”谓分离辨析，“离净语”即分析秽恶、张扬净语。尊者喜闻佛法，勤于思维，点滴修持，终于豁然开朗，喜获罗汉果位。

346.鸠舍尊者：即鸠舍菩萨。《佛名经》所列十方菩萨之一。

347.郁多罗尊者：佛陀前世身。尊者为无数劫前波罗捺国五百仙人之师，因怜悯众生苦难，遂发愿求正道。曾身自剥皮为纸，拆骨为笔，以血和墨，换取婆罗门的颂偈，传诵国民，国内由此少忧多乐。

348.福业除尊者：史无其人。福业为善业的别称。尊者由修福业开始，又超越福业修不动业，最后唯以心识住于深妙禅定，导引众生皆入净土。

349.罗馀习尊者：史无其人。罗为梵天五十字门之一，有“火”义；馀习，残馀恶习。尊者能以智慧之火，灭除高僧、罗汉馀习之暗，资生佛性之明，使僧俗大众身心清净，增益佛性。

350.大药尊尊者：即大药王菩萨，也称“大药王子”。

351.胜解空尊者：即宋代僧人可观（1092—1182）。俗姓戚（一说傅），法号解空，字宜翁，号竹庵，江苏华亭人。为天台宗巨匠智礼的四世传人。解空，本指悟解诸法之空相；胜解空，即善于讲说佛法理体之空相。著有《楞伽说题集解补注》等。

352.修无德尊者：当即后被推为禅宗初祖的菩提达摩。无德，即无功德。尊者生当佛法炽盛时，但众生只知建寺塑像斋僧，以求消灾免祸，却不知探求佛法精义，求得精神解脱。于是心生悯念，以修无功德之理教导众生，指出识得自性即是佛，菩提路本在心中。

353. 喜无著尊者：即唐末高僧文喜，赐号“无著”。俗姓朱，嘉禾人。曾参仰山寂禅师，顿悟心要。

354. 月盖尊尊者：印度毗离舍国人。据载，尊者曾入维摩方丈，听不二法门。又曾礼拜西方三圣，救除国内六大恶疫。禅宗山门阁上，观音右边常安置尊者之像。

355. 旃檀罗尊者：前世曾为远古时一国王，发誓要灭绝释迦族男女，赖仙人救助，释迦族得以嗣继。旃檀罗王作恶多端，其后代被罚作贱民，身穿垢衣，面目污秽，出行时手执标志，以自示不洁。佛陀成道后，他的转世身痛改前非，皈依佛法，广行善事。佛陀不计家仇，为其说法，终获罗汉果位。

356. 心定论尊者：史无其人。定，指“止心于一境，不使散动”。尊者勤修禅定而得定心，坚固信心，勇猛精进，终获正果。

357. 庵罗满尊者：庵罗树花生出之女。“庵罗”为印度的一种果树，又称“庵摩罗”等。尊者在嫁给摩揭陀国频婆娑罗王后，生子耆婆。耆婆成人后成为王舍城名医，皈依佛教，以行医劝说众生信奉正法。庵罗树女在其影响下也信奉佛教，曾将庵罗树园施与佛祖及其弟子在园内居住、讲法传道。随后，频婆娑罗王也皈依佛教，尊者功行无量圆满，遂转化为男人身。

358. 顶生尊尊者：即顶生菩萨，为众生应当礼拜归命的大菩萨之一。

359. 萨和坛尊者：即萨和坛菩萨，十方诸大菩萨之一。

360. 直福德尊者：史无其人。尊者以正直发心，成就一切善行，获得福利果报，享受人天供应。在四川新都宝光寺罗汉堂内，被朔成为乾隆皇帝戎装相。

361. 须那刹尊者：佛陀声闻弟子。尊者初入佛门时不守戒律，请教射箭，反披袈裟，恐吓佛祖。后受佛感化，改恶从善，成为佛的侍者。佛陀有一自然生成石钵，为稀世之宝。尊者终日手持石钵侍立佛侧而不觉其重，终获罗汉果位。

362. 喜见尊尊者：即一切众生喜见菩萨。

363. 韦蓝王尊者：即韦蓝王菩萨，十方诸大菩萨之一。

364. 提婆长尊者：即僧伽提婆。又作“僧伽提和”等，意译“众天”。本姓瞿昙，故又称“瞿昙僧伽提婆”。北印度罽宾国人。尊者学通三藏，为人俊朗，仪止温恭。前秦时至长安，曾与竺佛念、道安等译经。其所译经典约百余万言，道化声誉之高，东汉安世高以来，无有出其右者。

365. 成大利尊者：即成利菩萨。成大利，意即成佛。据载，尊者在过去时代，曾降伏一切恶魔怨鬼，以无边智慧利益众生。

366. 法首尊者：即法首菩萨。据载，尊者曾参加佛祖在舍卫国祇树给孤独园举行的法会。

367. 苏频陀尊者：佛祖的最后一位弟子。《法住记》所列十六罗汉中的第四位。他为纪念佛陀，曾特制一塔，随身携带，故又被称为“托塔罗汉”。

368. 众德首尊者：即功德首菩萨。尊者精通佛法，辩才无碍，声如雷震狮吼，因其震撼，众生心中魔障如瓦解冰消，菩提心豁然呈露，故众生德之。

369. 金刚藏尊者：获等觉阶位的菩萨。金刚藏，又译称“金刚胎”。因现愤怒身，或持金刚杵以伏恶魔，故亦称金刚藏王。

370. 瞿伽离尊者：又作“瞿伽梨”等，意译“恶时者”、“牛守”。佛陀从弟，斛饭王之子提婆达多的弟子。曾恶口诬人，佛陀多次申斥而不改，遂罚其生疮而死，堕入阿鼻地狱。后悔过自新，转生世间，勤修佛法，得罗汉果位。

371. 日照明尊者：唐代中天竺高僧日照(613—687)。音译“地婆诃罗”。尊者广通三藏，兼善五明，曾住于摩诃菩提及那烂陀寺。高宗仪风初年随玄奘至唐，介绍印度中观派新学说，称“新三论”，并参与译经，译出

《华严经入法界品》等十八部、三十四卷。

372. 无垢藏尊者：即无垢藏菩萨，为普花如来前的上首菩萨。

373. 除疑网尊者：即除疑菩萨。世上众生疑惑交织有如密网，从诸佛法可除疑网。尊者能用佛法解除众生疑惑，引导走上佛国清净乐土。

374. 无量明尊者：即无量明菩萨，为妙禅佛土世界无相音佛前的上首菩萨。无量明即无限光明。史无其人。

375. 除众忧尊者：即除一切忧冥菩萨，又名“除一切忧恼菩萨”。尊者能除一切众生的忧恼与冥想。

376. 无垢德尊者：即无垢藏菩萨。史无其人。

377. 光明网尊者：即光明网菩萨，为护念佛行的二十五菩萨之一。

378. 善修行尊者：即修行菩萨。尊者智慧宽广，崇信佛法，住于堪忍地中，善于忍受种种苦恼，刻苦修行。

379. 坐清凉尊者：即澄观（738—839），唐代僧人。俗姓夏侯，字大休，祖籍越州山阴（浙江绍兴人）。华严宗四祖，号清凉国师、华严菩萨、华严疏主。唐宪宗封号“僧统清凉国尊者”，任僧统，领管全国佛教。著有《大方广佛华严经疏》等三十多种。

380. 无忧眼尊者：即阿育王。意译“无忧王”，又有“天爱喜喜见王”之称。生于佛陀入灭后百年左右。尊者为中印度摩揭陀国孔雀王朝第三世王，约生于公元前三世纪，统一印度，为保护佛教最有力的统治者。功德无量，故后半生有“达磨（正法）阿育王”之称。

381. 去盖障尊者：即除盖障菩萨，全名“除一切盖障”。尊者具大慈大悲心，为大众拔除障门，使众生身心安稳而无畏惧。

382. 自尊明作者：明即智慧。自尊明尊者激发众生自身所具的智慧，使其明心见性、离却妄染，以此来度脱众生，故称。

383. 和伦调尊者：即和伦调菩萨。自众无数劫以来，尊者便已开始学佛求道。在往昔世，释尊曾向他学习般舟三昧。而今住于世间，救度众生。

384. 净除垢尊者：即净三垢菩萨。史无其人。三垢，又作三毒、三根，即贪、瞋、痴，为一切烦恼之根源。据载，尊者曾和诸大菩萨、比丘一起点化阿阇世王，使之开悟。尊者经长期修行清除三毒，并帮助众生脱离苦海。

385. 去诸业尊者：又名"除业菩萨"、"除障佛顶菩萨"等。释迦如来五佛顶之一。尊者能清除一切恶道和一切有情的生死苦恼，参拜尊者，可免除今世及前世一切恶业。

386. 慈仁尊尊者：即慈仁菩萨。据载，当佛陀在摩揭陀国尼连禅河边菩提树下成道后，在法乐讲堂举行法会，尊者曾参加法会并赞颂佛陀。

387. 无尽慈尊者：即弥勒菩萨，亦即未来佛弥勒佛。

388. 飒陀怒尊者：即贤护菩萨。又作"飒陀婆罗"、"跋陀波罗"等，意译"贤护"、"善守"。八大菩萨、十六大菩萨之一。系在家菩萨。原为王舍城最大富商之子，其所受之诸乐、果报，为忉利帝天王所不及。据载，尊者入浴室而悟水因，证得无所有，因此禅宗在浴室供奉。

389. 那罗达尊者：原为南天竺仙人阿私陀的童子。佛陀降生前，阿私陀仙人曾预卜悉达多太子将成当世之佛，便叫尊者出家为僧，学习佛法，终获罗汉果位。

390. 行愿持尊者：史无其人。行愿，身之行与心之愿，相资而成大事。尊者立下拯救天下众生宏愿，又坚定施行，故得以证阿罗汉果。

391. 天眼尊尊者：史无其人。已获佛的果位。尊者之眼可遍观远近大小，见人此生及前生善恶，预示来生去处，并根据善恶，指出消除罪恶、求得解脱的方法。

392. 无尽智尊者：即无尽智菩萨。据载，佛陀即将涅槃时，尊者极度悲痛，急忙赶到。佛陀安慰他不要悲痛，并演说无上妙法，尊者恭敬聆听。

393. 遍具足尊者：即遍济世间众生之具足阿罗汉。尊者功德圆满，慈悲众生，愿天下人都能升极乐土，特别是残疾人，能得到康复。

394. 宝盖尊尊者：原为摩揭陀国王舍城居士。宝盖是“伞”的美称。尊者曾亲近三宝，接受五戒的优婆塞（在家居士），常到佛陀居住处聆听教义。据载，尊者曾参加佛陀在王舍城耆阇崛山举行的法会，舍卫国波斯匿王曾向他请教，并曾参加第一次结集。

395. 神通化尊者：尊者因善于运用神通宣扬佛法，教化众生，故名。据载，他在于阗国（今新疆和阗）时，国王不信佛法，他运用神通力，全身大放光明，使国王生钦敬之心，修建塔寺，安置舍利。

396. 思善识尊者：史无其人。善识，即善知识，善于观察别人品德与能力而助其走向正道者。尊者在修习中，时刻思念欲得善知识之助，以尽快发无上正等正觉，终获罗汉果位。

397. 喜信静尊者：史无其人。尊者信奉信、静二字，并以此规范自身、教化众人，故号称喜信静。

398. 摩诃男尊者：又称“摩诃南”、“摩诃那摩”，意译“大号”、“大名”。佛陀叔父斛饭王长子，故又称“拘利太子”。佛陀最初所度的五比丘之一。一说为佛陀另一叔父甘露饭王之子，当舍卫城流离王讨伐迦毗罗卫城释迦族时，为救释族，自愿舍命于水中。

399. 无量光尊者：梵语为“阿弥陀佛”，又称为“无量寿佛”、“无量光佛”等，为西方极乐世界的教主，“横三世佛”中西方世界之佛。

400. 金光慧尊者：即金光炎菩萨，十方大菩萨之一。尊者身放金光，象征无上智慧，以其智慧之光洞察众生心田。

401. 伏龙施尊者：名迦毗摩罗。古印度华氏国人，禅宗西天第十三祖。尊者初学外道，为马鸣大师收服，皈依佛教。据传，尊者曾感化千年巨蟒，使万年大树王（即龙树王）及树荫下的500条大龙归附，后传法龙树。

402. 幻化空尊者：史无其人。尊者借幻化之虚假无实以点化众生，使众生不再执着于自身及俗世之事物。

403. 金刚明尊者：为未来世之佛。原为婆罗门梵志第七十一子，出家为僧，成为佛陀的声闻弟子。佛祖为授记当于未来世成佛，佛号“金刚光明”，称“金刚明佛”。

404. 莲花净尊者：即莲花净菩萨。曾参加佛陀在王舍城灵鹫山的法会。他在无数劫中修习道业，抛弃世财，离弃外道，成就诸行。尊者坚信佛法，摒弃一切尘念，始终襟怀坦白，一尘不染，圣德无量，心如虚空般明净。

405. 拘那意尊者：名拘那罗。以其敬佛之意倍于常人，故称“拘那意”。尊者为阿育王之子，不仅自己笃信佛教，还影响其父亦礼敬佛祖，布施僧众。

406. 贤首尊者：即唐代僧人贤首（643—712），华严宗实际创始人，为华严宗三祖。本为康居国人，名法藏，其父侨居唐都长安，以唐为姓。曾讲解、翻译《华严经》。唐中宗曾为他建造五座大华严寺。武则天赐号“贤首”，时人称“贤首国师”，华严宗亦因他而被称为“贤首宗”。

407. 利亘罗尊者：生于灭佛时代。尊者坚信佛法不灭，曾将佛经、佛像妥善封存宝山洞穴，或掘地埋藏，从而保护了大批佛教文物典籍。

408. 调定藏尊者：即调定藏菩萨，为十方诸菩萨之一。尊者曾离开所居佛国世界，来到佛祖前聆听法教。

409. 无垢称尊者：梵名音译“维摩诘”，又作“毗摩罗诘”，意译旧译“净名”，新译“无垢”，意为以洁净、无染污著称者。佛在世时毗耶离城的居士。尊者原为富翁，因精通大乘义理，辩才无碍，委身于俗，辅助佛祖教化。曾对文殊尊者利及舍利弗等讲述大乘奥理，有《维摩诘经》传于世。

410. 天音声尊者：即天音声菩萨。据载，尊者曾参加佛陀在王舍城耆崛山中举行的法会。他为众生阐释佛法大义，音声清越久远，犹如来自天上。

411. 大威光尊者：即大威光菩萨。喜见善慧国王五百子之长子，往世修有无量功德。据载，一日，尊者被一切功德山须弥胜云诸佛子眉间所放“发起一切善根音”光所照，即时证得十种法门，获菩萨果位。后升往须弥山寂静宝宫，充任离垢福德幢大天王，时时聆听佛祖讲解佛法。

412. 自在主尊者：史无其人。尊者遵佛陀教诲，坚持净戒，心离烦恼，进退无滞，通达无碍，得大自在。

413. 明世界尊者：即唐代高僧玄奘（602—664）。俗姓陈，祖籍河南偃师。尊者精通经论，娴熟儒道百家典籍。游历蜀、陇、荆、赵，访问名僧，恭闻妙说。曾遍游五大天竺学习取经，受到戒日王崇敬，带回佛经六百五十部。受唐太宗和唐高宗敬重，赐号“三藏法师”。圆寂后谥号“大遍照”，意为其德如日、光明世界。

414. 最上尊尊者：即最上菩萨。据载：佛陀在摩揭陀国菩提树下证得无上正果时，尊者从自己所在佛国赶来礼拜致敬。尊者已具佛陀般的神通，虽入世间，心常寂静，具一切智、大悲心，降伏魔、安众生。

415. 金刚尊尊者：即普贤菩萨。与文殊菩萨同为佛陀的胁侍菩萨，驾白象居右，主一切诸佛之理德、定德、行德、象征真理。今四川峨眉山即其道场。

416. 蠲慢意尊者：即蠲慢意菩萨。据载，佛陀游于如来宝净高座，升菩萨宫讲说无量颂时，尊者不礼敬佛。后捐弃慢意，坚信佛法修行，获得很大法力，具有绝大智慧，因材施教，精勤不息地救度众生。

417. 众（量）无比尊者：史无其人。众无比，佛陀对阿难的称呼。尊者如阿难一样，具无上法力，因偶听高僧讲法而皈依三宝，最终获罗汉果位。

418. 超绝伦尊者：即超伦菩萨。尊者已历无数劫，在无数诸佛之所勤修梵行，获得广大无边之神通，深广难测之智慧。据载，当释迦证道成佛时，他自远方佛国世界赶来，以示祝贺与礼敬。

419. 月菩提尊者：即月觉菩萨。尊者具备普贤的德行，智慧大如虚空，光如日月照遍大地。

420. 持世界尊者：即持世界菩萨。尊者在无数劫中自行不懈，于佛法无有疑滞。他不以自身解脱为满足，发誓永住世间，救度众生。

421. 定花至尊者：即求那跋摩（367—431），意译“功德铠”。北印度罽宾国（迦湿弥罗或犍陀罗地方）人，为刹帝利（武士）出身。20岁出家，并受具足戒，精通经律论三藏，故时人称三藏法尊者。30岁时，罽宾王卒，众请尊者还俗嗣位，尊者辞而不纳，遂隐遁远走。南朝宋元嘉年间来中土，习禅说法。译有《菩萨善戒经》等共十部十八卷。

422. 无边身尊者：即无边身菩萨，随弥陀来迎之二十五菩萨之一。无边身，指身躯广大无边际，比喻尊者智慧神通、法力、慈悲心等。《慈悲道场忏法》中将其与观世音菩萨共列为“世间大慈悲父”。

423. 最胜幢尊者：即最胜幢菩萨。佛在世时的僧人。据载，佛陀成道不久，在普光明殿为众菩萨说法，尊者曾向佛陀请教，获益匪浅，愿行清净，无可退转，获得最胜菩提道。尊者能以愿力利益一切众生，为佛的事业护持三宝，从不大厌倦。

424. 弃恶法尊者：即弃恶菩萨。印度摩揭陀国王舍城人。弃恶，舍欲除恶，为禅、禅那的意译之一。据载，尊者曾亲眼目睹佛陀无边法力，并向佛陀请教菩萨行法，佛陀为其详加解说，他于当下顿悟。佛陀预言，尊者以后六百二十万劫当成佛，佛号“寂化音如来”，所住世界名“安稳”。

425. 无碍行尊者：即无碍行菩萨。无碍行，即做任何事均无障碍，以德行立名。据载，尊者曾参加佛祖在普光明殿为众菩萨举行的法会，受益匪浅，皆得清净无碍。尊者以无碍行之于世，利益众生，功德无量。又，一唐代僧亦名无碍，俗姓陈，生于成都。

426. 普庄严尊者：即普庄严菩萨。即《华严经》中以四胜身成佛之童子，系过去爱（喜）见善慧王第二子，释迦牟尼佛之前身。据载，尊者曾到佛陀在尼连禅河菩提树静坐之所礼拜，其时他已入灌顶之位，具菩萨行。

427. 无尽慈尊者：即大慈观音菩萨，又名“圣观音菩萨”、“正观音菩萨”。“六观音”之一。普陀洛伽山为其说法道场，为中国佛教四大名山之一。农历二月十九、六月十九和九月十九，为观音菩萨诞辰、成道、出家的纪念日。

428. 常悲悯（愍）尊者：即常悲菩萨。音译“萨陀波伦菩萨”，又作“普慈菩萨”、“常啼菩萨”。生于无佛之时，尊者诚心格天，思睹佛闻法而不得，便日日悲泣流泪，诸佛特为现身，加以安慰指导，遂即悟道。

429. 大尘障尊者：已获佛的果位，为印度东方极遥远的“解脱世界主”。尊者能随心所欲来往佛国，为众生说法。

430. 光焰明尊者：即光焰明菩萨。光焰，又作光背、后光，指佛、菩萨像背后之光相，象征佛、菩萨的智慧。《无量寿经》卷上称阿弥陀佛“无量光焰，照耀无余”，光焰明尊者的德行法力正与阿弥陀佛相类。

431. 智眼明尊者：已获菩萨果位。所谓智眼，即智慧眼。尊者有着如明眼视物、悉皆明了的智慧，不为世俗所惑。

432. 坚固行尊者：即坚固行菩萨。史无其人。据载，尊者曾闻佛陀演说无上妙法，并三次乞请于佛。尊者凭借对佛法的坚定信仰，成就菩萨果位，智慧深广，神通无穷，可以降伏众魔，度脱众生。

433. 澍云雨尊者：以擅长施云布雨而得名。既可降伏旱魔风妖，即时普降甘霖，使众生免受饥寒之苦；又能用佛法浇灌众生心田，启迪众生进入不二法门。功德无量，故获罗汉果位。

434. 不动罗尊者：即不动菩萨。尊者以无谄、无诳、实语、不异语、求一切智，乃至证得无上菩提而成为菩萨，号为不动。

435. 普光明焰尊者：即普光明菩萨。尊者善修一切禅定，神通广大。他以无边神通，降伏诸魔，利益众生，功德无量。

436. 心观净尊者：史无其人。众生本有之心，自性清净，离一切妄染，故名自性清净心。尊者已解脱一切障碍而禅定得自在，证得阿罗汉果。

437. 那罗德尊者：即那罗达菩萨。《般若三昧经》所揭护持正法、拥护众生之八大菩萨之一，居第四位。

438. 师子尊尊者：又称“师子比丘”、“师子菩提”。即师子（？—259），中天竺人，属婆罗门种姓。禅宗西天二十八祖之第二十四祖。与第

79尊同尊。

439. 法上尊尊者：即法上菩萨。法上，法上部之简称，佛教小乘十八部之一。十八部为小乘佛教所分流派，法上尊当为佛教小乘十八部之一法上部之主。

440. 精进辨尊者：闻一切度王如来无所著最正觉佛说法的两比丘之一。据载，在过去时，有一切度王如来无所著最正觉佛，为诸天、人讲说经法。尊者专心听讲，闻法欢喜，应时即得阿惟越致（不退转）；而另一比丘德乐正却睡眠难醒，毫无所得。

441. 乐说果尊者：即大乐说菩萨。是首次聆听《妙法莲华经》的众菩萨之一。

442. 观无边尊者：即无边菩萨，《佛名经》所列十方诸大菩萨之一。观，即达观真理；无边，即世界无边，众生无边，心性差别无边。尊者以澄明的心性智慧遍观无边世界，无边众生及众生的无边行差别，因材施教，对症下药，皆使解脱。

443. 师子翻尊者：即师子无畏观音，又称"马头观音"、"马头明王"，俗称"马头尊"。"六观音"（大悲、大慈、尊者子无畏、大光普照、天人丈夫、大梵深远）之一，亦为八大明王之一。尊者如狮子威猛无畏，可破除畜道惑业之苦，救众生离畜道，翻转入人道。在北京碧云寺罗汉堂，此尊被塑造为帝王的戎装像：顶盔贯甲，罩袍蹬靴，即乾隆皇帝的形象。

444. 破邪见尊者：即破邪见菩萨。《佛名经》所列十方诸大菩萨之一。尊者有兴善去恶、护持世间的法力功德，能帮助众生清除邪见。

445. 无忧德尊者：为佛祖的分身佛，为常住十方一切世界三十五佛之第二十二佛。尊者居最南的离一切忧世界，在此世界之众生，只要想到他，即可无忧。

446. 行无边尊者：即无边行菩萨，《佛名经》所列十方诸大菩萨之一。史无其人。无边行，即无尽行，菩萨十行之一，意指利他之行无尽。尊者专以救度众生为己任，随众生之机类而现身，通达十方。

447. 慧金刚尊者：即金刚慧菩萨。金刚慧，通达实相之理而破除诸相之智。此慧远离动转，犹如坚固不坏之金刚。尊者供养诸佛、受持佛法、度救众生，是功德极大的菩萨。

448. 义成就尊者：即一切义成就菩萨，《佛名经》所列十方诸大菩萨之一。一切义成就，为佛陀之幼名。此指菩萨已得到佛陀般的智慧与神通。

449. 善住义尊者：原为忉利天诸天之子。善住，本为安定、安住之意。原本不敬佛法，耽于游乐，闻听将受生为畜生、受地狱之苦，遂求助佛陀而获得延寿转难。从此诚心礼佛，多做善事，终获罗汉果位。

450. 信澄尊者：史无其人。信为奉持佛法的基础、证果的前提。信则全心澄清，增长诸善，除灭诸惑。尊者于三宝皆坚信不疑，内心澄净如水，专一修习禅定，证得阿罗汉果。

451. 行敬端尊者：又名敬端行，原为富贵明士。尊者不以官贵自居，舍弃世俗富贵，追求佛教真谛，时时处处约束自己，行为恭敬端谨。

452. 德普洽尊者：明士。据载，佛陀住于迦维罗卫国精舍时，尊者与诸明士等曾前来听法，终证得阿罗汉果。

453. 师子作尊者：即师子作菩萨。尊者久植德本，已具备如来十力，这只有功德无量的菩萨才能做到。

454. 行忍慈尊者：史无其人。行忍慈，即修忍慈之行者。尊者道行深厚，忍、慈兼备，功德圆满，终得罗汉果位。

455. 无相空尊者：唐代名僧。新罗国（朝鲜）王子，俗姓金，法号无相，又称金和尚。尊者少年出家，唐玄宗时来中国，游行巡访，徒步入蜀，修行、说法，历时二十余年。天宝末年，玄宗避乱入蜀，曾召见尊者，礼遇隆重。

456. 勇精进尊者：即勇猛精进菩萨。又作“大精进菩萨”、“勇猛菩萨”，密号“不退金刚”。

457. 胜清净尊者：即胜清净佛。据云：违反戒律的修行者，无论出家或在家，应烧名香、供清水、合掌长跪，身穿洁净衣服，心怀惭愧，连续七天参礼胜清净佛，罪恶便可消除。

458. 有性空尊者：史无其人。尊者自性本来清净，天生具有向佛求道之心，出家之后又极刻苦，使本来清净之心更为纯洁，最终识得三空，得解脱门，证得阿罗汉果。

459. 净那罗尊者：古印度室罗伐悉底国人。尊者少时不幸身患瘿疾，佛祖闻知，亲自探视，为其免除瘿病，还替他沐浴更衣，鼓励他努力。此后，尊者精神振奋，努力学佛，终获正果。

460. 法自在尊者：即法自在菩萨。法自，谓菩萨示现无量无边之法门。尊者精通佛法奥义，极有辩才，并热心向大众弘传佛法，度无量众生。

461. 师子颊尊者：即师子颊王。北印度迦毗罗卫国之王，释迦牟尼的祖父。勤于政事，爱护臣民，城内大治，人民幸福。生有四子一女，长子即释迦之父净饭王，继承王位；其他三子分封各处，即白饭王、斛饭王、甘露饭王。净饭王生子名乔达摩·悉达多，即释迦牟尼。

462. 大贤光尊者：即贤光菩萨，音译"跋捺罗播逻"，又称"贤护光"、"主宰"，密号"离垢金刚"等。居西方阿弥陀世界，为阿弥陀佛前之智慧弟子。

463. 摩诃罗尊者：史上未必实无其人。摩诃罗，意译"无知"、"愚钝"，或作"老"。尊者似为一老比丘，性情憨厚，不拘小节，为童蒙所喜爱。

464. 音调敏尊者：或即普调敏。据载，佛陀行化暂止于迦维罗卫国精舍，尊者与诸明士等前来听法。尊者佛法娴熟，德行崇高，声音敏锐明白，众生乐于聆听，获益匪浅。

465. 师子臆尊者：即师子胸臆，为护法神"天龙八部"之一、罗睺罗迦王之一。据载，佛祖在王舍城耆阇崛山中讲法，四方大众前来听经，其中即有尊者。尊者神通善巧，有数十万弟子为眷属，能够教化诸众生永远断离性爱，尽享无量清净乐趣。

466. 坏魔军尊者：即坏魔菩萨，为众生应当礼敬的菩萨之一。史无其人。尊者通过长期修行，已得大智慧力，其功德已可破一切魔军，令众生不为诸魔所侵扰。

467. 分别身尊者：佛祖的分身佛。诸佛、菩萨由于慈悲，用种种方便法门，化身至各处依众生之要机而广为化导众生。

468. 净解脱尊者：即净解菩萨。佛教认为，人性本清净，只为诸烦恼所惑，自性不能显露；必须将各种惑障铲除，才能得解脱自在。尊者已达此德。

469. 质直行尊者：古西域屈支国国王之弟。质直，指正直之心。尊者行朴意直，受到上至国王、大臣，下至国民的敬仰，获罗汉果位。

470. 智仁慈尊者：史无其人。尊者俱备智、仁、慈三种德行，心已证悟，得大智慧，永享法界怡乐，并凭借所得智慧济助众生开悟，走向净土。

471. 具足仪尊者：即罗睺罗，佛祖的亲子并十大弟子之一。《法住记》列为十六罗汉之第十一。相传刚出家时，心性粗狂，调皮顽劣，经常戏弄别人，后来受到佛陀的严厉呵责，并严加管束，才逐步改过自新。勤于修行，严守戒律，终获阿罗汉果。

472. 如意杂尊者：音译“摩罗他”、“末奴曷利他”，意为“如意”或“心愿”。北印度著名佛教论师。世亲菩萨之师。

473. 大炽妙尊者：即焰炽（炽焰）藏菩萨。尊者以其智慧昭昭如火焰而得名。

474. 劫宾那尊者：佛祖的弟子，能知星宿，在众僧中推为第一。

475. 普焰光尊者：又称焰光菩萨。据载，尊者曾在给孤独园听佛祖讲经，又曾观礼诸佛成道场。具备神通变化，智慧无量，如同巨大光焰四射，曾照法海。

476. 高逸行尊者：即高逸菩萨。居十地中之第七地。据载，佛陀在迦维罗卫国精舍，尊者与诸明士等曾前来听法。原为明士，遵守戒律，破除五蕴三毒六惑，口净心清，明心见性，获罗汉果。

477. 得佛智尊者：即宋代名僧端裕（1085—1152）。俗姓钱，祖籍会稽（江苏吴县）。出家后先拜师一等为师，最后投于圆悟克勤门下，经其点化，学识大进，心智豁然，得无碍佛智。宋高宗曾赐金兰衣一领，赐号"佛智大尊者"。

478. 寂静行尊者：史无其人。寂静行，谓声闻缘觉求涅槃寂静之行法。尊者不仅修习到身之寂静，且已达到了心寂静的境界。

479. 悟真常尊者：唐代新罗国（朝鲜）人。法号悟真。少年时即来中国研习佛学，长居于长安大寺，以学密宗及诸尊持念教法为主，学识广博，为当时名僧之一。后为求佛法真谛，前往中天竺，求得珍本《大毗庐遮那经》及《梵夹余经》，于归国途中圆寂。

480. 破冤贼尊者：史无其人。冤，指怨家；亲，指亲人。尊者气度宏大，已破除恩怨计较之障贼，即便冤家对头也一视同仁，悉于度脱，因而证得正果。

481. 灭恶趣尊者：即灭恶趣菩萨、除障金刚。贤劫十六尊之东方四尊之一。尊者以破灭三恶趣为本誓，已转生三恶趣者，尊者能拔救其脱离苦难。

482. 性海通尊者：史无其人。性海，又称果海，指如来之法身，真如之理性，深广如海。尊者经过长期禅定修行，悟得真如之理，具备如来之法身。

483. 法通尊者：隋唐之际名僧。俗姓关，紫金县人。系南屏兴教法尊者第四代传人。法通，通达一切法之事理而无所不知之意。

484. 敏（悯）不息尊者：史无其人。尊者机根聪明锋利，又勤于修习，已获佛的智慧，有如江水川流不息；怜悯众生，一心欲拔苦得乐，永不止息。

485. 摄众心尊者：即迦叶摩腾，又称摄摩腾，中天竺人。汉永平十年（67），明帝一日夜梦金人，次日问臣下，臣下对称西方有圣人临世。遂派遣郎中蔡愔等出使天竺，寻访佛法。恰逢摄摩腾东来，于是汉明帝特邀至洛阳，为建立白马寺。尊者居此译出《四十二章经》一种，为中原汉地佛教传播之始。

486. 导大众尊者：即导师菩萨。史无其人。导师，即导大众于佛道之人。尊者即诸经论中通常列举之十六位求正道之居士菩萨之一。尊者悯念众生之在生死海中沉浮，便为说示开导，希望众生都走上寻求菩提之路。

487. 常隐行尊者：即隐身菩萨。据载，尊者掌握了一切真言妙句及秘密灌顶印坛仪轨，能隐蔽身形，不令人见；能凌空飞行，入地潜行。

488. 菩萨慈尊者：史无其人。尊者“以智上求菩提，用悲下救众生”，像菩萨那样具慈悲救世之心。

489. 拔众苦尊者：即救脱菩萨。以救人病苦、脱离灾难而得名。

490. 寻声应尊者：即观世音菩萨。据说，善男信女有难，只要一心称念其名号，“菩萨即时观其音声”，“寻声”往救，应急解脱。

491. 数劫定尊者：史无其人。数劫定，是佛事修习的三大要素，意即只有长期修习禅定，才能达到圆满智慧。尊者修习禅法，心思集而不散，且得诸圣贤加持，因而摧破无明愚痴，大放智慧光明。

492. 注法水尊者：史无其人。妙法能洗烦恼之垢尘，故譬之以水。尊者道行渊深，慈悲为怀，为众生演说无上妙法，使佛法妙理如同雨水滋润众生干枯的心田。

493. 得定通尊者：史无其人。得定，指三昧三解脱门，即空、无相、无作。尊者修习三昧已通达无碍，出入自如，达到无余涅槃的功德，获得了完全解脱。

494. 慧广增尊者：史无其人。慧，指分别事理、决断疑念之精神作用。尊者坚信佛法，刻苦修行，智慧通达，得大自在，为众生拔苦与乐。

495. 六根净尊者：又名毁根。已获菩萨果位。六根净，即眼、耳、鼻、舌、身、意等六根清净无杂。尊者已消除六根无始以来之罪垢，并以无量功德庄严之。

496. 拔度罗尊者：又作“跋陀罗”，意译为“贤者”。因出生于跋陀罗树下，故名。本为佛的侍者，十六罗汉第六尊。因曾由印度到爪哇岛传播佛教，故又称“过江罗汉”。

497. 思萨埵尊者：史无其人。萨埵，王子名，为佛祖前世身，曾舍身饲虎。尊者以萨埵王子慈悲为榜样，利益众生，功德圆满，获罗汉果位。

498. 注荼迦尊者：又作“周利槃特”、“拘利槃特”等，意为“小路”、“小路边生”、“蛇奴”等。十六罗汉中的“看门罗汉”，《法住记》列于第十六位。尊者本为舍卫城婆罗门之子，半托迦（十六罗汉第十位）之弟。禀性鲁钝，凡学习之教法，通过即忘，故时人称之为“愚路”。其后，佛陀教示简短之“拂尘除垢”一语，令其拂拭诸比丘之鞋履时反复念诵，逐渐除业障，某日忽然开悟而证得阿罗汉果。

499. 钵利罗尊者：意译“金刚智”。唐代印度高僧（约671—741）。印度密教付法第五祖，中国密教初祖。出身南印度婆罗门（另说为中印度王子）。唐开元年间，携弟子不空由海中经锡兰、苏门答腊来中土，从事密教经典之翻译，并传授灌顶之秘法。译有《金刚顶经》等八部十一卷。与善无畏、不空并称“开元三大士”。

500. 愿事众尊者：史无其人。愿，即誓愿；众，指一切众生。尊者已历无数劫，曾在无数佛前勤于修行功德圆满，但发下誓愿，永不脱离世间，解脱众生苦难。

图书在版编目（CIP）数据

罗汉传/绍轩编著．—北京：文化艺术出版社，
2013.12
（民俗文化丛书）
ISBN 978－7－5039－5734－5

Ⅰ.①罗… Ⅱ.①绍… Ⅲ.①罗汉—通俗读物
Ⅳ.①B949.91－49

中国版本图书馆 CIP 数据核字（2013）第 273796 号

罗汉传

编　　著　绍　轩
责任编辑　周进生
装帧设计　李　鹏
出版发行　文化艺术出版社
地　　址　北京市东城区东四八条 52 号　（100700）
网　　址　www.whyscbs.com
电子邮箱　whysbooks@263.net
电　　话　（010）84057666（总编室）84057667（办公室）
　　　　　（010）84057691—84057699（发行部）
传　　真　（010）84057660（总编室）84057670（办公室）
　　　　　（010）84057690（发行部）
经　　销　新华书店
印　　刷　国英印务有限公司
版　　次　2014 年 1 月第 1 版
　　　　　2014 年 1 月第 1 次印刷
开　　本　700 毫米×1000 毫米　1/16
印　　张　16.5
字　　数　216 千字
书　　号　ISBN 978－7－5039－5734－5
定　　价　29.80 元